Kotlin Essentials with exercises

코틀린 아카데미
핵심편

Kotlin Essentials with exercises
by Marcin Moskała

코틀린 아카데미: 핵심편

초판 1쇄 발행 2024년 7월 10일 **지은이** 마르친 모스카와 **옮긴이** 신성열 **펴낸이** 한기성 **펴낸곳** (주)도서출판인사이트 **편집** 백주옥 **영업마케팅** 김진불 **제작·관리** 이유현 **용지** 월드페이퍼 **인쇄·제본** 천광인쇄사 **등록번호** 제2002-000049호 **등록일자** 2002년 2월 19일 **주소** 서울특별시 마포구 연남로5길 19-5 **전화** 02-322-5143 **팩스** 02-3143-5579 **이메일** insight@insightbook.co.kr **ISBN** 978-89-6626-443-8 책값은 뒤표지에 있습니다. 잘못 만들어진 책은 바꾸어 드립니다. 이 책의 정오표는 https://blog.insightbook.co.kr에서 확인하실 수 있습니다.

프로그래밍 인사이트

코틀린 아카데미

핵심편

마르친 모스카와 지음 | 신성열 옮김

인사이트

차례

옮긴이의 글

자바를 대체하는 언어로 코틀린이 주목받기 시작한 지 얼마 되지 않았지만, 코틀린의 영향력은 점점 더 커지고 있습니다. 안드로이드의 공식 언어는 코틀린이 되었으며, 저 같은 백엔드 개발자들 또한 코틀린으로 서버를 개발하고 있습니다. 개발자로 첫 발걸음을 내딛는 사람들조차 처음 배우는 프로그래밍 언어로 코틀린을 선택하는 경우도 늘어나고 있습니다. 코틀린을 주 언어로 선택하는 프로젝트도 점점 더 늘어나고 있으며, 기존에 자바로 된 프로젝트 또한 코틀린으로 포팅하는 경우도 많이 보게 됩니다. 코틀린을 당장 사용하지 않더라도 코틀린을 공부해야 할 이유는 수없이 많습니다.

코틀린 아카데미(Kt. Academy)의 창립자이자 이 책의 저자인 마르친 모스카와는 《Effective Kotlin》과 《Kotlin Coroutines》을 통해 코틀린으로 개발한 경험이 어느 정도 있는 숙련자들에게 많은 영감을 주었습니다. 그는 여기서 멈추지 않고 먼저 집필한 두 권 외에 《Kotlin Essentials》, 《Functional Kotlin》, 《Advanced Kotlin》을 더 집필하여 'Kotlin for Developers'라는 시리즈로 묶어 내었습니다. 이 시리즈는 코틀린을 공부하려는 개발자들이 읽기엔 더할 나위 없이 훌륭하게 구성되어 있으며, 코틀린을 처음 배우는 사람부터 고급 기능이 필요한 사람까지 모든 코틀린 개발자가 참고할 만한 교재로 손색이 없습니다.

정말 감사하게도 《Kotlin Coroutines》에 이어 이후에 나온 세 권도 제가 번역을 맡게 되었습니다. 작년에 《코틀린 코루틴》을 번역하면서 오랜 시간 동안 고생했지만, 코틀린을 공부하는 한국의 개발자들에게 좋은 책을 소개할 수 있어 보람이 있었습니다. 이번에는 코틀린을 전체적으로 다루는 책 세 권을 더 번역할 기회를 얻게 되어 매우 기쁩니다.

《코틀린 아카데미: 핵심편》은 'Kotlin for Developers' 시리즈의 첫 번째 책인《Kotlin Essentials》의 번역서입니다. 이 책은 코틀린으로 프로그래밍할 때 반드시 알아야 할 기본 기능들을 다루고 있어 코틀린으로 개발한 경험은 있지만 코틀린의 기본 기능을 처음부터 제대로 배우고 싶은 개발자나, 코틀린에 익숙하지는 않지만 다른 언어로 개발한 경험이 있는 개발자들이 읽기에 적합합니다.

코틀린의 기초를 다룬 서적은 이미 많지만, 이 책은《Kotlin Essentials》이라는 원서 제목처럼 코틀린의 핵심만 정확히 짚어 소개하고 있습니다. 언어의 원리와 예제를 보는 것만으로는 한계를 느낄 거라 생각한 저자는 각 장의 끝에 연습문제도 추가하여 독자들이 직접 풀어볼 수 있도록 했습니다.《코틀린 코루틴》에서는 연습문제가 없어 아쉬웠는데, 이번 책을 포함하여 나머지 책들에도 연습문제가 추가되어 역자로서 느낀 아쉬움도 해결되었습니다. 아무쪼록 독자들이 이 책을 읽고 코틀린의 매력에 흠뻑 빠져들 수 있었으면 합니다.

교정을 맡아 오역을 찾아 주고 훨씬 깔끔한 문장으로 다듬어 주신 이복연 님, 편집자로서 번역에 많은 도움을 주시고 번역할 기회를 주신 백주옥 님에게 감사하다는 말씀을 드리고 싶습니다. 그리고 항상 곁에서 응원해 주고 지원해 주는 아내 효재에게도 미안하고 감사하다는 말을 전합니다.

2024년 4월
신성열

지은이의 글

이해하기 쉬운 문법, 직관적인 코드, 널(null) 안전성을 보장하는 타입 시스템, 그리고 다양한 지원 도구로 무장한 코틀린은 개발자들에게 강력한 힘을 선사합니다. 안드로이드 개발의 대표 언어로 자리 잡았고, 이제 백엔드에서도 자바를 대체하며 인기를 얻고 있습니다. 그뿐만 아니라 데이터 과학, 멀티플랫폼, iOS, 데스크톱 및 웹 애플리케이션 개발에 이르기까지 활용 범위는 나날이 확대되고 있습니다. 이 책은 코틀린으로 개발을 시작하려는 여러분들을 위해 코틀린의 가장 기본적인 기능들을 다루고 있습니다.

대상 독자

이 책의 대상 독자는 개발자입니다. 따라서 독자가 함수, if 문, 문자열이 무엇인지 이해하고 있다고 가정합니다. 하지만 일부 개발자에게는 익숙하지 않을 클래스, 열거형, 리스트와 같은 개념은 (짧게라도) 설명했습니다. 따라서 C, 자바스크립트, 매트랩(MATLAB) 개발자들도 무리 없이 읽고 이해할 수 있을 것입니다.

코틀린은 멀티플랫폼 언어지만 주로 JVM(Java Virtual Machine, 자바 가상 머신) 환경에서 사용됩니다. 더욱이 대부분의 코틀린 개발자는 자바 개발 경험이 있습니다. 이 책에서 자바 및 자바와 관련된 플랫폼을 언급하고, JVM에 특화된 요소를 보여 주는 건 이와 같은 이유 때문입니다. JVM과 관련된 내용은 명확하게 구분하여 설명했습니다. 그래서 코틀린/자바스크립트(Kotlin/JS), 코틀린/네이티브(Kotlin/Native)에만 관심이 있는 독자라도 본인이 활용할 수 있는 내용을 헷갈리지 않고 100% 언어갈 수 있을 것입니다.

다루는 내용

이 책에서는 코틀린으로 프로그래밍하는 데 반드시 알아 두어야 할 주제들을 다룹니다.

- 변수, 값, 타입
- 조건문과 반복문
- 널 가능성(nullability) 지원
- 클래스, 인터페이스, 상속
- 객체 표현식과 선언
- 데이터 클래스, 봉인된 클래스, 열거형 클래스, 애너테이션 클래스
- 예외
- 확장 함수
- 컬렉션
- 연산자 오버로딩
- 타입 시스템
- 제네릭

단, 람다 표현식이나 함수 타입과 같은 함수형 특성은 다루지 않습니다. 함수형 특징은 '코틀린 아카데미' 시리즈의 다음 책인 《코틀린 아카데미: 함수형 프로그래밍》에서 소개합니다.

'Kotlin for Developers' 시리즈

이 책은 코틀린 아카데미(Kt. Academy)의 'Kotlin for Developers' 시리즈 중 하나입니다. 'Kotlin for Developers' 시리즈는 다음 책들로 구성되어 있습니다.[1]

- 《Kotlin Essentials(코틀린 아카데미: 핵심편)》: 코틀린의 핵심 기능을 다룹니다.

---

1 (옮긴이) 이 시리즈의 책들은 모두 (주)도서출판인사이트에서 번역 출간되었거나 출간될 예정이며, 번역서 제목은 괄호 안에 표기되어 있습니다.

- 《Functional Kotlin(코틀린 아카데미: 함수형 프로그래밍)》: 함수 타입, 람다 표현식, 컬렉션 처리, 도메인 특화 언어(DSL), 스코프 함수를 포함한 함수형 코틀린의 특징을 다룹니다.
- 《Kotlin Coroutines(코틀린 코루틴)》: 코루틴을 사용하고 테스트하는 방법, 플로우 사용법, 코루틴의 모범 사례, 코루틴을 사용할 때 저지르는 가장 흔한 실수와 같은 코루틴의 모든 특징을 다룹니다.
- 《Advanced Kotlin(코틀린 아카데미: 고급편)》: 제네릭 가변성 수식어, 위임(delegation), 멀티플랫폼 프로그래밍, 애너테이션 처리, 코틀린 심벌 처리(KSP), 컴파일러 플러그인과 같은 고급 기능을 다룹니다.
- 《Effective Kotlin(이펙티브 코틀린)》: 코틀린 프로그래밍의 모범 사례를 다룹니다.

제 이야기

제가 코틀린을 다루기 시작한 건 자바 안드로이드 개발자로 일할 때인 2015년이었습니다. 당시에 저는 모든 필드에 따라붙는 게터(getter)와 세터(setter), 수많은 클래스에서 반복되는 거의 동일한 equals, toString, hashCode 메서드와 같은 보일러플레이트 코드(boilerplate code)[2]가 너무나 싫었습니다. 이런 상황에서 젯브레인(JetBrains)의 코틀린 시연을 본 뒤, 코틀린에 푹 빠져 틈이 날 때마다 이 언어를 탐구하는 데 모든 시간을 썼습니다. 얼마 되지 않아 저는 코틀린 개발자로 일할 수 있게 되었고, 코틀린 커뮤니티에도 활발히 참여하게 되었습니다. 이제는 코틀린을 전문적으로 사용한 지도 7년이 되었고, 그동안 코틀린과 관련된 글 수백 개와 여러 권의 책을 썼으며, 워크숍도 백 번 넘게 진행했습니다. 또한 젯브레인의 공식 코틀린 교육 파트너가 되었고, 코틀린 분야에서 GDE(Google Developer Expert)도 되었습니다. 그리고 이런 모든 경험에서 쌓은 수많은 지식을 'Kotlin for Developers' 시리즈를 통해 보여드리기로 결심하였습니다.

---

2 (옮긴이) 보일러플레이트 코드란 핵심 비즈니스 로직과는 관련 없이 여러 군데에서 똑같이 반복되는 코드를 말합니다.

코드 표기법

이 책에 소개된 코드 대부분은 import 문 없이 실행 가능합니다. 참고로 코틀린 아카데미(Kt. Academy) 홈페이지[3]에 올라가 있는 이 책의 온라인 버전에서 예제 코드 대부분을 곧바로 실행할 수 있습니다. 마음껏 수정하고 연습해 보기 바랍니다.

책에서 코드 결과는 println 함수를 사용해 확인합니다. 결괏값은 출력하는 문장 바로 뒤에 주석으로 표시합니다. 다음은 그 예입니다.

```
fun main() {
    println("Hello")  // Hello
    println(10 + 20)  // 30
}
```

주석을 코드 조각 끝에 넣은 경우도 있습니다.

```
fun main() {
    val cheer: () -> Unit = fun() {
        println("Hello")
    }
    cheer.invoke()
    cheer()
}
// Hello
// Hello
```

코드 일부 또는 결과를 /*...*/로 짧게 표현한 경우도 있습니다. '코드가 더 있지만 예시와 관련은 없다'로 이해하면 됩니다.

```
adapter.setOnSwipeListener { /*...*/ }
```

연습문제 깃허브 저장소

각 장에서 제공하는 연습문제를 풀어보기 위한 시작 코드, 사용 예시, 단위 테스트를 다음의 깃허브 저장소에 올려 두었습니다.

---

3 *https://kt.academy/*

https://github.com/MarcinMoskala/kotlin-exercises

인텔리제이 IDEA에서 프로젝트를 클론(clone)하려면 ❶ [File] → [New] → [Project from Version Control] 메뉴를 선택한 후 ❷ URL 입력란에 앞의 깃허브 저장소 주소를 입력하고 ❸ 'Clone' 버튼을 클릭하세요.

이 프로젝트에는 시리즈 도서 모두의 연습문제가 포함되어 있습니다. 도서별 연습문제의 디렉터리 위치는 다음과 같습니다.

```
/src
    /main
        /kotlin
            /advanced    ← 《Advanced Kotlin》
            /coroutines  ← 《Kotlin Coroutines》
            /effective   ← 《Effective Kotlin, 2/E》
            /essentials  ← 《Kotlin Essentials》
            /functional  ← 《Functional Kotlin》
```

감사의 말

이 책은 리뷰어들의 제안과 의견이 없었다면 그리 좋은 책이 될 수 없었을 것입니다. 모두에게 감사의 말을 전합니다.

오웬 그리피스(Owen Griffiths)는 1990년대 중반부터 소프트웨어 개발을 시작했으며, 클리퍼와 볼랜드 델파이 같은 언어의 놀라운 생산성을 잊지 않고 있습니다. 2001년 이후로 웹, 서버 기반의 자바, 오픈 소스 혁명에 참여하였으며, 실무에서의 자바 경험을 쌓은 후, 2015년 초에 코틀린을 배우기 시작했습니다. 클로저와 스칼라도 잠깐 경험했지만, 코틀린이 가장 훌륭하고 재미있는 언어라고 생각하고 있으며, 코틀린 개발자가 성공할 수 있도록 열정적으로 돕고 있습니다.

니콜라 코티(Nicola Coti)는 코틀린 분야의 GDE(Google Developer Expert)입니다. 버전 1.0 이전부터 코틀린을 사용해 왔으며, 모바일 개발자들이 주로 사용하는 detekt, Chucker, AppIntro와 같은 오픈 소스 라이브러리와 도구를

관리하고 있습니다. 지금은 메타(Meta)의 리액트 네이티브 코어 팀에서 가장 인기 있는 크로스 플랫폼 프레임워크를 개발하는 데 일조하고 있습니다. 개발자 모임에도 활발하게 참여하고 있습니다. 국제 컨퍼런스에서 연사로 강연을 하거나 학회의 논문 모집 위원회의 위원이 되기도 하였으며 유럽의 개발자 모임을 지원하는 등 다방면에서 활동하고 있습니다. 여가 시간에는 빵을 굽거나, 팟캐스트를 하거나, 달리기를 합니다.

마티아스 셍크(Matthias Schenk)는 10년 전에 자바로 개발자 경력을 시작했으며, 스프링/스프링 부트 생태계에서 주로 활동했습니다. 18개월 전에 코틀린으로 전환했으며, 코인, 케이터, 익스포즈드와 같은 코틀린의 네이티브 프레임워크로 일하는 것을 좋아합니다.

엔드레 딕(Endre Deak)은 리걸 테크(legal tech)[4]의 선두 주자인 디스코(Disco)에서 AI 기반 기술을 설계하는 소프트웨어 아키텍트입니다. 확장 가능한 분산 시스템을 설계하는 데 15년을 바쳤으며, 코틀린을 최고의 프로그래밍 언어 중 하나라고 생각하고 있습니다.

에마뉴엘 파파(Emanuele Papa)는 안드로이드 개발자로, 2010년부터 안드로이드 개발에 매료되어 있습니다. 기술을 더 많이 배우고 다른 사람들과 지식을 공유하고 싶어 블로그를 개설하여 활동하고 있습니다. 현재 제스트 원(Zest One)에서 안드로이드 시니어 개발자로 일하고 있으며, 최근에는 그가 몇 차례 발표한 주제인 코틀린 멀티플랫폼 모바일에 집중하고 있습니다.

로만 카미시니코프(Roman Kamyshnikov)는 컴퓨터 공학 박사이며, 자바로 안드로이드 개발을 시작했지만 2020년에 코틀린 개발사가 되었습니다. 이키텍처 패턴, TDD, 함수형 프로그래밍, 젯팩 컴포즈에 관심을 두고 있습니다. 안드로이드와 코틀린 코루틴을 주제로 다양한 글도 썼습니다.

---

4 (옮긴이) 리걸 테크란 법과 기술의 합성어로, 법률과 기술의 결합으로 새롭게 탄생한 서비스를 말합니다.

그리고리 플렛네프(Grigory Pletnev)는 2000년부터 소프트웨어 엔지니어로 일해 왔으며, 주로 임베디드 분야에서 일했습니다. 2010년에 안드로이드 개발자 커뮤니티에 합류했습니다. 2017년에 코틀린을 알게 된 그는 조그만 프로젝트에 사용하기 시작했고, 점차 하만 커넥티드 서비시즈(Harman Connected Services)와 그 고객들의 프로젝트를 코틀린으로 이전하기 시작했습니다. 또한 그는 언어 배우기, 요트 타기, 벌꿀 술 제조에 열정을 가지고 있습니다.

마지막으로 코틀린 리뷰어이며, 이 책의 전반에서 수정할 부분을 정확하게 짚어 준 마이클 팀버레이크(Michael Timberlake)에게도 감사를 표합니다.

1장

코틀린은 어떤 언어인가?

코틀린은 오픈 소스, 멀티플랫폼, 멀티패러다임(multi-paradigm), 정적 타입이며, 범용 프로그래밍 언어입니다. 이 정의에 함축된 의미는 무엇일까요?

- 오픈 소스: 코틀린 컴파일러의 소스 코드를 자유롭게 수정하고 재배포할 수 있다는 뜻입니다. 코틀린은 젯브레인에서 만들고 주도한 언어지만, 현재는 코틀린 재단이 개발을 주도하고 개선하고 있습니다. 또한 KEEP(Kotlin Evolution and Enhancement Process)이라는 공개 프로세스를 통해 누구든지 코틀린의 공식적인 설계 변화를 살펴보고 의견을 전달할 수 있습니다.
- 멀티플랫폼: 코틀린이 둘 이상의 플랫폼에서 사용될 수 있음을 뜻합니다. 예를 들어, 코틀린은 안드로이드와 iOS 모두에서 사용할 수 있습니다.
- 멀티패러다임: 다양한 형태의 프로그래밍 방식을 지원하는 언어를 뜻합니다. 코틀린은 객체 지향과 함수형 프로그래밍의 특징 대부분을 지원합니다.
- 정적 타입: 변수, 객체, 함수의 타입이 컴파일 타임에 정해진다는 의미입니다.
- 범용: 코틀린이 하드웨어 구성이나 운영체제와 무관하게 다양한 분야의 소프트웨어를 만들 수 있도록 설계되었다는 뜻입니다.

이상의 설명이 당장은 잘 와닿지 않겠지만, 이 책 전반에서 각 특징이 어떻게 작용하는지를 보여 줄 것입니다. 가장 먼저 코틀린의 멀티플랫폼 지원 특징을 살펴봅시다.

코틀린 플랫폼

코틀린은 컴파일 언어입니다. 코틀린 문법에 맞춰 코드를 짠 뒤, 코틀린 컴파일러를 사용해 저수준 코드로 변환한다는 뜻입니다. 코틀린은 현재 JVM(Java Virtual Machine, 자바 가상 머신)용 바이트코드(코틀린/JVM), 자바스크립트 (코틀린/JS), 머신 코드(코틀린/Native)로 컴파일할 수 있습니다.

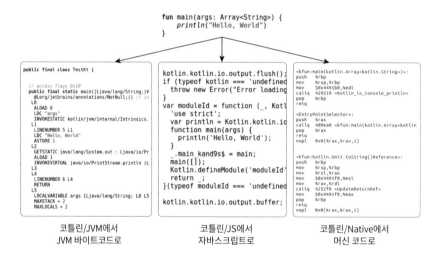

코틀린/JVM에서 JVM 바이트코드로   코틀린/JS에서 자바스크립트로   코틀린/Native에서 머신 코드로

이 책에서는 기본적으로 세 가지 컴파일 타깃 모두를 대상으로 모든 플랫폼에서 동작하는 코드를 보여 줄 것입니다. 다만 설명은 가장 널리 쓰이는 코틀린/JVM을 중심으로 진행하겠습니다.

코틀린/JVM은 코틀린을 JVM 바이트코드로 컴파일할 때 사용하는 기술입니다. 코틀린/JVM으로 생성되는 결과는 자바 코드를 JVM 바이트코드로 컴파일한 결과와 거의 같습니다. '코틀린/JVM'이란 용어는 JVM 바이트코드로 컴파일될 코드를 지칭할 때도 사용할 것입니다.

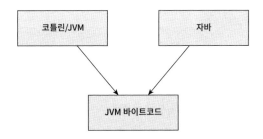

코틀린/JVM과 자바는 완벽하게 상호운용할 수 있습니다. 자바로 작성된 코드는 코틀린/JVM에서도 사용할 수 있습니다. 애너테이션 처리를 기반으로 하는 라이브러리를 포함한 모든 자바 라이브러리는 코틀린/JVM에서도 사용할 수 있습니다. 코틀린/JVM은 자바 클래스, 모듈, 라이브러리, 자바 표준 라이브러리를 이용할 수 있습니다. 반대로, 코틀린/JVM 코드도 자바에서 사용 가능합니다(코틀린 코루틴을 지원하는 용도인 중단 함수는 제외).

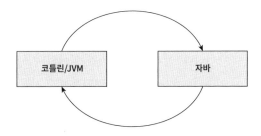

코틀린과 자바는 하나의 프로젝트에서 혼용할 수 있습니다. 처음에는 자바로 개발하기 시작했다가 코틀린을 사용하기 시작한 경우가 가장 일반적인 예입니다. 이럴 때 프로젝트 전체를 한꺼번에 이전하기보다는 새로 구현하거나 변경하는 코드부터 서서히 코틀린으로 작성하는 전략을 많이 취합니다. 새로 추가되는 파일은 코틀린 파일이 될 것이며, 기존의 자바 코드는 리팩터링할 때 코틀린으로 재작성하는 식입니다. 시간이 지나면서 코틀린 코드의 비중이 점점 커지며, 최종적으로 자바 코드는 사라지게 됩니다.

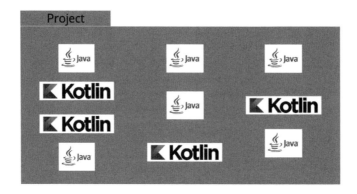

이런 전략을 적용한 대표적인 프로젝트가 바로 코틀린 컴파일러입니다. 처음엔 자바로 작성했지만, 충분히 안정화된 후 조금씩 코틀린으로 바꾸어 갔습니다. 현재 코틀린 이식을 수년째 지속하고 있으며, 이 책을 집필하는 시점에는 코틀린 컴파일러 프로젝트의 10% 정도만이 여전히 자바 코드입니다.

코틀린과 자바의 관계를 이해했으니, 이제 잘못 알려진 오해를 몇 가지 풀어 봅시다. 많은 사람이 코틀린을 자바 위의 편의 문법(syntactic sugar)[1] 계층으로 여기는데, 잘못된 생각입니다. 둘은 엄연히 다른 언어입니다. 코틀린은 고유한 규칙과 사용 방법이 있으며, 자바에는 없는 멀티플랫폼 지원과 코루틴이 있습니다. 코틀린을 이해하는 데 자바는 필요 없습니다. 제 생각에 코틀린은 자바보다 뛰어난 독립된 언어입니다. 코틀린 주니어 개발자는 equals 메서드가 무엇인지, 어떻게 오버라이드하는지 알 필요가 없습니다. 단지 기본 클래스와 데이터 클래스의 동등성[2]을 알고 있으면 됩니다. 게터와 세터 함수를 사용하지 않아도 되며, 싱글턴이나 빌더 패턴을 구현하는 법을 몰라도 됩니다. 코틀린은 자바보다 진입 장벽이 낮으며 JVM 플랫폼을 필요로 하지 않습니다.

---

1 (옮긴이) 편의 문법이란 기능과 의미를 바꾸지 않으면서 문법적으로 더 읽기 쉽고 이해하기 편하도록 표현하는 것을 말합니다.
2 자세한 설명은 11장 '데이터 클래스'를 참고하세요.

코틀린 IDE

가장 인기 있는 코틀린 IDE(integrated development environments, 통합 개발 환경)는 인텔리제이 IDEA(IntelliJ IDEA)와 안드로이드 스튜디오(Android Studio)입니다. 그 외에 비주얼 스튜디오 코드(VS code), 이클립스(Eclipse), 빔(Vim), 이맥스(Emacs), 서브라임 텍스트(Sublime Text) 등 수많은 환경에서 프로그램을 작성할 수 있습니다. 또한 웹 브라우저만 있다면 코틀린의 공식 온라인 IDE인 *play.kotlinlang.org*에서 곧바로 코드를 작성하고 실행해 볼 수 있습니다.

활용 분야

코틀린은 자바, 자바스크립트, C++, 오브젝티브 C를 대체할 수도 있습니다. 하지만 JVM 환경에서 가장 성숙되어, 아직까지는 자바를 대체하는 용도로 주로 쓰입니다.

코틀린은 백엔드 개발에서도 널리 사용됩니다. 스프링 프레임워크와 함께 주로 사용되며, 버텍스(Vert.x), 케이터(Ktor), 마이크로넛(Micronaut), http4k, 자바린(Javalin) 같은 프레임워크와 함께 사용하는 경우도 많습니다.

코틀린은 안드로이드 개발에서 사실상 표준 언어가 되었습니다. 구글은 공식적으로 모든 안드로이드 애플리케이션을 코틀린으로 작성하라고 권장하며,[3] 모든 API에서 코틀린을 최우선으로 지원하기로 했습니다.[4]

코틀린이 다양한 플랫폼용으로 컴파일될 수 있다는 이점을 점점 더 많은 프로젝트가 활용하고 있습니다. 안드로이드와 iOS 또는 백엔드와 프런트엔드 등 서로 다른 플랫폼에서 실행할 수 있는 코드를 작성할 수 있기 때문입니다. 코틀린의 플랫폼 호환성을 활용하면 라이브러리 제작자는 단 하나의 라이브러리로 수많은 플랫폼을 지원할 수 있습니다. 이미 많은 회사가 코틀린의 멀티플랫폼 지원을 활용하고 있으며, 그 수가 빠르게 늘어나고 있습니다.

---

3 출처: *https://techcrunch.com/2022/08/18/five-years-later-google-is-still-all-in-on-kotlin/*
4 출처: *https://developer.android.com/kotlin/first*(한글 버전: *https://developer.android.com/kotlin/first?hl=ko*).

코틀린으로 네이티브 UI를 만드는 도구인 젯팩 컴포즈(Jetpack Compose)를 봅시다. 원래 안드로이드용으로 개발되었지만, 코틀린의 멀티플랫폼 지원 특성을 활용해 웹사이트, 데스크톱 애플리케이션, iOS 애플리케이션 등등 더 많은 대상으로 확대되고 있습니다.[5]

프런트엔드 개발 분야, 특히 리액트(React)에서도 코틀린이 사용되고 있으며, 코틀린을 사용하는 데이터 과학자 커뮤니티 또한 증가 추세입니다.

코틀린을 사용할 수 있는 분야는 이미 수없이 많으며, 해가 갈수록 점점 더 많은 가능성이 열리고 있습니다. 여러분도 이 책을 읽고 나면 새로 얻은 지식을 활용할 멋진 방법이 머릿속에 떠오를 것입니다.

---

5 현재 안정성은 플랫폼별로 조금씩 차이가 있습니다.

2장

코틀린으로 만드는
첫 번째 프로그램

코틀린 여정의 첫 번째 단계는 코틀린으로 간단한 프로그램을 작성하는 것입니다. 맞습니다. 바로 그 유명한 "Hello, World!" 프로그램입니다. 코틀린에서는 다음과 같습니다.

```kotlin
fun main() {
    println("Hello, World")
}
```

정말 간단하지 않나요? (자바처럼) 클래스가 필요하지도 않고, (자바스크립트의 console처럼) 객체도 없으며, (파이썬처럼 IDE에게 시작 코드를 알려 주기 위해 필요한) 조건문도 없습니다. main 함수에서 문자 몇 개를 건네 println 함수를 호출하기만 하면 됩니다.[1]

앞의 예가 가장 흔한 형태의 메인 함수입니다. 여기에 인수가 필요하면 Arrays<String> 타입의 매개변수를 추가할 수 있습니다.

```kotlin
fun main(args: Array<String>) {
    println("Hello, World")
}
```

---

1 println 함수는 표준 라이브러리 패키지인 kotlin.io에서 암묵적으로 임포트됩니다.

또한 다음 형태들도 가능합니다.

```kotlin
fun main(vararg args: String) {
    println("Hello, World")
}

class Test {
    companion object {
        @JvmStatic
        fun main(args: Array<String>) {
            println("Hello, World")
        }
    }
}

suspend fun main() {
    println("Hello, World")
}
```

이처럼 다양한 모습으로 쓸 수 있지만, 가장 유용하며 간단한 main() 형태에 집중해 보겠습니다. 이 책의 거의 모든 예제는 이 형태를 씁니다. 책에서 보여드리는 예제는 인텔리제이나 온라인 코틀린 플레이그라운드(Online Kotlin Playground)[2]에서 복사-붙여넣기만 하면 대부분 아무 문제 없이 실행됩니다.

```kotlin
fun main() {
    println("Hello, World")
}
```

메인 함수를 인텔리제이에서 실행하려면 함수의 왼쪽에 보이는 초록색 세모 버튼을 클릭하면 됩니다. 이 버튼을 '거터(gutter) 아이콘' 혹은 직관적으로 '실행(Run)' 버튼이라고도 합니다.

---

2 코틀린 아카데미(Kt. Academy) 웹사이트에서 이 책의 일부를 온라인으로 볼 수 있습니다. 코틀린 플레이그라운드의 기능을 사용해 예제들을 실행하고 수정해 볼 수도 있습니다.

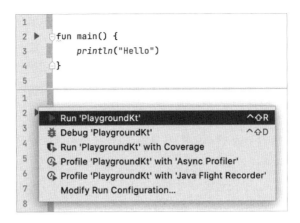

라이브 템플릿

이 책에서 소개하는 코드를 테스트하거나 실행하려면[3] 메인 함수를 계속해서 작성해야 합니다. 귀찮은 일입니다. 이럴 때는 라이브 템플릿(live template)이 도움이 됩니다. 라이브 템플릿은 편집기에서 코드를 타이핑하면 맥락을 파악하여 적절한 템플릿을 제안하는 인텔리제이의 기능입니다. 예를 들어, 코틀린 파일에서 main을 타이핑하기 시작하면 완성된 형태의 main 함수 코드를 제안하는 모습을 볼 수 있습니다. 참고로 maina는 인수(argument)를 받는 메인 함수용 템플릿입니다.

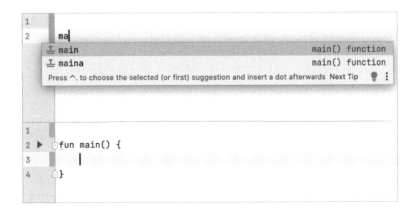

---

3 저는 사람들이 제가 알려드린 기술을 사용하려고 직접 시도해 볼 때 보람을 느낍니다. 배운 것을 의심하는 자세로 확인해 보는 태도는 새로운 기술을 익히고 깊게 이해할 수 있는 좋은 방법입니다.

저는 워크숍에서 라이브 템플릿 기능을 수백 번도 넘게 사용했습니다. 라이브 코딩으로 새로운 것을 보여 줄 때마다, 'Playground' 파일을 열고, 내용 전체를 선택한 다음,[4] 'main'을 타이핑하고, 엔터 키를 눌러 적절한 라이브 템플릿을 선택합니다. 그러면 코틀린이 어떻게 작동하는지 보여 주는 완벽한 공간이 만들어집니다.

지금 바로 이 기능을 테스트해 보세요. 코틀린 프로젝트를 열고(코틀린을 적용하기로 한 프로젝트가 이미 있다면 완벽합니다), 새로운 파일을 만든 뒤('Test'나 'Playground' 정도면 적당하겠네요), 'maina' 라이브 템플릿으로 메인 함수를 만들어 보세요. 간단한 문자열을 출력하는 print 함수를 작성해 넣고 'Run' 버튼으로 코드를 실행해 보세요.

JVM에서 일어나는 과정

코틀린의 가장 중요한 대상은 JVM입니다. JVM에서는 모든 요소가 클래스 안에 있어야 합니다. 그렇다면 앞서 살펴본 코틀린의 메인 함수는 클래스에 있지도 않은데 실행할 수 있는 이유가 궁금할 것입니다. 어떻게 가능한지 살펴봅시다. 도중에 코틀린 코드가 자바로 작성된다면 어떤 모습일지 확인하는 도구도 소개할 것입니다. 코틀린의 동작 방식이 궁금한 자바 개발자에게 매우 유용하고 강력한 도구죠.

인텔리제이나 안드로이드 스튜디오에서 코틀린 프로젝트를 열거나 시작해 봅시다. 'Playground'라는 코틀린 파일을 만듭니다. 여기서 'maina' 라이브 템플릿을 사용해 인수를 받는 메인 함수를 만들고 println("Hello, World")를 입력합니다.

```kotlin
fun main(args: Array<String>) {
    println("Hello, World")
}
```

이제 메뉴에서 'Tools 〉 Kotlin 〉 Show Kotlin Bytecode'를 선택합니다.

---

4 윈도우에서는 'Ctrl+A', 맥에서는 'command+A'

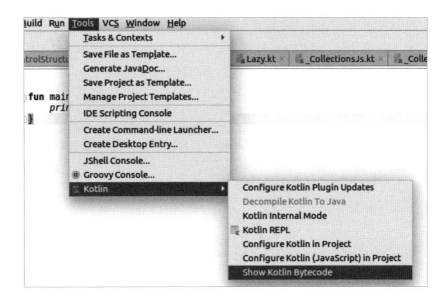

오른쪽에 새로운 도구가 열릴 것입니다. 'Show Kotlin Bytecode'는 이 파일로 부터 만들어진 JVM 바이트코드를 보여 줍니다.

이는 JVM 바이트코드를 보고 싶어 하는 모든 이에게 유용한 기능입니다. 한편, 바이트코드와 친숙하지 못한 우리 대부분을 위해 'Decompile' 버튼도 준비되어 있습니다. 이 기능이 하는 일은 상당히 재밌습니다. 방금 우리는 코틀린 코드를 JVM 바이트코드로 컴파일했습니다. 이 상태에서 'Decompile' 버튼을 클릭하면 이 바이트코드를 자바 코드로 디컴파일합니다. 이렇게 하면, 우리 코드를 자바로 작성했다면 어떤 모습이었을지 확인할 수 있습니다.[5]

```java
public final class PlaygroundKt {
    public static final void main(@NotNull String[] args) {
        Intrinsics.checkNotNullParameter(args, paramName: "args");
        String var1 = "Hello, World";
        System.out.println(var1);
    }
}
```

이 코드는 JVM에서 main 함수가 PlaygroundKt라는 클래스의 정적 함수로 선언되었음을 보여 줍니다. PlaygroundKt라는 이름은 어디서 온 것일까요? 추측해 보세요. 네, 기본적으로 파일 이름 끝에 'Kt'를 붙인 것입니다. 클래스 외부에서 정의된 다른 함수와 프로퍼티 또한 JVM에서 이런 형태로 바뀝니다.

따라서 코틀린으로 작성한 main 함수를 자바 코드에서 호출하고 싶으면 PlaygroundKt.main({}) 형태로 호출할 수 있습니다.

PlaygroundKt가 아닌 다른 이름을 원한다면 코틀린 소스 파일 가장 위에 @file:JvmName("NewName") 애너테이션을 추가하여 바꿀 수 있습니다.[6] 이 애너테이션은 코틀린 코드에는 아무런 영향을 주지 않습니다. 오직 해당 파일에 정의된 함수들을 자바에서 사용할 때만 영향을 줍니다. 즉, 이제 자바 코드에서 main 함수를 호출하려면 NewName.main({}) 형태로 코딩해야 합니다.

자바 개발 경험이 있다면 다음의 내용을 이해하고자 할 때 유용한 도구입니다.

• 코틀린 코드가 저수준에서 작동하는 방식
• 코틀린의 특정 기능이 내부적으로 작동하는 방식
• 자바에서 코틀린 요소를 사용하는 방법

---

5 디컴파일러가 완벽하지는 않기 때문에 항상 완벽한 자바 코드로 변환해 주는 건 아니지만, 어쨌든 정말로 유용하게 사용할 수 있습니다.
6 《코틀린 아카데미: 고급편》의 5장 '자바 상호운용성'에서 자세하게 다룹니다.

대상이 코틀린/자바스크립트일 때도 코틀린 코드로부터 생성된 자바스크립트 코드를 보여 주는 비슷한 도구를 만들어 달라는 목소리도 있습니다만, 이 책을 쓰는 시점에는 생성된 파일을 열어 보는 것이 유일한 방법입니다.

패키지와 임포트

한 프로젝트에 파일이 여러 개라면 파일들을 분류하기 위해 패키지를 사용하곤 합니다. 패키지는 파일들을 그룹 짓고 이름 충돌을 막는 수단입니다. 파일이 속한 패키지는 파일 가장 윗단에 package 키워드를 사용해 명시합니다.

```
package com.marcinmoskala.domain.model

class User(val name: String)
```

패키지를 명시하지 않은 파일은 기본 패키지에 속하게 됩니다. 현업 프로젝트에서는 패키지 경로를 소스 파일이 있는 디렉터리 경로와 똑같이 맞춰 주는 것이 좋습니다. 패키지 이름은 흔히 com.marcinmoskala처럼 회사 도메인 이름의 역순으로 시작합니다. 패키지 이름은 영어 소문자로 작성합니다.

　다른 패키지에 정의된 함수나 클래스를 사용하려면 먼저 해당 함수나 클래스를 임포트해야 합니다. 임포트 선언문은 패키지 선언문과 다른 파일 요소[7]들 사이에 작성합니다. 먼저 패키지 이름을 명시하고, 임포트할 요소 이름을 명시합니다. * 문자를 사용하면 패키지에 속한 모든 요소를 임포트할 수 있습니다.

```
package com.marcinmoskala.domain

import com.marcinmoskala.domain.model.User
// 또는
import com.marcinmoskala.domain.model.*

fun useUser() {
    val user = User("Marcin")
    // ...
}
```

7　코틀린 프로그래밍에서 요소는 클래스, 함수, 프로퍼티, 객체, 인터페이스 등을 의미합니다. 어떤 요소들이 있는지는 다음 장에서 살펴보겠습니다.

코틀린과 자바의 표준 라이브러리 중 필수 요소는 자동으로 임포트됩니다. 예를 들면, `println` 함수는 따로 임포트하지 않고도 곧바로 사용할 수 있습니다.

　임포트는 인텔리제이가 자동으로 관리해 주기 때문에 코틀린 개발자는 임포트에 대해 크게 신경 쓰지 않아도 됩니다. 새로운 요소를 사용하려 할 때 인텔리제이가 제안하는 요소 중에서 선택하면 필요한 임포트 문이 자동으로 추가됩니다. 임포트되지 않은 요소를 사용하면 인텔리제이가 임포트할 것을 제안합니다. 사용하지 않은 임포트 문을 제거하고 싶으면 "import 문 최적화(Optimize Imports)" 액션[8]을 사용하면 됩니다. 인텔리제이의 편리함 덕분에 이 책의 대부분의 예제에서는 임포트 문을 보여 주지 않을 것입니다.

요약

`main` 함수를 사용하고, 라이브 템플릿으로 메인 함수를 쉽게 만드는 방법을 살펴봤습니다. 코틀린으로 작성한 코드를 자바로 작성했다면 어떤 모습이었을지 확인하는 법 또한 배웠습니다. 이제 코틀린 여정을 시작하기에 아주 좋은 도구를 갖추었습니다. 그러니 빠르게 다음 단계를 시작해 봅시다.

연습문제: 첫 번째 프로그램

콘솔 창에 "Hello, World"를 출력하는 프로그램을 만들고 JVM용으로 컴파일된 코드를 확인해 보세요.

1. 아직 인텔리제이 IDEA를 설치하지 않았다면, 먼저 인텔리제이 IDEA를 설치하세요.
2. 새로운 코틀린 프로젝트를 만드세요.
3. 새로운 코틀린 파일을 만드세요.
4. 라이브 템플릿 'main'을 사용해 `main` 함수를 만드세요.
5. `println` 함수를 사용하여 콘솔 창에 "Hello, World"를 출력하세요.

8　윈도우에서는 'Ctrl+Alt+O', 맥에서는 'control+option+O'

6. Run 버튼을 클릭해 프로그램을 실행하세요.

7. Run 도구 창에서 결과를 확인하세요.

8. Tools 〉 Kotlin 메뉴에서 'Show Kotlin Bytecode'를 선택하세요.

9. Kotlin Bytecode 창에서 'Decompile' 버튼을 클릭하세요.

10. 코틀린의 원본 코드와 디컴파일된 자바 코드를 비교하세요.

3장

변수

코틀린에서 변수를 선언하려면 val이나 var 키워드로 시작하고 변수 이름, 등호(=), 초깃값을 차례로 입력하면 됩니다.

- ('variable(변수)'을 의미하는) var 키워드는 읽고 쓸 수 있는 변수를 뜻하며, 초기화 이후에도 언제든 값을 변경할 수 있는 변수를 정의할 때 사용합니다.
- ('value(값)'를 의미하는) val 키워드는 읽기만 가능한 변수를 나타내며, 초기화 이후에는 절대 바뀌지 않는 값을 정의할 때 사용합니다.

```
fun main() {
    val a = 10
    var b = "ABC"
    println(a)  // 10
    println(b)  // ABC
    // a = 12 <- a는 읽을 수만 있으므로 "Val cannot be reassigned" 오류 발생
    b = "CDE"   // 값 재할당 가능
    println(b)  // CDE
}
```

변수의 이름은 문자, 밑줄(_), 숫자로 구성됩니다. 단, 숫자로 시작하면 안 됩니다. 관례상, 변수의 이름에서 첫 번째 단어는 소문자로 시작하고, 두 번째 단어부터는 첫 문자를 (공백 대신) 대문자로 시작하여 구분하는 카멜 표기법(낙타표기법)을 따릅니다.

코틀린에서는 변수의 이름을 지을 때 카멜 표기법을 따릅니다.

변수의 타입을 명시할 필요가 없다고 해서 변수에 타입이 없다는 뜻은 아닙니다. 코틀린은 정적 타입 언어라서 모든 변수에는 타입이 필요합니다. 다만 코틀린은 할당된 값을 보고 타입을 유추할 수 있을 정도로 똑똑한 언어입니다. 정수 10의 타입은 Int이기 때문에 앞의 코드에서 변수 a의 타입도 Int입니다. "ABC"는 String 타입이기 때문에 b 또한 String 타입입니다.

```kotlin
fun main() {
    val a = 10
    var b = "ABC"


    a
} ♥ a                            Int
```

다음 코드와 같이 변수 이름 다음에 콜론(:)과 타입을 붙여 특정 타입을 명시할 수도 있습니다.

```kotlin
fun main() {
    val a: Int = 10
    var b: String = "ABC"
    println(a)  // 10
    println(b)  // ABC
    b = "CDE"
    println(b)  // CDE
}
```

변수를 초기화할 때는 값을 지정해야 합니다. 다음 예에서 볼 수 있듯이, 변수를 사용하기 전에 값이 할당된다는 보장만 있다면 변수의 선언 위치와 초기화 위치를 분리할 수 있습니다. 다만, 꼭 필요하지 않다면 이런 방식은 권장하지 않습니다.

```
fun main() {
    val a: Int
    a = 10
    println(a)  // 10
}
```

변수는 보통 (val a = 10처럼) 선언한 다음 곧바로 초기화됩니다. 이때 등호의 우변에는 할당할 '값'을 명시하면 되므로 값을 반환하는 표현식이면 무엇이든지 올 수 있습니다. 다음은 코틀린에서 가장 흔히 쓰이는 표현식들입니다.

- 1 이나 "ABC"와 같은 기본 타입 리터럴[1]
- if 표현식, when 표현식, try-catch 표현식처럼 표현식으로 사용되는 조건문[2]
- 생성자 호출[3]
- 함수 호출[4]
- 객체 표현식 또는 객체 선언[5]
- 람다 표현식, 익명 함수, 함수 참조와 같은 함수 리터럴[6]
- 요소 참조[7]

공부할 것이 정말 많군요. 기본 타입 리터럴부터 시작해 봅시다.

---

1 기본 타입은 다음 장에서 설명할 것입니다. (옮긴이) 리터럴(literal)이란 소스 코드의 고정된 값을 나타내는 표기법을 말합니다.
2 조건문은 5장 '조건문'에서 자세히 설명합니다.
3 생성자는 9장 '클래스'에서 자세히 설명합니다.
4 코틀린의 모든 함수는 결과 타입을 지정하기 때문에 함수 또한 변수를 할당할 때 우변에 들어갈 수 있습니다. 함수에 대해서는 6장 '함수'에서 자세히 설명합니다.
5 객체 표현식과 객체 선언은 12장 '객체'에서 자세히 설명합니다.
6 함수 리터럴 타입에 대해서는 《코틀린 아카데미: 함수형 프로그래밍》의 3장 '익명 함수', 4장 '람다 표현식', 5장 '함수 참조'에서 자세히 설명합니다.
7 요소 참조의 종류에 대해서는 《코틀린 아카데미: 고급편》의 8장 '리플렉션'에서 자세히 설명합니다.

4장

기본 타입, 기본 타입의
리터럴과 연산

모든 언어는 숫자와 문자 같은 기본 타입을 나타내는 편리한 수단을 제공합니다. 모든 언어에는 내장된 **타입**과 **리터럴**이 있습니다. 타입은 값의 특정 타입을 나타낼 때 사용합니다. Int, Boolean, String이 그 예입니다. 리터럴은 인스턴스[1]를 만드는 데 사용되는 내장 표기법입니다. 따옴표로 감싼 글자들은 문자열 리터럴이며, 숫자는 그 자체로 정수 리터럴이 됩니다.

이번 장에서는 코틀린의 기본 타입과 리터럴에 대해 배울 것입니다.

- 수(Int, Long, Double, Float, Short, Byte)
- 불(Boolean)
- 문자(char)
- 문자열(String)

코틀린에서는 배열도 원시 타입(primitive)처럼 여겨지는데, 18장 '컬렉션'에서 자세히 다루겠습니다.

코틀린에서는 모든 값이 객체로 생각되기 때문에(원시 타입이 없습니다), 모든 값은 메서드를 제공하며, 값의 타입을 제네릭 타입 인수로 사용할 수도 있습니다(제네릭 타입은 나중에 소개합니다). 수, 불, 문자를 표현하는 타입은 코

---

1 (옮긴이) 인스턴스(instance)란 설계도를 바탕으로 소프트웨어에서 실체화된 객체를 말합니다.

틀린 컴파일러가 원시 타입으로 최적화하여 사용할 수도 있지만, 이러한 최적화 과정은 코틀린 개발자에게 아무런 영향을 주지 않으니 전혀 신경 쓰지 않아도 됩니다.

이제 코틀린의 기본 타입을 하나씩 살펴봅시다.

수

코틀린에는 수를 표현할 때 사용하는 타입이 다양하게 준비되어 있습니다. 크게는 (소수점이 없는) 정수 타입과 (소수점이 있는) 부동소수점 수 타입으로 구분할 수 있습니다. 각각은 다시 타입의 크기(비트 수)로 세분화됩니다. 이 크기에 따라 해당 타입이 표현할 수 있는 수의 범위와 정확도가 결정됩니다.

정수를 표현할 때는 Int, Long, Byte, Short를 사용합니다.

자료형	크기(비트 개수)	최솟값	최댓값
Byte	8	−128	127
Short	16	−32768	32767
Int	32	-2^{31}	$2^{31} - 1$
Long	64	-2^{63}	$2^{63} - 1$

부동소수점 수를 표현할 때는 Float와 Double을 사용합니다.

자료형	크기(비트 개수)	상위 비트	지수 비트	소수 자릿수
Float	32	24	8	6-7
Double	64	53	11	15-16

코드에서 소수점 없는 수는 기본적으로 Int로 판별합니다. 소수점이 있는 수는 기본적으로 Double로 판별합니다.

```
fun main() {
    val numI = 42
    val numD = 3.14
    num
}   numD                              Double
    numI                              Int
```

숫자 끝에 L을 붙이면 Long 타입으로 만들 수 있습니다. Int의 표현 범위를 넘어서는 큰 정수 리터럴도 Long으로 해석합니다.

```
fun main() {
    val numL1 = 42L
    val numL2 = 12345678912345
    num
}   numL1                             Long
    numL2                             Long
```

마찬가지로, 숫자 끝에 F나 f를 붙이면 Float 타입을 만들 수 있습니다.

```
fun main() {
    val numF1 = 42F
    val numF2 = 123.45F
    num
}   numF1                             Float
    numF2                             Float
```

숫자 리터럴을 Byte나 Short 타입으로 만들어 주는 접미사는 존재하지 않습니다. 하지만 변수를 선언할 때 타입을 명시하여 Byte나 Short 타입 인스턴스를 만들 수 있습니다. Long도 마찬가지입니다.

```
fun main() {
    val b: Byte = 123
    val s: Short = 345
    val l: Long = 345
}
```

이처럼 타입이 자동으로 정해지는 원리는 타입 변환이 아닙니다! 코틀린은 암묵적인 타입 변환을 지원하지 않기 때문에 Int가 있어야 할 곳에 Byte나 Long을 사용할 수 없습니다.

```kotlin
fun main() {
    val b: Byte = 123
    val l: Long = 123L

    val i1: Int = b
    val i2: Int = l
}
```

Type mismatch.
Required: Int
Found: Long
Change type of 'i2' to 'Long'   ⌥⇧↵   More actions...   ⌥↵

val l: Long
Kotlin_for_developers_book.main

수의 타입을 명시적으로 변환하려면 toInt나 toLong 같은 명시적 변환 함수를 사용합니다.

```kotlin
fun main() {
    val b: Byte = 123
    val l: Long = 123L
    val i: Int = 123

    val i1: Int = b.toInt()
    val i2: Int = l.toInt()
    val l1: Long = b.toLong()
    val l2: Long = i.toLong()
}
```

수에서의 밑줄 사용

수 리터럴에서 자릿수 사이에 밑줄 _를 넣을 수 있습니다. 밑줄은 무시되지만, 큰 수의 가독성을 높이고자 할 때 사용합니다.

```kotlin
fun main() {
    val million = 1_000_000
    println(million)  // 1000000
}
```

진수 표현

수를 16진수로 표현하려면 0x로 시작하면 됩니다. 이진수는 0b로 시작합니다. 8진수는 지원하지 않습니다.

```
fun main() {
    val hexBytes = 0xA4_D6_FE_FE
    println(hexBytes)  // 2765553406
    val bytes = 0b01010010_01101101_11101000_10010010
    println(bytes)     // 1382934674
}
```

Number와 변환 함수

숫자를 나타내는 모든 기본 타입은 Number 타입의 서브타입입니다.

```
fun main() {
    val i: Int = 123
    val b: Byte = 123
    val l: Long = 123L

    val n1: Number = i
    val n2: Number = b
    val n3: Number = l
}
```

Number 타입에는 값을 다른 기본 타입으로 바꿔 주는 변환 함수들이 정의되어 있습니다.

```
abstract class Number {
    abstract fun toDouble(): Double
    abstract fun toFloat(): Float
    abstract fun toLong(): Long
    abstract fun toInt(): Int
    abstract fun toChar(): Char
    abstract fun toShort(): Short
    abstract fun toByte(): Byte
}
```

따라서 기본적인 숫자라면 to{new type} 함수를 사용해 다른 기본 타입으로 변환할 수 있습니다. 이런 함수를 **변환 함수**(conversion function)라고 합니다.

```kotlin
fun main() {
    val b: Byte = 123
    val l: Long = b.toLong()
    val f: Float = l.toFloat()
    val i: Int = f.toInt()
    val d: Double = i.toDouble()
    println(d)  // 123.0
}
```

수 연산

코틀린의 수는 기본적인 수학 연산을 지원합니다.

- 덧셈(+)

- 뺄셈(-)

- 곱셈(*)

- 나눗셈(/)

```kotlin
fun main() {
    val i1 = 12
    val i2 = 34
    println(i1 + i2) // 46
    println(i1 - i2) // -22
    println(i1 * i2) // 408
    println(i1 / i2) // 0

    val d1 = 1.4
    val d2 = 2.5
    println(d1 + d2) // 3.9
    println(d1 - d2) // -1.1
    println(d1 * d2) // 3.5
    println(d1 / d2) // 0.5599999999999999
}
```

 1.4/2.5의 정확한 결괏값은 0.55999999999999999가 아니라 0.56입니다. 오차가 생긴 이유는 조금 뒤에 설명하겠습니다.

Int를 Int로 나누면 결괏값이 Int이기 때문에 소수 부분은 버려집니다.

```
fun main() {
    println(5 / 2)  // 2 (2.5가 아님)
}
```

정수를 부동소수점 수로 변환한 뒤 나누면 결괏값이 정확하게 나옵니다.

```
fun main() {
    println(5.toDouble() / 2)  // 2.5
}
```

나머지 연산자[2]인 %도 있습니다.

```
fun main() {
    println(1 % 3)   // 1
    println(2 % 3)   // 2
    println(3 % 3)   // 0
    println(4 % 3)   // 1
    println(5 % 3)   // 2
    println(6 % 3)   // 0
    println(7 % 3)   // 1
    println(0 % 3)   // 0
    println(-1 % 3)  // -1
    println(-2 % 3)  // -2
    println(-3 % 3)  // 0
}
```

코틀린은 읽고 쓰기가 가능한 변수인 var의 값을 직접 변경하는 연산도 지원합니다.

- +=: a += b는 a = a + b와 같습니다.

- -=: a -= b는 a = a - b와 같습니다.

- *=: a *= b는 a = a * b와 같습니다.

- /=: a /= b는 a = a / b와 같습니다.

- %=: a %= b는 a = a % b와 같습니다.

---

2 나머지 연산자는 모듈로(modulo) 연산자와 비슷합니다. 나머지 연산과 모듈로 연산은 양수에서는 같은 결과를 내지만 음수에서는 서로 다른 결과를 냅니다. −5를 4로 나머지 연산하면 −5 = 4 * (−1) + (−1)이기 때문에 결과가 −1이 됩니다. −5를 4로 모듈로 연산하면 −5 = 4 * (−2) + 3이므로 결괏값은 3입니다.

- 후위-증가와 전위-증가 ++: 변수 값을 1만큼 증가시킵니다.
- 후위-감소와 전위-감소 --: 변수 값을 1만큼 감소시킵니다.

```
fun main() {
    var i = 1
    println(i)  // 1
    i += 10
    println(i)  // 11
    i -= 5
    println(i)  // 6
    i *= 3
    println(i)  // 18
    i /= 2
    println(i)  // 9
    i %= 4
    println(i)  // 1

    // 후위-증가
    // 값을 1 증가시키고 이전 값을 반환합니다.
    println(i++)  // 1
    println(i)    // 2

    // 전위-증가
    // 값을 1 증가시키고 새로운 값을 반환합니다.
    println(++i)  // 3
    println(i)    // 3

    // 후위-감소
    // 값을 1 감소시키고 이전 값을 반환합니다.
    println(i--)  // 3
    println(i)    // 2

    // 전위-감소
    // 값을 1 감소시키고 새로운 값을 반환합니다.
    println(--i)  // 1
    println(i)    // 1
}
```

비트 연산

코틀린은 다음과 같은 비트 연산용 표현식을 제공합니다.

- and: 두 숫자를 비트 단위로 비교하여, 같은 위치의 비트가 둘 다 1일 때만

1을 유지합니다.

- or: 두 숫자에서 같은 위치의 비트 중 하나라도 1일 때만 1을 유지합니다.

- xor: 두 숫자에서 같은 위치의 비트 중 단 하나만 1일 때만 1을 유지합니다.

- shl: 연산자 좌변의 값을 우변의 값(비트 수)만큼 왼쪽으로 시프트합니다.

- shr: 연산자 좌변의 값을 우변의 값(비트 수)만큼 오른쪽으로 시프트합니다.

```
fun main() {
    println(0b0101 and 0b0001)  // 0b0001이므로 1
    println(0b0101 or 0b0001)   // 0b0101이므로 5
    println(0b0101 xor 0b0001)  // 0b0100이므로 4
    println(0b0101 shl 1)       // 0b1010이므로 10
    println(0b0101 shr 1)       // 0b0010이므로 2
}
```

BigDecimal과 BigInteger

코틀린의 모든 기본 타입은 표현할 수 있는 크기와 정확도에 한계가 있기 때문에 다음과 같은 특정 상황에서는 정확하지 않거나 잘못된 결과를 만들어 낼 수 있습니다.

```
fun main() {
    println(0.1 + 0.2)       // 0.30000000000000004
    println(2147483647 + 1)  // -2147483648
}
```

이런 현상은 프로그래밍에서 어쩔 수 없이 나타나며, 대부분의 경우 그저 수용할 수밖에 없습니다. 하지만 완벽한 정확도와 제한이 없는 크기가 필요한 경우가 있습니다. JVM에서는 크기에 제한이 없는 정수가 필요할 때는 BigInteger를 사용합니다. 마찬가지로 크기에 제한이 없고 정확해야 하는 부동소수점 수가 필요하면 BigDecimal을 사용합니다. 두 타입 모두 생성자[3], (valueOf와 같은) 팩토리 함수[4], 또는 숫자를 표현하는 기본 타입들의 변환 함수(toBigDecimal과 toBigInteger)를 이용하여 만들 수 있습니다.

---

3 생성자는 9장 '클래스'에서 설명합니다.
4 (옮긴이) 팩토리 함수(factory function)란 객체를 생성하여 반환하는 함수를 말합니다.

```kotlin
import java.math.BigDecimal
import java.math.BigInteger

fun main() {
    val i = 10
    val l = 10L
    val d = 10.0
    val f = 10.0F

    val bd1: BigDecimal = BigDecimal(123)
    val bd2: BigDecimal = BigDecimal("123.00")
    val bd3: BigDecimal = i.toBigDecimal()
    val bd4: BigDecimal = l.toBigDecimal()
    val bd5: BigDecimal = d.toBigDecimal()
    val bd6: BigDecimal = f.toBigDecimal()
    val bi1: BigInteger = BigInteger.valueOf(123)
    val bi2: BigInteger = BigInteger("123")
    val bi3: BigInteger = i.toBigInteger()
    val bi4: BigInteger = l.toBigInteger()
}
```

BigDeciaml과 BigInteger 타입 변수들도 기본적인 수학 연산자들과 함께 사용
할 수 있습니다.

```kotlin
import java.math.BigDecimal
import java.math.BigInteger

fun main() {
    val bd1 = BigDecimal("1.2")
    val bd2 = BigDecimal("3.4")
    println(bd1 + bd2)  // 4.6
    println(bd1 - bd2)  // -2.2
    println(bd1 * bd2)  // 4.08
    println(bd1 / bd2)  // 0.4

    val bi1 = BigInteger("12")
    val bi2 = BigInteger("34")
    println(bi1 + bi2)  // 46
    println(bi1 - bi2)  // -22
    println(bi1 * bi2)  // 408
    println(bi1 / bi2)  // 0
}
```

코틀린/JVM이 아닌 플랫폼에서는 제한이 없는 크기와 정확도의 수를 나타내려면 외부 라이브러리를 사용해야 합니다.

불

true와 false 두 가지 값만 가능한 Boolean도 기본 타입으로 제공합니다.

```
fun main() {
    val b1: Boolean = true
    println(b1)  // true
    val b2: Boolean = false
    println(b2)  // false
}
```

불 타입은 예컨대 다음과 같은 질문에 '예/아니오'로 답할 때 사용합니다.

- 사용자가 어드민 유저인가요?
- 사용자가 쿠키 정책을 허용했나요?
- 두 수가 동일한가요?

그리고 비교 연산의 결과로 자주 쓰입니다.

동등성

Boolean은 동등 비교의 결과로 자주 쓰입니다. 코틀린에서는 두 객체가 동등한지 확인하기 위해 이중 등호 ==를 사용합니다. 두 객체가 동등하지 않은지 확인하려면 부등 연산자 !=를 사용합니다.

```
fun main() {
    println(10 == 10)  // true
    println(10 == 11)  // false
    println(10 != 10)  // false
    println(10 != 11)  // true
}
```

숫자를 비롯해 비교 가능한(즉, Comparable 인터페이스를 구현한) 모든 객체는 >, <, >=, <=로 비교할 수 있습니다.

```
fun main() {
    println(10 > 10)  // false
    println(10 > 11)  // false
    println(11 > 10)  // true

    println(10 < 10)  // false
    println(10 < 11)  // true
    println(11 < 10)  // false

    println(10 >= 10)  // true
    println(10 >= 11)  // false
    println(11 >= 10)  // true

    println(10 <= 10)  // true
    println(10 <= 11)  // true
    println(11 <= 10)  // false
}
```

불 연산

코틀린은 세 가지 논리 연산자를 제공합니다.

- 논리곱(and) 연산자 &&: 양쪽 모두 true일 때 true를 반환하며, 아닐 경우 false를 반환합니다.
- 논리합(or) 연산자 ||: 둘 중 하나 이상이 true일 때 true를 반환하며, 아닐 경우 false를 반환합니다.
- 부정(not) 연산자 !: true를 false로, false를 true로 변경합니다.

```
fun main() {
    println(true && true)    // true
    println(true && false)   // false
    println(false && true)   // false
    println(false && false)  // false

    println(true || true)    // true
    println(true || false)   // true
    println(false || true)   // true
    println(false || false)  // false

    println(!true)   // false
    println(!false)  // true
}
```

코틀린은 자동 타입 변환을 지원하지 않으므로 논리 연산자는 Boolean 타입의 객체들과만 사용할 수 있습니다.

문자

하나의 문자를 나타내려면 Char 타입을 사용합니다. 문자는 작은따옴표를 사용해 표현합니다.

```
fun main() {
    println('A')  // A
    println('Z')  // Z
}
```

각 문자는 유니코드(Unicode) 수로 표현됩니다. 문자의 유니코드 값은 code 프로퍼티로 확인할 수 있습니다.

```
fun main() {
    println('A'.code)  // 65
}
```

문자를 유니코드로 표현할 수도 있습니다. 표현 방법은 자바와 같습니다. 즉, \u로 시작하고 이어서 해당 문자의 유니코드 값을 16진수로 기록하면 됩니다.

```
fun main() {
    println('\u00A3')  // £
}
```

문자열

문지열은 이름 그대로 '일련의 문자들'을 뜻합니다. 코틀린에서는 따옴표 " 또는 삼중 따옴표 """를 사용해 문자열을 만듭니다.

```
fun main() {
    val text1 = "ABC"
    println(text1)  // ABC
    val text2 = """DEF"""
    println(text2)  // DEF
}
```

하나의 따옴표로 감싼 문자열은 기본적으로 한 줄짜리 텍스트를 의미합니다. 중간에 줄바꿈 문자를 추가하고 싶다면 특수 문자인 \n을 사용해야 합니다. 이처럼 문자열에서 특수한 의미는 역슬래시 문자 \와 함께 사용해 표현하며, 줄바꿈 외에도 다음과 같은 의미들을 표현할 수 있습니다.

이스케이프 시퀀스[5]	의미
\t	탭
\b	백스페이스
\r	캐리지 리턴
\f	폼 피드
\n	개행
\'	작은따옴표
\"	큰따옴표
\\	역슬래시
\$	달러

삼중 따옴표로 감싼 문자열은 여러 줄의 텍스트를 그대로 표현할 수 있습니다. 문자열 내부에서 특수 문자를 그대로 사용할 수 있고, 역슬래시로 시작하는 이스케이프 시퀀스도 변환되지 않습니다.

```
fun main() {
    val text1 = "Let\'s say:\n\"Hooray\""
    println(text1)
    // Let's say:
    // "Hooray"

    val text2 = """Let\'s say:\n\"Hooray\""""
    println(text2)
    // Let\'s say:\n\"Hooray\"

    val text3 = """Let's say:
"Hooray""""
    println(text3)
```

---

5 (옮긴이) 이스케이프 시퀀스(escape sequence)란 프로그래밍 언어 특성상 표현할 수 없는 문자나 기능을 대체하는 데 사용되는 문자열을 말합니다.

```
    // Let's say:
    // "Hooray"
}
```

삼중 따옴표 문자열에 trimIndent 함수를 사용하면 문자열을 더 깔끔하게 표현할 수 있습니다. 이 함수는 들여쓰기(indentation)용으로 쓰인 공백들을 모든 줄에서 일관되게 잘라내(trim) 줍니다.

```
fun main() {
    val text = """
    Let's say:
    "Hooray"
    """.trimIndent()
    println(text)
    // Let's say:
    // "Hooray"

    val description = """
      A
      B
          C
  """.trimIndent()
    println(description)
    // A
    // B
    //     C
}
```

문자열 리터럴은 템플릿 표현식을 포함할 수 있습니다. 템플릿 표현식이란 평가 결과가 문자열인 작은 코드 조각입니다. 달러 부호($)로 시작하며, ("text is $text"처럼) 변수 이름이나 ("1 + 2 = ${1 + 2}"와 같이) 중괄호로 감싼 표현식을 사용할 수 있습니다.

```
main() {
    val name = "Cookie"
    val surname = "DePies"
    val age = 6

    val fullName = "$name $surname ($age)"
    println(fullName)  // Cookie DePies (6)
```

```
    val fullNameUpper =
        "${name.uppercase()} ${surname.uppercase()} ($age)"
    println(fullNameUpper)  // COOKIE DEPIES (6)

    val description = """
        Name: $name
        Surname: $surname
        Age: $age
    """.trimIndent()
    println(description)
    // Name: Cookie
    // Surname: DePies
    // Age: 6
}
```

템플릿 표현식은 삼중 따옴표 문자열에서 특수 문자를 사용하는 매우 손쉬운 수단이기도 합니다. 특수 문자를 일반 문자열 리터럴로 정의한 다음 템플릿 구문에 포함시키면 됩니다.

```
fun main() {
    val text1 = """ABC\nDEF"""
    println(text1)  // ABC\nDEF

    val text2 = """ABC${"\n"}DEF"""
    println(text2)
    // ABC
    // DEF
}
```

코틀린 문자열 역시 Char와 마찬가지로 유니코드를 사용합니다. 따라서 \u로 시작하는 유니코드 문자 표기 방식을 적용할 수 있습니다.

```
fun main() {
    println("😀") // 😀
    println("\uD83D\uDC4B") // 👋
    println("\uD83C\uDDF5\uD83C\uDDF1") // 🇵🇱
}
```

+ 연산자를 사용하면 두 개의 문자열을 연결할 수 있습니다. + 연산자는 문자열로 변환 가능한 다른 타입의 객체를 문자열과 연결하는 데도 사용할 수 있습

니다. 결괏값은 항상 문자열입니다.

```
fun main() {
    val text1 = "ABC"
    val text2 = "DEF"
    println(text1 + text2)  // ABCDEF
    println(text1 + 123)    // ABC123
    println(text1 + true)   // ABCtrue
}
```

요약

이번 장에서는 코틀린의 기본 타입과 기본 타입의 인스턴스를 생성하는 리터 럴에 대해 배웠습니다.

- Int, Long, Double, Float, Short, Byte로 표현되는 수는 숫자 그대로 또는 타 입에 맞게 접미사를 붙여서 만들 수 있습니다. 음수나 소수 부분도 표현할 수 있습니다. 긴 숫자의 가독성을 높이기 위해 숫자 중간에 밑줄을 추가할 수도 있습니다.
- 불 값인 true와 false는 Boolean 타입으로 표현합니다.
- 문자는 Char 타입으로 표현합니다. 문자 타입의 리터럴은 작은따옴표를 사 용해 표현합니다.
- 문자열에는 String 타입을 씁니다. 문자열은 일련의 문자들입니다. 문자열 리터럴은 큰따옴표로 정의합니다.

지금까지 코틀린의 기본 개념을 익혔습니다. 다음 장에서는 코드의 작동 방식 을 결정하는 제어 구조를 살펴봅시다.

연습문제: 기본값 연산

다음 표현식의 결괏값은 무엇일까요?

```
fun main() {
    println(1 + 2 * 3)  // ?
    println(10 % 3)     // ?
```

```
    println(-1 % 3)     // ?

    println(8.8 / 4)    // ?
    println(10 / 3)     // ?

    println(11.toFloat())   // ?
    println(10.10.toInt())  // ?

    var a = 10
    a += 5
    println(a)  // ?
    a -= 3
    println(a)  // ?
    a++
    println(a)    // ?
    println(a++)  // ?
    println(a)    // ?
    println(--a)  // ?
    println(a)    // ?

    println(true && false)  // ?
    println(true || false)  // ?
    println(!!!!true)       // ?

    println('A'.code)  // 65
    println('A' + 1)   // ?
    println('C'.code)  // ?

    println("A + B")      // ?
    println("A" + "B")    // ?
    println("A" + 1)      // ?
    println("A" + 1 + 2)  // ?
}
```

정답은 책 뒤편의 '연습문제 해답'에서 확인할 수 있습니다.

5장

조건문: if, when, try, while

흔히 쓰이는 if 문이나 while 문의 형태는 코틀린, 자바, C++, 자바스크립트를
비롯한 대부분의 현대 언어에서 비슷합니다. 예컨대 if 문만 봐서는 어떤 언어
인지 구분하기 어렵습니다.

```
if (predicate) {
    // 본문
}
```

하지만 코틀린의 if 문은 자바보다 강력하며 자바에서는 지원하지 않는 기능도
제공합니다. 이 책의 독자가 프로그래밍을 접한 경험이 있다고 가정하므로 if
문과 while 문의 기본적인 작동 방식은 설명하지 않겠습니다. 대신 다른 언어
와 어떻게 다른지에 집중하겠습니다.

if 문

if 문부터 봅시다. if 문은 조건을 만족했을 때(조건이 true를 반환) 본문을 실행
합니다. 조건을 만족하지 못했을 때(false를 반환) 실행할 else 블록을 덧붙일
수도 있습니다.

```
fun main() {
    val i = 1     // 또는 5
```

```
    if (i < 3) {  // i < 3은 조건입니다.
        // 조건이 true일 때 실행됩니다.
        println("Smaller")
    } else {
        // 조건이 false일 때 실행됩니다.
        println("Bigger")
    }
    // i == 1이면 Smaller를, i == 5이면 Bigger를 출력합니다.
}
```

여기서 코틀린의 강점 하나를 소개합니다. 코틀린의 if-else 문은 표현식[1]으로 사용될 수 있기 때문에 값을 생성할 수 있습니다.

```
val value = if (condition) {
    // 본문 1
} else {
    // 본문 2
}
```

이 코드는 어떤 값을 반환할까요? 각 본문에서 마지막 문장의 결과가 반환됩니다(본문이 비었거나 표현식이 아닌 문장은 Unit[2]을 반환합니다).

```
fun main() {
    var isOne = true
    val number1: Int = if (isOne) 1 else 0
    println(number1)  // 1
    isOne = false
    val number2: Int = if (isOne) 1 else 0
    println(number2)  // 0

    val superuser = true
    val hasAccess: Boolean = if (superuser) {
        println("Good morning, sir Admin")
        true
    } else {
        false
    }
    println(hasAccess)  // true
}
```

---

1 프로그래밍에서 표현식은 값을 반환하는 코드를 의미합니다.
2 Unit은 특별한 의미가 없는 객체입니다. 자바의 Void를 떠올리게 합니다.

본문에 문장이 하나뿐이면 그 문장의 결과가 그대로 if-else 표현식의 결괏값이 됩니다. 이런 경우에는 중괄호를 사용하지 않아도 됩니다.

```
val r: Int = if (one) 1 else 0
// 좀더 읽기 쉬운 코드입니다.
val r: Int = if (one) {
    1
} else {
    0
}
```

코틀린에서 if 문은 자바나 자바스크립트의 삼항 연산자를 대체합니다.

```
// 자바
final String name = user == null ? "" : user.name
```

```
// 자바스크립트
const name = user === null ? "" : user.name
```

```
// 코틀린
val name = if (user == null) "" else user.name
```

if-else가 삼항 연산자보다 길다는 이유로 코틀린에 삼항 연산자를 도입해야 한다고 말하는 개발자도 있습니다. 저는 동의하지 않습니다. if-else 방식이 가독성이 더 좋고 코드를 구조화하기도 더 좋기 때문입니다. 게다가 코틀린에는 엘비스 연산자, (orEmpty와 같은) 널 가능한 타입의 확장 함수, 안전 호출과 같이 삼항 연산자가 사용되는 경우를 대체할 수 있는 다른 방법도 제공합니다. '널 가능성'에 대해서는 8장에서 자세히 설명하겠습니다.

```
// 자바
String name = user == null ? "" : user.name
```

```
// 코틀린
val name = user?.name ?: ""
// 또는
val name = user?.name.orEmpty()
```

if-else-if 문은 단지 if-else 문을 여러 개 이어 붙인 것과 같습니다.

```
fun main() {
    println("Is it going to rain?")
    val probability = 70
    if (probability < 40) {
        println("Na-ha")
    } else if (probability <= 80) {
        println("Likely")
    } else if (probability < 100) {
        println("Yes")
    } else {
        println("Holly Crab")
    }
}
```

사실 if-else-if 문은 존재하지 않습니다. 그저 if-else 문 안에 또 다른 if-else 문이 중첩해 들어 있는 형태에 불과합니다. 다음 코드를 보고 결과가 무엇일지 맞춰보세요.

```
// 모든 타입의 객체에서 실행할 수 있는 함수로, 객체 그 자체를 출력합니다.
// 10.print()는 10을 출력하며,
// "ABC".print()는 ABC를 출력합니다.
fun Any?.print() {
    print(this)
}

fun printNumberSign(num: Int) {
    if (num < 0) {
        "negative"
    } else if (num > 0) {
        "positive"
    } else {
        "zero"
    }.print()
}

fun main(args: Array<String>) {
    printNumberSign(-2)
    print(",")
    printNumberSign(0)
    print(",")
    printNumberSign(2)
}
```

단일한 if-else-if 문은 존재하지 않기 때문에(단지 if-else 표현식이 중첩된 것입니다), 정답은 "negative,zero,positive"가 아닙니다. 앞의 printNumberSign 코드는 다음처럼 구현했을 때와 똑같은 결과를 냅니다.

```
fun printNumberSign(num: Int) {
    if (num < 0) {
        "negative"
    } else {
        if (num > 0) {
            "positive"
        } else {
            "zero"
        }.print()
    }
}
```

따라서 ("positive"와 "zero"가 있는) 두 번째 if-else 표현식의 결과에서만 print가 호출됩니다. 즉, 이 코드가 출력하는 결과는 ",zero,positive"라는 뜻입니다. 어떻게 하면 의도에 맞게 고칠 수 있을까요? 중괄호를 사용할 수도 있지만 일반적으로 조건이 여러 개일 때는 if-else-if 대신 when 문을 사용합니다. 앞에서 살펴본 실수를 방지할 수 있으며, 코드가 깔끔해지고 읽기 쉬워지는 장점이 있습니다.

```
// 모든 타입의 객체에서 실행할 수 있는 함수로, 객체 그 자체를 출력합니다.
// 10.print()는 10을 출력하며,
// "ABC".print()는 ABC를 출력합니다.
fun Any?.print() {
    print(this)
}

fun printNumberSign(num: Int) {
    when {
        num < 0 -> "negative"
        num > 0 -> "positive"
        else -> "zero"
    }.print()
}

fun main(args: Array<String>) {
    printNumberSign(-2)  // negative
```

```
    print(",")              // ,
    printNumberSign(0)  // zero
    print(",")              // ,
    printNumberSign(2)  // positive
}
```

when 문

앞 절에서 보았듯이 when 문은 if-else-if 문을 대체할 수 있습니다. when 문은 모든 조건을 프레디키트(predicate)[3]와 본문으로 표현합니다. 이때 본문은 프레디키트가 true를 반환할 때 (그리고 이전 프레디키트는 true를 반환하지 않았을 때) 실행할 코드입니다. if-else-if와 거의 똑같이 작동하지만 조건이 여러 개일 때는 when을 사용하는 편이 낫습니다.

```
fun main() {
    println("Is it going to rain?")
    val probability = 70
    when {
        probability < 40 -> {
            println("Na-ha")
        }
        probability <= 80 -> {
            println("Likely")
        }
        probability < 100 -> {
            println("Yes")
        }
        else -> {
            println("Holly Crab")
        }
    }
}
```

if 문처럼 중괄호는 본문이 여러 개의 문장으로 구성될 때만 필요합니다.

```
fun main() {
    println("Is it going to rain?")
```

---

3 (옮긴이) 프레디키트란 우리말로 '...에 입각하다/근거를 두다'라는 뜻으로, 람다 표현식에서 조건문을 말합니다.

```
    val probability = 70
    when {
        probability < 40 -> println("Na-ha")
        probability <= 80 -> println("Likely")
        probability < 100 -> println("Yes")
        else -> println("Holly Crab")
    }
}
```

when 문은 값을 반환할 수 있기 때문에 표현식으로 사용할 수도 있습니다. 결괏값은 해당 조건의 본문 중 마지막 표현식이므로 다음 예제는 "Likely"를 출력합니다.

```
fun main() {
    println("Is it going to rain?")
    val probability = 70
    val text = when {
        probability < 40 -> "Na-ha"
        probability <= 80 -> "Likely"
        probability < 100 -> "Yes"
        else -> "Holly Crab"
    }
    println(text)
}
```

when 문은 단일 표현식 본문(expression body)[4]으로도 자주 사용됩니다.

```
private fun getEmailErrorId(email: String) = when {
    email.isEmpty() -> R.string.error_field_required
    emailInvalid(email) -> R.string.error_invalid_email
    else -> null
}
```

조건으로 값을 받는 when 문

when 문은 다른 형태로도 쓰입니다. when 키워드 다음에 오는 소괄호에 값을 넣으면 스위치(switch-case) 문을 대체할 수 있습니다. 하지만 값을 동등 비교

---

4 단일 표현식 본문은 함수 본문을 표현식 하나로 구현할 때 사용하는 특별한 문장입니다. 다음 장에서 다룰 주제입니다.

하는 것뿐만 아니라 (is를 사용해) 타입을 비교하거나 (in을 사용해) 객체가 조건으로 주어진 값을 포함하는지도 확인할 수 있기 때문에 훨씬 유용합니다. 쉼표를 써서 비교할 조건을 여러 개 나열할 수도 있습니다.

```kotlin
private val magicNumbers = listOf(7, 13)

fun describe(a: Any?) {
    when (a) {
        null -> println("Nothing")
        1, 2, 3 -> println("Small number")
        in magicNumbers -> println("Magic number")
        in 4..100 -> println("Big number")
        is String -> println("This is just $a")
        is Long, is Int -> println("This is Int or Long")
        else -> println("No idea, really")
    }
}

fun main() {
    describe(null)    // Nothing
    describe(1)       // Small number
    describe(3)       // Small number
    describe(7)       // Magic number
    // 9가 4에서 100 사이의 값이기 때문에
    describe(9)       // Big number
    describe("AAA")   // This is just AAA
    describe(1L)      // This is Int or Long
    describe(-1)      // This is Int or Long
    // 1.0은 Double 타입이므로
    describe(1.0)     // No idea, really
}
```

이 형태의 when 문 또한 값을 생성할 수 있기 때문에 표현식으로 쓸 수 있습니다.

```kotlin
private val magicNumbers = listOf(7, 13)

fun describe(a: Any?): String = when (a) {
    null -> "Nothing"
    1, 2, 3 -> "Small number"
    in magicNumbers -> "Magic number"
    in 4..100 -> "Big number"
```

```
        is String -> "This is just $a"
        is Long, is Int -> "This is Int or Long"
        else -> "No idea, really"
}

fun main() {
    println(describe(null))   // Nothing
    println(describe(1))      // Small number
    println(describe(3))      // Small number
    println(describe(7))      // Magic number
    // 9가 4에서 100 사이의 값이기 때문에
    println(describe(9))      // Big number
    println(describe("AAA"))  // This is just AAA
    println(describe(1L))     // This is Int or Long
    println(describe(-1))     // This is Int or Long
    // 1.0은 Double 타입이므로
    println(describe(1.0))    // No idea, really
}
```

when 문을 표현식으로 사용할 때는 앞의 예처럼 가능한 조건을 모두 넣거나
else 조건을 넣어서 모든 상황에 철저하게(exhaustive) 대처하도록 만들어야
합니다. 조건 일부가 빠져 있다면 컴파일 에러가 발생합니다.

 코틀린에는 when 문이 있기 때문에 스위치(switch-case) 문을 지원하지 않습니다.

값을 받는 when 문은 괄호 안에서 변수를 정의할 수 있으며, 이 변수를 각 조
건에서 사용할 수 있습니다.

```
fun showUsers() =
    when (val response = requestUsers()) {
        is Success -> showUsers(response.body)
        is HttpError -> showException(response.exception)
    }
```

is 확인

앞에서 본 is 연산자를 자세히 알아봅시다. is 연산자는 값이 특정 타입인지 확
인합니다. 우리는 123이 Int 타입이고, "ABC"가 String 타입이라는 것을 알고

있습니다. 당연히 123은 String 타입이 아니고, "ABC"는 Int 타입이 아닙니다. is를 사용하면 실제로 그렇다는 것을 확인할 수 있습니다.

```kotlin
fun main() {
    println(123 is Int)        // true
    println("ABC" is String)   // true
    println(123 is String)     // false
    println("ABC" is Int)      // false
}
```

123은 Int 타입인 동시에 Number 타입이기도 하므로, is는 두 타입 모두에 대해 true를 반환합니다.

```kotlin
fun main() {
    println(123 is Int)        // true
    println(123 is Number)     // true
    println(3.14 is Double)    // true
    println(3.14 is Number)    // true

    println(123 is Double)     // false
    println(3.14 is Int)       // false
}
```

값이 특정 타입이 아님을 확인할 때는 is 연산자의 결과를 부정하는 !is를 사용합니다.

```kotlin
fun main() {
    println(123 !is Int)        // false
    println("ABC" !is String)   // false
    println(123 !is String)     // true
    println("ABC" !is Int)      // true
}
```

명시적 캐스팅

모든 Int는 Number이므로 Int 타입인 값을 항상 Number로도 사용할 수 있습니다. 이렇게 계층이 낮은 타입에서 높은 타입으로 값을 변환하는 과정을 업캐스팅(up-casting)이라고 합니다.

```
fun main() {
    val i: Int = 123
    val l: Long = 123L
    val d: Double = 3.14

    var number: Number = i  // Int에서 Number로 업캐스팅
    number = l              // Long에서 Number로 업캐스팅
    number = d              // Double에서 Number로 업캐스팅
}
```

낮은 계층의 타입을 높은 계층으로 변환할 때는 암묵적으로 캐스팅되지만, 반대로는 불가능합니다. 모든 Int는 Number지만, 모든 Number가 Int일 수는 없습니다. Double이나 Long처럼 Number에는 다른 서브타입도 많기 때문입니다. 따라서 Int가 와야 할 곳에 Number를 사용할 수는 없습니다.

하지만 슈퍼타입으로 선언되었더라도 그 값이 특정한 서브타입임을 확신할 수 있는 경우가 있습니다. 계층이 높은 타입을 낮은 타입으로 명시적으로 바꾸는 것을 다운캐스팅(down-casting)이라 하며, 코틀린에서는 as 연산자를 씁니다.

```
var i: Number = 123

fun main() {
    val j = (i as Int) + 10
    println(j)  // 133
}
```

일반적으로는 as를 사용하는 것이 위험하다고 여겨지기 때문에 꼭 필요한 경우가 아니면 사용하지 않습니다. 앞의 코드에서 123을 3.14로 바꾸면 어떻게 될까요? 두 값 모두 Number 타입이므로 문제없이 컴파일되며 경고 메시지도 뜨지 않습니다. 하지만 3.14는 Int가 아니므로 다운캐스팅이 불가능합니다. 따라서 다음 예제는 런타임 오류를 던지며 종료됩니다.

```
var i: Number = 3.14

fun main() {
    val j = (i as Int) + 10  // 런타임 오류!
    println(j)
}
```

이 문제를 해결하는 방법은 두 가지입니다. 첫 번째 방법은 값을 안전하게 캐스팅해 주는 다른 방법을 사용하는 것입니다. 다음 절에서 보여드릴 스마트 캐스팅이 대표적인 예입니다. 또 다른 예로는 Number를 Int로 변환하는 toInt와 같은 변환 함수가 있습니다(단, 이때 소수부는 버려집니다).

```kotlin
var i: Number = 3.14

fun main() {
    val j = i.toInt() + 10
    println(j)  // 13
}
```

두 번째 방법은 as? 연산자를 사용하는 것입니다. as? 연산자는 캐스팅이 불가능한 경우 예외를 던지는 대신 null을 반환합니다. 널 가능한 값을 다루는 방법은 8장에서 자세히 살펴보겠습니다.

```kotlin
var n: Number = 123

fun main() {
    val i: Int? = n as? Int
    println(i)  // 123
    val d: Double? = n as? Double
    println(d)  // null
}
```

as보다 as?가 안전해 보입니다만, 두 연산자 모두 자주 사용하는 건 코드 스멜(code smell)[5]로 여겨집니다. 다행히 스마트 캐스팅이라는 멋진 대안이 있습니다.

스마트 캐스팅

코틀린에는 컴파일러가 변수를 특정 타입이라 확신하면 자동으로 타입을 변환해 주는 스마트 캐스팅(smart-casting)이라는 강력한 기능이 있습니다. 다음 예를 봅시다.

---

5   코드 스멜이란 잘못되었다고 확신할 수는 없지만 일반적으로 권장하지 않는 방식을 말합니다.

```
fun convertToInt(num: Number): Int =
    if (num is Int) num  // num의 타입은 이제 Int입니다.
    else num.toInt()
```

convertToInt 함수가 Number 타입의 인수를 Int로 변환하는 과정은 다음과 같습니다. 인수가 원래 Int 타입이면 바로 반환하고, 아닐 경우에는 toInt 함수를 사용해 변환합니다. 이 코드가 컴파일되려면 첫 번째 본문의 num이 Int 타입이 되어야 합니다. 대부분의 다른 언어에서는 num을 캐스팅해야 하지만 코틀린에서는 자동으로 캐스팅됩니다. 또 다른 예를 봅시다.

```
fun lengthIfString(a: Any): Int {
    if (a is String) {
        return a.length  // a의 타입은 이제 String입니다.
    }
    return 0
}
```

if 문의 프레디키트에서 a가 String 타입인지 확인합니다. 본문의 문장은 타입 확인이 성공했을 경우에만 실행됩니다. 즉, 본문이 실행된다는 것은 a의 타입이 String이라는 뜻이므로 a의 길이를 확인할 수 있는 것입니다. Any에서 String으로의 변환을 코틀린이 암묵적으로 수행한 것입니다.

암묵적 변환은 다른 스레드가 해당 프로퍼티를 변경할 수 없어야 가능합니다. 따라서 값이 상수이거나 지역 변수일 때만 가능합니다. 지역 변수로 선언하지 않은 var 프로퍼티는 값을 확인하고 사용하는 사이에 (다른 스레드에 의해) 변경되지 않는다는 보장이 없으므로 암묵적 변환이 일어나지 않습니다.

```
var obj: Any = "AAA"

fun main() {
    if (obj is String) {
        println(obj.length)  // 컴파일 에러!
        // obj가 다른 스레드에 의해 변경될 수 있으므로,
        // 코틀린은 obj가 String 타입이라고 확신할 수 없습니다.
    }
}
```

스마트 캐스팅은 주로 when 문과 함께 쓰입니다. 이 둘을 함께 사용하면 값이 가질 수 있는 모든 타입을 다루기 때문에 '코틀린 타입-세이프 패턴 매칭'[6]이라 부릅니다. 15장에서 봉인된 클래스를 살펴볼 때 더 많은 예를 보여드리겠습니다.

```kotlin
fun handleResponse(response: Result<T>) {
    when (response) {
        is Success<*> -> showMessages(response.data)
        // response는 Success로 스마트 캐스팅됩니다.
        is Failure -> showError(response.throwable)
        // response는 Failure로 스마트 캐스팅됩니다.
    }
}
```

while과 do-while 문

마지막으로 봐야 할 제어문은 while과 do-while입니다. 둘 모두 형태나 작동 방식 면에서 자바나 C++ 등의 다른 언어와 거의 같습니다.

```kotlin
fun main() {
    var i = 1
    // while 문
    while (i < 10) {
        print(i)
        i *= 2
    }
    // 1248

    var j = 1
    // do-while 문
    do {
        print(j)
        j *= 2
    } while (j < 10)
    // 1248
}
```

---

6 (옮긴이) 패턴 매칭이란 값/조건/타입 등의 패턴에 따라서 매칭되는 특정 동작을 수행하게 하는 것을 말합니다.

더 이상 설명을 할 필요는 없을 듯합니다. while과 do-while 문은 표현식으로 사용할 수 없습니다.

참고로 코틀린에서는 while과 do-while 문은 잘 사용하지 않습니다. 대신에 《코틀린 아카데미: 함수형 프로그래밍》에서 다루는 컬렉션이나 시퀀스 처리 함수를 사용합니다. 예를 들면, 앞의 코드는 다음 코드로 대체할 수 있습니다.

```
fun main() {
    generateSequence(1) { it * 2 }
        .takeWhile { it < 10 }
        .forEach(::print)
    // 1248
}
```

요약

지금까지 확인했듯이 코틀린은 조건문에 강력한 기능 여러 가지를 추가했습니다. if 문과 when 문은 표현식으로 사용할 수 있습니다. when 문은 if-else-if 문이나 스위치(switch-case)를 대체할 수 있습니다. 타입을 확인하는 방법을 제공하고 스마트 캐스팅도 지원합니다. 이런 특징들이 널 가능한 값들을 안전하고 쾌적하게 처리하여, null을 적이 아닌 친구로 만들어 줍니다. 다음 장에서는 코틀린에서 함수가 어떻게 달라졌는지 살펴봅시다.

연습문제: when 사용하기

다음 표현식의 결괏값은 무엇일까요?

```
private val magicNumbers = listOf(7, 13)

fun name(a: Any?): String = when (a) {
    null -> "Nothing"
    1, 2, 3 -> "Small number"
    in magicNumbers -> "Magic number"
    in 4..100 -> "Big number"
    is String -> "String: $a"
    is Int, is Long -> "Int or Long: $a"
    else -> "No idea, really"
}
```

```kotlin
fun main() {
    println(name(1))      // ?
    println(name("A"))    // ?
    println(name(null))   // ?
    println(name(5))      // ?
    println(name(100))    // ?
    println(name('A'))    // ?
    println(name("1"))    // ?
    println(name(-1))     // ?
    println(name(101))    // ?
    println(name(1L))     // ?
    println(name(-1))     // ?
    println(name(7))      // ?
    println(name(3))      // ?
    println(name(3.0))    // ?
    println(name(100L))   // ?
}
```

정답은 책 뒤편의 '연습문제 해답'에서 확인할 수 있습니다.

연습문제: 시간을 깔끔하게 출력하기

초를 정숫값으로 받아서 시간을 "X h Y min Z sec" 형태의 문자열로 반환하는 secondsToPrettyTime 함수를 구현하세요. 여기서 X는 시간, Y는 분, Z는 초를 의미합니다. 값이 0이면 결괏값을 만들지 않습니다. 값이 음수면 "Invalid input"을 반환합니다.

```kotlin
fun secondsToPrettyTime(seconds: Int): String {
    return ""
}
```

사용 예시는 다음과 같습니다.

```kotlin
fun main() {
    println(secondsToPrettyTime(-1))      // Invalid input
    println(secondsToPrettyTime(0))       //
    println(secondsToPrettyTime(45))      // 45 sec
    println(secondsToPrettyTime(60))      // 1 min
    println(secondsToPrettyTime(150))     // 2 min 30 sec
    println(secondsToPrettyTime(1410))    // 23 min 30 sec
}
```

```
    println(secondsToPrettyTime(60 * 60))  // 1 h
    println(secondsToPrettyTime(3665))     // 1 h 1 min 5 sec
}
```

연습문제 깃허브 저장소의 essentials/conditions/PrettyTime.kt 파일에서 시작 코드, 단위 테스트, 사용 예시를 찾을 수 있습니다. 프로젝트를 클론하여 로컬 환경에서 문제를 풀어 보세요.

힌트: 문자열에 trim 함수를 사용하면 선행 및 후행 공백 문자들을 제거할 수 있습니다.

정답은 책 뒤편의 '연습문제 해답'에서 확인할 수 있습니다.

6장

함수

2018년에 열린 코틀린 컨퍼런스 암스테르담(Kotlin Conf Amsterdam)에서 코틀린의 창시자인 안드리 브레슬라프(Andrey Breslav)는 "코틀린에서 가장 좋아하는 특징이 무엇인가?"라는 질문에 "함수"라고 답했습니다.[1] 결국 프로그램의 가장 중요한 구성 요소는 함수입니다. 실제로도 애플리케이션들의 소스를 들여다보면 함수를 정의하고 호출하는 코드의 비중이 상당히 큽니다.

코틀린에서는 fun 키워드를 사용해 함수를 정의합니다. 코틀린 코드에 fun이 자주 등장하는 이유입니다. 창의력을 발휘하면 다음과 같이 fun만 사용해서도 함수를 만들 수 있습니다.

```
fun <Fun> `fun`(`fun`: Fun): Fun = `fun`
```

 이 함수는 변경 없이 인수를 그대로 반환하는 아이덴티티 함수(identity function)입니다. 제네릭 타입 매개변수인 Fun이 쓰였는데, 21장 '제네릭'에서 설명할 것입니다.

---

1   출처: *https://youtu.be/heqjfkS4z2I?t=660*

```kotlin
class AppsRepository(private val context: Context, private val prefs: AppPrefs) {

    private val excludeSystem get() = prefs.settings.excludeSystem
    private val excludeDisabled get() = prefs.settings.excludeDisabled
    private val excludeStore get() = prefs.settings.excludeStore
    private val ignoredApps get() = prefs.ignoredApps()

    private fun getPackageInfos(options: Int = 0): Sequence<PackageInfo> = runCatching {
        return context.packageManager.getInstalledPackages(options).asSequence()
                .filter { !excludeSystem || it.applicationInfo.flags and ApplicationInfo.FLAG_SYSTEM == 0 }
                .filter { !excludeSystem || it.applicationInfo.flags and ApplicationInfo.FLAG_UPDATED_SYSTEM_APP == 0 }
                .filter { !excludeDisabled || it.applicationInfo.enabled }
                .filter { !excludeStore || !isAppStore(context.packageManager.getInstallerPackageName(it.packageName)) }
    }.getOrElse {
        Log.e("AppsRepository", "getPackageInfos", it)
        return sequenceOf()
    }

    fun getPackageInfosFiltered(options: Int = 0) = getPackageInfos(options).filter { !ignoredApps.contains(it.packageName) }

    fun getApps(options: Int = 0) = getPackageInfos(options).mapIndexed { i, app ->
        AppInstalled(
                i,
                app.name(context),
                app.packageName,
                app.versionName ?: "",
                app.versionCode,
                iconUri(app.packageName, app.applicationInfo.icon),
                ignoredApps.contains(app.packageName)
        )
    }.sortedBy { it.name }.sortedBy { it.ignored }.toList()

    fun getAppsFiltered(apps: Sequence<PackageInfo>) = apps.mapIndexed { i, app ->
        AppInstalled(
                i,
                app.name(context),
                app.packageName,
                app.versionName ?: "",
                app.versionCode,
                iconUri(app.packageName, app.applicationInfo.icon),
                ignoredApps.contains(app.packageName)
        )
    }.sortedBy { it.name }.sortedBy { it.ignored }

    // Checks if Play Store or Amazon Store
    private fun isAppStore(name: String?) = name?.contains("com.android.vending").orFalse() || name?.contains("com.amazon").orFalse()
```

오픈 소스 프로젝트인 APKUpdater에서 무작위로 선택한 클래스의 소스 코드입니다.
코드의 거의 모든 줄에서 함수를 정의하거나 호출하고 있습니다.

함수의 이름은 소문자로 시작하는 카멜 표기법을 따릅니다.[2] 문자, 밑줄(_), 숫자(첫 번째 글자로는 올 수 없음)를 사용할 수 있지만, 일반적으로는 문자만 사용해야 합니다.

---

2 예외도 있습니다. 안드로이드의 젯팩 컴포즈 함수(Jetpack Compose function)는 대문자로 시작하는 카멜 표기법을 따릅니다. 단위 테스트 함수 이름 또한 전체 문장을 넣어 백틱(backtick, `) 문자로 감싸 명명하는 경우가 많습니다.

코틀린에서는 소문자 카멜케이스를 사용해 함수를 명명합니다.

일반적인 함수 형태는 다음과 같습니다.

```
fun square(x: Double): Double {
    return x * x
}

fun main() {
    println(square(10.0))  // 100.0
}
```

매개변수 타입은 변수 이름과 콜론 다음에 명시하고, 반환 타입은 매개변수 괄호와 콜론 다음에 명시합니다. 이런 형태의 표기법은 명시적인 타입 정의를 추가하거나 삭제하기 쉽기 때문에 타입 추론을 지원하는 언어에서 흔히 쓰입니다.

```
val a: Int = 123
// 상호 변환하기 쉽습니다.
val a = 123

fun add(a: Int, b: Int): Int = a + b

// 상호 변환하기 쉽습니다.
fun add(a: Int, b: Int) = a + b
```

함수 이름에 (fun이나 when 같은) 예약 키워드를 쓰려면 백틱(backtick, `)을 사용합니다. 함수가 허용되지 않는 이름을 가지고 있다면 정의할 때와 호출할 때 모두 백틱을 사용해야 합니다.

다음 예에서 볼 수 있듯이 백틱은 단위 테스트 함수의 이름을 평범한 영어 문장으로 짓기 위해서도 자주 쓰입니다. 표준은 아니지만 수많은 팀이 활용 중인 방식입니다.

```kotlin
class CartViewModelTests {
    @Test
    fun `should show error dialog when no items loaded`() {
        ...
    }
}
```

단일 표현식 함수

현업에서 쓰이는 많은 함수는 표현식[3] 하나로 되어 있기 때문에 본문이 시작한 뒤 곧바로 return 키워드로 시작합니다. 앞 절의 square 함수가 좋은 예입니다. 이런 형태의 함수는 함수 본문을 중괄호 안에 정의하는 전통적인 방식 대신 등호(=)와 표현식만으로 정의하면 훨씬 깔끔해집니다. 이를 **단일 표현식 구문**(single-expression syntax)이라고 하며, 단일 표현식 구문을 사용한 함수를 **단일 표현식 함수**(single-expression function)라고 합니다.

```kotlin
fun square(x: Double): Double = x * x

fun main() {
    println(square(10.0))  // 100.0
}
```

더 복잡하거나 심지어 여러 줄로 구성된 표현식도 사용할 수 있습니다. 본문을 하나의 문장으로 구성할 수만 있으면 됩니다.

```kotlin
fun findUsers(userFilter: UserFilter): List<User> =
    userRepository
        .getUsers()
        .map { it.toDomain() }
        .filter { userFilter.accepts(it) }
```

---

3 앞에서도 이야기했듯이 표현식은 값을 반환하는 코드입니다.

단일 표현식 함수 구문을 사용하면 결과 타입을 추론할 수 있습니다. 따라서 결과 타입을 생략할 수도 있습니다. 물론 안전성과 가독성을 생각하면 결과 타입을 명시하는 편이 좋습니다.

```
fun square(x: Double) = x * x

fun main() {
    println(square(10.0))  // 100.0
}
```

함수의 레벨

자바에서는 함수를 오직 클래스 내부에만 정의할 수 있었습니다. 하지만 코틀린에서는 다음과 같이 다양한 레벨에서 정의할 수 있습니다.

- 최상위 함수(top-level function): 클래스 바깥에서 정의한 함수를 말합니다.
- 멤버 함수(메서드): 클래스나 객체 내부에서 정의한 함수를 말합니다.
- 지역 함수(local function): 함수 내부에 정의된 함수를 말합니다. 중첩 함수 (nested function)라고도 합니다.

```
// 최상위 함수
fun double(i: Int) = i * 2

class A {
    // 멤버 함수(메서드)
    private fun triple(i: Int) = i * 3

    // 멤버 함수(메서드)
    fun twelveTimes(i: Int): Int {
        // 지역 함수
        fun fourTimes() = double(double(i))
        return triple(fourTimes())
    }
}

// 최상위 함수
fun main(args: Array<String>) {
    double(1)            // 2
    A().twelveTimes(2)  // 24
}
```

(클래스 바깥에서 정의한) 최상위 함수는 유틸리티 성격의 함수, 즉 짧지만 개발할 때 유용한 함수를 정의할 때 주로 사용합니다. 최상위 함수는 파일의 위치에 구애받지 않습니다. 대부분의 경우 코틀린의 최상위 함수가 자바의 정적 함수보다 좋습니다. 개발자들에게는 최상위 함수를 사용하는 편이 직관적이고 편리합니다.

(함수 내부에 정의된) 지역 함수는 또 다른 이야기입니다. 저는 지역 함수를 낯설어하며 사용하는 데 어려움을 느끼는 개발자를 많이 보았습니다. 지역 함수는 자바스크립트나 파이썬에서는 자주 사용하지만, 자바에는 비슷한 개념이 없기 때문입니다. 지역 함수는 지역 변수에 직접 접근하고 수정할 수 있다는 장점이 있습니다. 그래서 함수 내부에서 지역 변수를 처리하는 반복적인 코드를 묶어 추출하는 데 많이 사용합니다. 길이가 긴 함수는 로직을 잘 설명해 줘야 하는데, 지역 함수를 이용하면 지엽적인 코드 블록이 하는 일을 짧고 서술적인 이름으로 대체하여 가독성을 높일 수 있습니다.

형식이 유효한지 확인하는 함수인 다음 코드를 봅시다. 이 함수는 입력 폼 (form)의 필드들이 조건에 부합하는지 확인합니다. 조건에 맞지 않으면 오류 메시지를 보여 주고 지역 변수 isValid를 false로 변경합니다. 모든 필드를 확인해야 하기 때문에 특정 필드가 잘못되었다고 해서 isValid를 곧바로 반환하면 안 됩니다. 다음은 반복 동작 추출에 지역 함수를 이용한 예입니다.

```kotlin
fun validateForm() {
    var isValid = true
    val errors = mutableListOf<String>()
    // 오류 메시지를 추가하는 지역 함수
    fun addError(view: FormView, error: String) {
        view.error = error
        errors += error
        isValid = false
    }

    val email = emailView.text
    if (email.isBlank()) {
        addError(emailView, "Email cannot be empty or blank")
    }
```

```
        val pass = passView.text.trim()
        if (pass.length < 3) {
            addError(passView, "Password too short")
        }

        if (isValid) {
            tryLogin(email, pass)
        } else {
            showErrors(errors)
        }
    }
```

매개변수와 인수

함수 정의 부분에 정의된 변수를 매개변수(parameter)라고 하며, 인수(argu-ment)는 함수를 호출할 때 건네는 입력 값입니다.

```
fun square(x: Double) = x * x  // x는 매개변수입니다.

fun main() {
    println(square(10.0))  // 10.0은 인수입니다.
    println(square(0.0))   // 0.0은 인수입니다.
}
```

코틀린에서 매개변수는 읽기 전용이라서 값을 변경할 수 없습니다.

```
fun a(i: Int) {
    i = i + 10  // 에러
    // ...
}
```

매개변수 값을 변경하고 싶다면 변경 가능한 지역 변수로 가려야 합니다.

```
fun a(i: Int) {
    var i = i + 10
    // ...
}
```

이 방식은 권장하지 않습니다. 매개변수는 인수로 건네받은 값을 지니고 있으며, 이 값은 변경되어서는 안 됩니다. 읽고 쓰기가 가능한 지역 변수는 다른 개념이기 때문에 이름도 달라야 합니다.

Unit 반환 타입

코틀린에서는 모든 함수가 결과 타입을 가지고 있으므로 모든 함수 호출은 곧 표현식입니다. 타입을 명시하지 않으면 기본 결과 타입은 Unit이 되며, 기본 결 괏값은 Unit 객체가 됩니다.

```kotlin
fun someFunction() {}

fun main() {
    val res: Unit = someFunction()
    println(res)  // kotlin.Unit
}
```

Unit은 아무것도 반환되지 않을 때 자리 표시자(placeholder)[4]로 사용되는 아 주 간단한 객체입니다. 함수를 결과 타입 없이 정의하면 결과 타입이 Unit이 됩니다. 마지막 줄에 return이 없는 함수를 정의하면 반환값이 없는 return을 사용하는 것과 같습니다. 반환값이 없는 return은 Unit을 반환하는 것과 같습 니다.

```kotlin
fun a() {}

// 위와 같습니다.
fun a(): Unit {}

// 위와 같습니다.
fun a(): Unit {
    return
}

// 위와 같습니다.
fun a(): Unit {
    return Unit
}
```

---

4 (옮긴이) 자리 표시자란 결과가 들어갈 자리에 임시로 채워 넣는 내용물을 말합니다.

vararg 매개변수

기본적으로 하나의 매개변수는 하나의 인수만 받습니다. 하지만 vararg 제어
자(modifier)가 붙은 매개변수에는 여러 개의 인수를 건넬 수 있습니다.

```kotlin
fun a(vararg params: Int) {}

fun main() {
    a()
    a(1)
    a(1, 2)
    a(1, 2, 3, 4, 5, 6, 7, 8, 9, 10)
}
```

값을 여러 개 받아서 리스트로 만들어 주는 listOf 함수가 좋은 예입니다.

```kotlin
fun main() {
    println(listOf(1, 3, 5, 6))     // [1, 3, 5, 6]
    println(listOf("A", "B", "C"))  // [A, B, C]
}
```

vararg 매개변수는 여러 값의 묶음이므로 실제로는 선언한 타입의 배열이 만들
어집니다. 그래서 for 문을 사용해 순회할 수 있습니다(for 문은 다음 장에서 좀
더 깊게 살펴볼 것입니다).

```kotlin
fun concatenate(vararg strings: String): String {
    // strings의 타입은 Array<String>입니다.
    var accumulator = ""
    for (s in strings) accumulator += s
    return accumulator
}

fun sum(vararg ints: Int): Int {
    // ints의 타입은 IntArray입니다.
    var accumulator = 0
    for (i in ints) accumulator += i
    return accumulator
}

fun main() {
    println(concatenate())        //
    println(concatenate("A", "B")) // AB
```

```
    println(sum())              // 0
    println(sum(1, 2, 3))       // 6
}
```

vararg 매개변수에 대해서는 18장 '컬렉션'에서 배열을 설명할 때 다시 살펴보 겠습니다.

명명된 매개변수 구문과 디폴트 인수

함수를 선언할 때 선택적 매개변수를 명시하는 경우가 있습니다. 이터러블 (iterable, 반복 가능한 객체)을 String으로 변환하는 joinToString이 그 예입니 다. 인수 없이 사용할 수도 있고, 특정 인수를 넣어 작동 방식을 바꿀 수도 있습 니다.

```
fun main() {
    val list = listOf(1, 2, 3, 4)
    println(list.joinToString())            // 1, 2, 3, 4
    println(list.joinToString(separator = "-"))  // 1-2-3-4
    println(list.joinToString(limit = 2))   // 1, 2, ...
}
```

코틀린의 많은 함수가 선택적 매개변수를 도입하고 있는데, 어떻게 하는 걸까 요? 매개변수 다음에 등호를 적고 기본값을 명시하면 됩니다.

```
fun cheer(how: String = "Hello,", who: String = "World") {
    println("$how $who")
}

fun main() {
    cheer()       // Hello, World
    cheer("Hi")   // Hi World
}
```

선택적 매개변수의 위치에 인수가 주어지지 않으면 기본값이 할당됩니다. 파 이썬과 달리 기본값이 정적으로 저장되지 않으므로 디폴트 인수(default argument)에 변경 가능한 값을 사용해도 안전합니다.

```
fun addOneAndPrint(list: MutableList<Int> = mutableListOf()) {
    list.add(1)
    println(list)
}

fun main() {
    addOneAndPrint()  // [1]
    addOneAndPrint()  // [1]
    addOneAndPrint()  // [1]
}
```

 파이썬에서는 비슷한 코드가 [1], [1, 1], [1, 1, 1]을 생성합니다.

함수를 호출할 때 다음 예제처럼 매개변수의 이름으로 인수의 위치를 지정할 수 있습니다. 이 방법을 이용하면 앞 순서의 인수는 건너뛰고 뒤쪽 위치에 들어갈 선택적 매개변수를 지정할 수 있습니다. 이를 **명명된 매개변수 구문**(named parameter syntax)이라고 합니다.

```
fun cheer(how: String = "Hello,", who: String = "World") {
    print("$how $who")
}

fun main() {
    cheer(who = "Group")  // Hello, Group
}
```

명명된 매개변수 구문은 코드의 가독성에 많은 도움이 됩니다. 특히 인수의 의미가 명확하지 않다면 매개변수의 이름을 함께 사용하는 것이 좋습니다.

```
fun main() {
    val list = listOf(1, 2, 3, 4)
    println(list.joinToString("-"))  // 1-2-3-4

    // 다음 코드가 더 나은 방법입니다.
    println(list.joinToString(separator = "-"))  // 1-2-3-4
}
```

명명된 인수는 매개변수의 위치가 바뀌면 생길 수 있는 문제를 미연에 방지합니다.

```
class User(
    val name: String,
    val surname: String,
)

val user = User(
    name = "Norbert",
    surname = "Moskała",
)
```

이 예제에서 개발자가 User 클래스의 name과 surname의 위치를 바꾼다고 해 보죠. 이럴 때 명명된 인수를 사용하지 않았다면 객체에 성과 이름이 뒤바뀌어 들어갈 것입니다. 명명된 인수는 이런 상황이 일어나지 않도록 도와줍니다.

함수에 인수를 여러 개 넣어 호출하는데, 나중에 그 코드를 읽게 될 개발자들이 인수들의 의미를 명확히 알 수 없을 거라 생각되면 명명된 인수를 사용하는 것이 좋습니다.

함수 오버로딩

코틀린에서는 매개변수의 타입이 다르거나 매개변수의 개수가 다르다면, 같은 스코프(파일이나 클래스)에서라도 이름이 같은 함수를 정의할 수 있습니다. 이를 함수 오버로딩(function overloading)이라고 합니다. 코틀린은 주어진 인수를 보고 어떤 함수를 호출할지 결정합니다.

```
fun a(a: Any) = "Any"
fun a(i: Int) = "Int"
fun a(l: Long) = "Long"

fun main() {
    println(a(1))      // Int
    println(a(18L))    // Long
    println(a("ABC"))  // Any
}
```

함수 오버로딩은 사용자 편의성을 위해 하나의 함수를 다양한 형태로 제공할 때 사용됩니다.

```
import java.math.BigDecimal

class Money(val amount: BigDecimal, val currency: String)

fun pln(amount: BigDecimal) = Money(amount, "PLN")
fun pln(amount: Int) = pln(amount.toBigDecimal())
fun pln(amount: Double) = pln(amount.toBigDecimal())
```

중위 표기법

매개변수가 하나뿐인 메서드에 infix 제어자를 지정하면 메서드 호출 시 점(.)
과 괄호를 생략할 수 있습니다.

```
class View
class ViewInteractor {
    infix fun clicks(view: View) {
        // ...
    }
}

fun main() {
    val aView = View()
    val interactor = ViewInteractor()

    // 일반적인 표기법
    interactor.clicks(aView)
    // 중위 표기법
    interactor clicks aView
}
```

이를 중위 표기법(infix notation)이라 합니다. 중위 표기법은 코틀린 표준 함수
(Kotlin stdlib)의 and, or, xor와 같은 비트 연산(4장 참고) 등에서 사용합니다.

```
fun main() {
    // 중위 표기법
    println(0b011 and 0b001)  // 0b001이므로 1
    println(0b011 or 0b001)   // 0b011이므로 3
    println(0b011 xor 0b001)  // 0b010이므로 2

    // 일반적인 표기법
    println(0b011.and(0b001))  // 0b001이므로 1
    println(0b011.or(0b001))   // 0b011이므로 3
```

```
    println(0b011.xor(0b001))  // 0b010이므로 2
}
```

중위 표기법은 편의성을 높이는 용도로만 사용합니다. 코틀린의 편의 문법(읽고 표현하기 쉽게 만들어진 문법) 중 하나입니다.

 피연산자(인수)와 연산자(함수)의 상대적 위치에 따라 표기법을 전위, 중위, 후위 세 가지로 구분할 수 있습니다.

전위(prefix)[5] 표기법에서는 연산자(함수)가 피연산자(인수) 앞에 옵니다. (+12나 −3.14처럼) 숫자 앞에 플러스 또는 마이너스를 기호를 붙이는 것이 대표적인 예입니다. 최상위 함수를 호출할 때는 인수들 앞에 함수 이름이 오기 때문에 전위 표기법을 사용한다고 볼 수도 있습니다.

중위(infix)[6] 표기법은 연산자(함수)가 피연산자(인수) 사이에 옵니다. (1 + 2 또는 10 − 7처럼) 두 숫자 사이에 있는 덧셈이나 뺄셈 기호를 예로 들 수 있습니다. (account.add(money)처럼) 인수가 있는 메서드 호출에서는 함수 이름이 리시버(수신 객체, 메서드가 호출되는 객체)와 인수 사이에 오기 때문에 중위 표기법을 사용한다고 볼 수도 있습니다. 코틀린에서는 '중위 표기법'을 infix 제어자가 있는 메서드를 호출할 때의 특별한 표기법으로 제한하여 사용합니다.

후위(postfix)[7] 표기법은 연산자(함수)가 피연산자(인수) 뒤에 나옵니다. 현대 프로그래밍 언어에서는 후위 표기법을 더 이상 사용하지 않습니다. str.uppercase()처럼 인수 없이 메서드를 호출하는 것이 후위 표기법이라고 볼 수도 있습니다.

함수 형식

함수 선언(이름, 매개변수, 결과 타입)이 한 줄에 들어가기 너무 길다면 함수 선언부의 시작, 각각의 매개변수, 선언부의 끝을 각 하나씩의 줄로 나눠 쓸 수 있습니다.

```
fun veryLongFunction(
    param1: Param1Type,
```

---

5 '앞에 고정된'이라는 뜻의 라틴어 praefixus가 어원입니다.
6 '사이에 고정된'이라는 뜻의 라틴어 infigere의 과거형인 infixus가 어원입니다.
7 '후에, 뒤에'라는 뜻의 'post'와 '고정된'이라는 뜻의 'fix'가 합쳐져 만들어진 단어입니다.

```
    param2: Param2Type,
    param3: Param3Type,
): ResultType {
    // 함수 본문
}
```

클래스 선언 역시 마찬가지입니다.[8]

```
class VeryLongClass(
    val property1: Type1,
    val property2: Type2,
    val property3: Type3,
) : ParentClass(), Interface1, Interface2 {
    // 함수 본문
}
```

함수 호출[9]도 비슷합니다. 너무 길면 인수 각각을 다른 줄에 위치시킬 수 있습니다. 하지만 예외적으로 vararg 매개변수가 받는 인수 여러 개를 같은 줄에 적기도 합니다.

```
fun makeUser(
    name: String,
    surname: String,
): User = User(
    name = name,
    surname = surname,
)

class User(
    val name: String,
    val surname: String,
)

fun main() {
    val user = makeUser(
        name = "Norbert",
        surname = "Moskała",
    )

    val characters = listOf(
```

---

8 9장 '클래스'에서 살펴보겠습니다.
9 코틀린에서는 생성자 호출도 함수 호출로 간주합니다.

```
        "A", "B", "C", "D", "E", "F", "G", "H", "I", "J",
        "K", "L", "M", "N", "O", "P", "R", "S", "T", "U",
        "W", "X", "Y", "Z",
    )
}
```

종이책은 컴퓨터 모니터보다 한 줄의 길이가 훨씬 짧기 때문에 실제 프로젝트에서보다 줄을 더 자주 쪼갤 것입니다.

인수나 매개변수를 지정할 때는 마지막에도 쉼표를 넣어 주는 것이 좋습니다. 이를 **후행 쉼표**(trailing comma)라 부릅니다. 이 표기법은 사용해도 되고, 사용하지 않아도 됩니다.

```
fun printName(
    name: String,
    surname: String,  // <- 후행 쉼표
) {
    println("$name $surname")
}

fun main() {
    printName(
        name = "Norbert",
        surname = "Moskała",  // <- 후행 쉼표
    )
}
```

후행 쉼표를 좋아하는 이유는 나중에 다른 요소를 추가하기 쉽기 때문입니다. 이렇게 하지 않으면 요소를 추가할 때 새로운 줄을 추가해야 할 뿐 아니라 기존의 마지막 요소 끝에도 쉼표를 붙여 줘야 합니다. 깃(Git)에 의미없는 줄 변경이 추가되어서 프로젝트에 실제로 무엇이 바뀌었는지 알아보기가 더 어렵게 됩니다. 후행 쉼표 표기법을 좋아하지 않는 개발자도 있으며, 자칫하면 끝이 없는 논쟁으로 이어질 수 있습니다. 어떤 방식을 사용할지 팀원들과 논의해 정하고, 같은 프로젝트에서는 일관되게 사용해야 합니다.

```
3    fun printName(                          3    fun printName(
4        name: String,                       4        name: String,
5        surname: String,                    5        surname: String,
                                             6  +     middleName: String? = null,
6    ) {                                      7    ) {
7  -     println("$name $surname")            8  +     if (middleName != null) {
                                             9  +         println("$name $middleName $surname")
                                             10 +     } else {
                                             11 +         println("$name $surname")
                                             12 +     }
8    }                                        13   }
9                                             14
10   fun main() {                             15   fun main() {
11       printName(                           16       printName(
12           name = "Norbert",                17           name = "Norbert",
13           surname = "Moskała",             18           surname = "Moskała",
                                             19 +         middleName = "Jan",
14       )                                    20       )
15   }                                        21   }
```

매개변수와 인수 추가 후 변경 내역 확인(후행 쉼표 사용 시)

```
2                                             2
3    fun printName(                          3    fun printName(
4        name: String,                       4        name: String,
5  -     surname: String                     5  +     surname: String,
                                             6  +     middleName: String? = null
6    ) {                                      7    ) {
7  -     println("$name $surname")            8  +     if (middleName != null) {
                                             9  +         println("$name $middleName $surname")
                                             10 +     } else {
                                             11 +         println("$name $surname")
                                             12 +     }
8    }                                        13   }
9                                             14
10   fun main() {                             15   fun main() {
11       printName(                           16       printName(
12           name = "Norbert",                17           name = "Norbert",
13 -         surname = "Moskała"              18 +         surname = "Moskała",
                                             19 +         middleName = "Jan"
14       )                                    20       )
15   }                                        21   }
```

매개변수와 인수 추가 후 변경 내역 확인(후행 쉼표 미사용 시)

요약

코틀린의 함수는 강력합니다. 단일 표현식 구문은 간단한 함수를 짧게 만들어 줍니다. 명명된 매개변수와 디폴트 인수는 안전성과 가독성을 높입니다. Unit 결과 타입 덕분에 모든 함수 호출을 표현식으로 쓸 수 있습니다. vararg 인수는 하나의 매개변수 위치에 여러 개의 인수가 들어갈 수 있게 합니다. 중위 표기법은 특정 종류의 함수를 더 편리하게 호출할 수 있게 도와줍니다. 후행 쉼표는 변경되는 코드량을 최소화합니다. 함수와 관련된 코틀린의 모든 특징들은 개발하기 편하게 만들어 줍니다. 다음 장에서는 새로운 주제인 for 문을 알아보겠습니다.

연습문제: 개인 정보 출력

이번 과제는 formatPersonDisplay 함수 구현입니다. 결과 타입은 String이며, 다음 매개변수들을 받습니다.

- 이름 = name, 타입 = String?, 기본값 = null
- 이름 = surname, 타입 = String?, 기본값 = null
- 이름 = age, 타입 = Int?, 기본값 = null

> **!** 조심하세요! 매개변수 타입 끝에 ?가 붙습니다. 즉, String과 Int가 아니라 String?와 Int?가 되어야 합니다. 매개변수 값으로 null을 허용하기 위해서입니다. 자세한 설명은 8장 '널 가능성'에서 하겠습니다.

함수는 "{name} {surname} ({age})" 형태의 문자열을 반환해야 합니다. 매개변수 중 하나가 null이면 결괏값에서 제외되어야 합니다. 모든 매개변수가 null이면 빈 문자열을 반환해야 합니다.

다음 예시에서 함수가 어떻게 동작하는지 확인할 수 있습니다.

```kotlin
fun main() {
    println(formatPersonDisplay("John", "Smith", 42))
    // John Smith (42)
    println(formatPersonDisplay("Alex", "Simonson"))
```

```
    // Alex Simonson
    println(formatPersonDisplay("Peter", age = 25))
    // Peter (25)
    println(formatPersonDisplay(surname="Johnson", age=18))
    // Johnson (18)
}
```

연습문제 깃허브 저장소의 essentials/functions/PersonDisplay.kt 파일에서 단위 테스트와 사용 예시를 찾을 수 있습니다. 프로젝트를 클론하여 로컬 환경에서 문제를 풀어 보세요.

참고로, 프로젝트에서 사용 예시와 단위 테스트는 다른 파일이 컴파일될 수 있도록 주석 처리되어 있습니다. 주석을 해제하려면 주석 처리된 줄을 선택하고 맥에서는 'command+/' 키를, 윈도우에서는 'Ctrl+/' 키를 눌러 주면 됩니다.

정답은 책 뒤편의 '연습문제 해답'에서 확인할 수 있습니다.

for 문의 강력함

자바를 비롯한 다른 오래된 언어에서는 for 문이 보통 세 부분으로 구성됩니다. 즉, 반복을 시작하기 전에 변수를 초기화하는 부분, 코드 블록(본문 코드)을 실행할 조건을 명시하는 부분, 코드 블록이 끝난 뒤 실행하는 부분으로 이루어집니다.

```
// 자바
for(int i = 0; i < 5; i++){
    System.out.println(i);
}
```

하지만 전통적인 for 문은 복잡하고 오류가 생기기 쉬운 구조입니다. 누군가가 < 대신에 >나 <=를 잘못 사용했다고 생각해 봅시다. 알아차리기 힘든 작은 차이지만 for 문의 동작에 엄청난 영향을 끼치게 됩니다.

　이런 부작용 때문에 많은 언어에서 전통적인 for 문 대신에 컬렉션을 순회하는 최신 방식을 도입했습니다. 자바나 자바스크립트 같은 언어에서 같은 for 키워드를 사용하지만 두 개의 전혀 다른 for 문을 제공하는 이유입니다. 코틀린은 for 문을 간단하게 만들었습니다. 코틀린은 컬렉션, 맵, 숫자 범위 등을 가리지 않는, 만능인 단 하나의 for 문만 제공합니다.

일반적으로 코틀린에서 for 문은 순회 가능한 객체[1]를 순회할 때 사용합니다.

변수 이름   순회할 객체

```kotlin
for (value in iterable) {
    println(value)
}
```
본문

리스트나 세트를 순회할 수도 있습니다.

```kotlin
fun main() {
    val list = listOf("A", "B", "C")
    for (letter in list) {
        print(letter)
    }

    // 변수 타입을 명시할 수 있습니다.
    for (str: String in setOf("D", "E", "F")) {
        print(str)
    }
}
// ABCDEF
```

또한 매개변수가 없으며, 결과 타입은 Iterator이고, operator 제어자가 붙은
iterator 메서드를 제공하는 객체라면 순회할 수 있습니다. 이 메서드를 정의
하는 가장 쉬운 방법은 Iterable 인터페이스를 구현하는 것입니다.

```kotlin
fun main() {
    val tree = Tree(
        value = "B",
        left = Tree("A"),
        right = Tree("D", left = Tree("C"))
    )

    for (value in tree) {
        print(value)  // ABCD
    }
}
```

---

1 iterator 연산자 메서드가 있는 객체입니다.

```
class Tree(
    val value: String,
    val left: Tree? = null,
    val right: Tree? = null,
) : Iterable<String> {

    override fun iterator(): Iterator<String> = iterator {
        if (left != null) yieldAll(left)
        yield(value)
        if (right != null) yieldAll(right)
    }
}
```

for 문 안에서 정의된 변수의 타입은 Iterable 타입 인수로부터 추론합니다. 예를 들어 Iterable<User>를 순회하면 추론된 원소 타입은 User가 됩니다. 마찬가지로 Iterable<Long?>을 순회하면 추론된 원소의 타입은 Long?이 됩니다. 다른 모든 타입에도 똑같은 원리가 적용됩니다.

Iterable에 의존하는 이 원리는 정말 강력하며 다양한 경우에 적용할 수 있습니다. 그중 가장 대표적인 예가 수열을 표현할 때 사용하는 범위(range)입니다.

범위

코틀린에서는 1..5처럼 두 숫자 사이에 점 두 개를 찍어 정수 범위를 뜻하는 IntRange 클래스를 만들 수 있습니다. 이 클래스는 Iterable<Int>를 구현하고 있어서 for 문에서 사용할 수 있습니다.

```
fun main() {
    for (i in 1..5) {
        print(i)
    }
}
// 12345
```

코틀린 컴파일러가 내부적으로 성능을 최적화하기 때문에 이 방법은 편리할 뿐 아니라 효율적이기도 합니다.

..를 사용해 만들어진 범위에는 마지막 값도 포함됩니다(닫힌 범위(closed

range)라는 뜻입니다). 마지막 값 전에 멈추는 범위를 만들고 싶으면 ..< 연산
자나 until 중위 함수를 사용해야 합니다.

```kotlin
fun main() {
    for (i in 1..<5) {
        print(i)
    }
}
// 1234

fun main() {
    for (i in 1 until 5) {
        print(i)
    }
}
// 1234
```

..와 ..<은 좌변의 수부터 시작해 우변의 수까지 1씩 증가하는 범위를 만들어
줍니다. 왼쪽 값이 더 크면 빈 범위가 반환됩니다.

```kotlin
fun main() {
    for (i in 5..1) {
        print(i)
    }
    for (i in 5..<1) {
        print(i)
    }
}
// (아무것도 출력되지 않습니다.)
```

역방향으로, 즉 큰 수에서 작은 수로 순회하고 싶으면 downTo 함수를 사용합
니다.

```kotlin
fun main() {
    for (i in 5 downTo 1) {
        print(i)
    }
}
// 54321
```

모든 경우에 값은 1씩 증가 혹은 감소합니다. 변화량을 다르게 하려면 step 중위 함수를 사용합니다.

```kotlin
fun main() {
    for (i in 1..10 step 3) {
        print("$i ")
    }
    println()
    for (i in 1..<10 step 3) {
        print("$i ")
    }
    println()
    for (i in 10 downTo 1 step 3) {
        print("$i ")
    }
}
// 1 4 7 10
// 1 4 7
// 10 7 4 1
```

브레이크(break)와 컨티뉴(continue)

반복문에서는 break와 continue 키워드를 사용할 수 있습니다.

- break: 가장 가까운 반복문을 종료합니다.
- continue: 가장 가까운 반복문의 다음 단계로 건너뜁니다.

```kotlin
fun main() {
    for (i in 1..5) {
        if (i == 3) break
        print(i)
    }
    // 12

    println()

    for (i in 1..5) {
        if (i == 3) continue
        print(i)
    }
    // 1245
}
```

둘 모두 거의 쓰이지 않습니다. 제가 참여했던 상용 프로젝트에서도 실제로 적용된 예를 찾는 데 애를 먹었습니다. 다른 언어에서 코틀린으로 넘어온 개발자들에게도 익숙한 개념이니 앞의 예시 코드를 보여 주는 수준에서 간략히 소개를 마칩니다.

사용 예

오래된 언어에 익숙해진 개발자들은 더 세련된 최신 방식이 있음에도 예전 방식의 for 문을 사용하는 경우가 많습니다. 다음은 인덱스를 써서 원소를 순환하는 for 문입니다.

```kotlin
fun main() {
    val names = listOf("Alex", "Bob", "Celina")

    for (i in 0..<names.size) {
        val name = names[i]
        println("[$i] $name")
    }
}
// [0] Alex
// [1] Bob
// [2] Celina
```

이렇게 구현하는 건 좋은 방법이 아닙니다. 코틀린에는 더 나은 방법이 많습니다.

먼저, 명시적으로 0..<names.size 범위를 순회하는 대신에 인덱스의 범위를 반환하는 indices 프로퍼티를 사용할 수 있습니다.

```kotlin
fun main() {
    val names = listOf("Alex", "Bob", "Celina")

    for (i in names.indices) {
        val name = names[i]
        println("[$i] $name")
    }
}
// [0] Alex
// [1] Bob
// [2] Celina
```

두 번째로, 인덱스를 순회하면서 각 인덱스에 해당하는 원소를 찾는 대신 인덱스된 값을 순회할 수 있습니다. 이터러블(iterable) 객체에서 withIndex를 호출하면 인덱스된 값을 반환합니다. 인덱스된 값은 인덱스와 값 둘 다 가지고 있습니다. 그리고 for 문에서 인덱스된 값을 간편하게 구조 분해(destructuring)[2]해 사용할 수 있습니다.[3]

```
fun main() {
    val names = listOf("Alex", "Bob", "Celina")

    for ((i, name) in names.withIndex()) {
        println("[$i] $name")
    }
}
// [0] Alex
// [1] Bob
// [2] Celina
```

세 번째로,《코틀린 아카데미: 함수형 프로그래밍》에서 설명할 forEachIndexed 라는 더 나은 방식도 있습니다.

```
fun main() {
    val names = listOf("Alex", "Bob", "Celina")

    names.forEachIndexed { i, name ->
        println("[$i] $name")
    }
}
// [0] Alex
// [1] Bob
// [2] Celina
```

맵 순회 역시 for 문을 이용하는 대표적인 예입니다. 자바를 오래 사용한 개발자들은 보통 다음과 같은 방법으로 순회합니다.

```
fun main() {
    val capitals = mapOf(
        "USA" to "Washington DC",
```

---

2 (옮긴이) 구조 분해란 구조화된 배열 또는 객체를 개별적인 변수에 할당하는 것을 말합니다.
3 구조 분해에 대해서는 11장 '데이터 클래스'에서 자세히 살펴보겠습니다.

```
        "Poland" to "Warsaw",
        "Ukraine" to "Kiev"
    )

    for (entry in capitals.entries) {
        println(
            "The capital of ${entry.key} is ${entry.value}")
    }
}
// The capital of USA is Washington DC
// The capital of Poland is Warsaw
// The capital of Ukraine is Kiev
```

맵을 직접 순회하는 방식으로 개선하면 entries 호출은 불필요해집니다. 그리고 entry를 구조 분해하여 값에 더 어울리는 이름을 붙일 수도 있습니다.

```
fun main() {
    val capitals = mapOf(
        "USA" to "Washington DC",
        "Poland" to "Warsaw",
        "Ukraine" to "Kiev"
    )

    for ((country, capital) in capitals) {
        println("The capital of $country is $capital")
    }
}
// The capital of USA is Washington DC
// The capital of Poland is Warsaw
// The capital of Ukraine is Kiev
```

맵에 forEach를 사용할 수도 있습니다.

```
fun main() {
    val capitals = mapOf(
        "USA" to "Washington DC",
        "Poland" to "Warsaw",
        "Ukraine" to "Kiev"
    )

    capitals.forEach { (country, capital) ->
        println("The capital of $country is $capital")
    }
}
```

```
// The capital of USA is Washington DC
// The capital of Poland is Warsaw
// The capital of Ukraine is Kiev
```

요약

이번 장에서는 for 문을 사용하는 법을 배웠습니다. 코틀린이 갖추고 있는 함수형 특징이 유용하기 때문에 for 문은 자주 쓰이지는 않습니다. 하지만 매우 단순하고 강력하기 때문에 어떻게 작동하는지 알아 두면 좋습니다.

다음 장에서는 널 가능성 처리에 대해 살펴보겠습니다. 코틀린이 자바와 비교해 크게 개선된 대표적인 기능입니다.

연습문제: 범위 연산

범위 연산을 사용해 다음 함수를 구현하세요.

- 정수 n을 인수로 받고, 0부터 n까지 모든 양의 정수의 제곱을 더한 값을 반환하는 함수
- 정수 n을 인수로 받고, 0부터 n까지 모든 짝수의 합을 반환하는 함수
- start, end, step 세 개의 정수를 받아, start부터 end까지 step씩 감소하는 모습을 보여 주는 문자열을 반환하는 함수

시작 코드는 다음과 같습니다.

```
fun calculateSumOfSquares(n: Int): Int = TODO()

fun calculateSumOfEven(n: Int): Int = TODO()

fun countDownByStep(
    start: Int,
    end: Int,
    step: Int
): String = TODO()
```

다음은 사용 예시입니다.

```
fun main() {
    // calculateSumOfSquares를 사용한 예
    println(calculateSumOfSquares(0))  // 0
    println(calculateSumOfSquares(1))  // 1
    println(calculateSumOfSquares(2))  // 5 (1 + 4)
    println(calculateSumOfSquares(3))  // 14 (1 + 4 + 9)
    println(calculateSumOfSquares(4))  // 30 (1 + 4 + 9 + 16)

    // calculateSumOfEven을 사용한 예
    println(calculateSumOfEven(0))   // 0
    println(calculateSumOfEven(1))   // 0
    println(calculateSumOfEven(2))   // 2
    println(calculateSumOfEven(3))   // 2
    println(calculateSumOfEven(5))   // 6 (2 + 4)
    println(calculateSumOfEven(10))  // 30 (2 + 4 + 6 + 8 + 10)
    println(calculateSumOfEven(12))  // 42 (2 + 4 + 6 + 8 + 10 + 12)
    println(calculateSumOfEven(20))
    // 110 (2 + 4 + 6 + 8 + 10 + 12 + 14 + 16 + 18 + 20)

    // countDownByStep을 사용한 예
    println(countDownByStep(1, 1, 1))    // 1
    println(countDownByStep(5, 1, 2))    // 5, 3, 1
    println(countDownByStep(10, 1, 3))   // 10, 7, 4, 1
    println(countDownByStep(15, 5, 5))   // 15, 10, 5
    println(countDownByStep(20, 2, 3))   // 20, 17, 14, 11, 8, 5, 2
    println(countDownByStep(10, 4, 3))   // 10, 7, 4
    println(countDownByStep(-1, -1, 1))  // -1
    println(countDownByStep(-5, -9, 2))  // -5, -7, -9
}
```

연습문제 깃허브 저장소의 essentials/loops/Loops.kt 파일에서 단위 테스트와
사용 예시를 찾을 수 있습니다. 프로젝트를 클론하여 로컬 환경에서 문제를 풀
어 보세요.

정답은 책 뒤편의 '연습문제 해답'에서 확인할 수 있습니다.

8장

널 가능성

코틀린은 자바의 문제점을 해결할 목적으로 시작되었으며, 자바에서 가장 큰 문제는 널 가능성이었습니다. 다른 많은 언어처럼 자바 또한 모든 참조 변수가 null 값을 가질 수 있었습니다. null 값에 대해 메서드를 호출하면 악명 높은 NullPointerException(NPE)이 발생합니다. 대부분의 자바 프로젝트에서 가장 많이 발생하는 예외일 것입니다.[1] NPE는 너무나 자주 발생하기 때문에 찰스 앤터니 리처드 호어 기사(Sir Charles Antony Richard Hoare)의 유명한 연설 이후로 '10억 달러짜리 실수'라 불리고 있습니다. 찰스는 강의 중에 다음과 같이 말했습니다. "저는 NPE를 저의 10억 달러짜리 실수라고 부릅니다. 널 참조는 1965년에 만들어졌습니다. NPE는 셀 수 없는 에러, 취약성, 시스템 충돌을 야기하면서, 지난 40년 동안 10억 달러에 달하는 고통과 피해를 안겼습니다."

이러한 문제 해결이 코틀린의 주된 과제였고, 코틀린은 완벽한 방식으로 해결했습니다. 코틀린이 도입한 방식은 정말 효과적이라서 코틀린 코드에서 NullPointerException을 만나보기는 매우 어렵습니다. null 값은 이제 문제가 되지 않기 때문에, 코틀린 개발자들은 더 이상 null 값을 두려워하지 않습니다. null은 코틀린 개발자들에게 친구가 되었습니다.

---

1   몇몇 연구가 이를 입증했습니다. 예를 들어, 오버옵스(OverOps)가 수집한 데이터에 따르면 운영 환경의 70%에서 가장 흔히 발생하는 예외가 NullPointerException입니다.

그렇다면 코틀린에서 널 가능성은 어떻게 작동할까요? 모든 것은 몇 가지 규칙에 기반합니다.

1. 모든 프로퍼티에 값을 할당해야 합니다. 묵시적으로 null 값이 할당되는 경우는 없습니다.

```
var person: Person  // 컴파일 에러,
// 프로퍼티는 초기화되어야 합니다.
```

2. 일반 타입은 null 값을 허용하지 않습니다.

```
var person: Person = null  // 컴파일 에러,
// Person은 널 가능한 타입이 아니기 때문에 `null`이 될 수 없습니다.
```

3. 널 가능한 타입으로 지정하려면 일반 타입 끝에 물음표(?)를 붙여야 합니다.

```
var person: Person? = null  // 가능합니다.
```

4. 널 가능한 타입을 직접 사용할 수 없습니다. (이번 장에서 소개할 도구 중 하나를 써서) 안전하게 사용하거나 사용 전에 캐스팅해야 합니다.

```
person.name  // 컴파일 에러,
// person의 타입은 널이 될 수 있으므로 직접 사용할 수 없습니다.
```

이 규칙들 덕분에 null이 가능한 경우와 그렇지 않은 경우를 확실하게 알 수 있습니다. 널이 실제로 필요한 경우에만 널이 가능하다고 명시해야 합니다. 널 문제를 처리하는 완벽한 방법이긴 하지만, 개발자들이 널을 편리하게 처리할 수 있는 방법 또한 필요합니다.

코틀린은 안전 호출, 널 아님 어설션(not-null assertion)[2], 스마트 캐스팅, 엘비스 연산자 등 널 가능한 값을 사용하는 다양한 방법을 제공합니다. 하나씩 살펴보겠습니다.

---

2 (옮긴이) 어설션(assertion)이란 프로그램의 특정 지점에 위치하여 해당 지점에서 반드시 참(true)이 어야 한다고 여겨지는 사항을 표현한 논리식을 말합니다.

안전 호출

널 가능한 값의 메서드나 프로퍼티를 호출하는 가장 간단한 방법은 점(.) 대신에 물음표와 점(?.)을 함께 사용하는 안전 호출(safe call)입니다. 안전 호출은 다음과 같이 작동합니다.

- 값이 null이면, 아무것도 하지 않고 null을 반환합니다.
- 값이 null이 아니면, 일반 호출처럼 작동합니다.

```kotlin
class User(val name: String) {
    fun cheer() {
        println("Hello, my name is $name")
    }
}

var user: User? = null

fun main() {
    user?.cheer()         // (아무것도 하지 않습니다.)
    println(user?.name)   // null
    user = User("Cookie")
    user?.cheer()         // Hello, my name is Cookie
    println(user?.name)   // Cookie
}
```

안전 호출은 null에 대해 호출했을 때 null을 반환하므로, 결괏값은 항상 널 가능한 타입이 됩니다. 따라서 널 가능성은 계속 전파될 수 있습니다. 사용자 이름의 길이를 알고 싶어 user?.name.length로 호출하면 컴파일되지 않습니다. name이 널 가능하지 않더라도 user?.name의 결과 타입이 String?이기 때문입니다. 그래서 name 역시도 ?.를 이용해서 user?.name?.length처럼 안전 호출을 사용해야 합니다.

```kotlin
class User(val name: String) {
    fun cheer() {
        println("Hello, my name is $name")
    }
}
```

```
var user: User? = null

fun main() {
    // println(user?.name.length)  // 허용되지 않습니다.
    println(user?.name?.length)    // null
    user = User("Cookie")
    // println(user?.name.length)  // 허용되지 않습니다.
    println(user?.name?.length)    // 6
}
```

널 아님 어설션

값이 null이 아니어야 한다면, null일 때 예외를 던지는 널 아님 어설션(not-null assertion)을 사용할 수 있습니다. 널 아님 어설션은 !!로 표현합니다.

```
class User(val name: String) {
    fun cheer() {
        println("Hello, my name is $name")
    }
}

var user: User? = User("Cookie")

fun main() {
    println(user!!.name.length)  // 6
    user = null
    println(user!!.name.length)  // NullPointerException을 던집니다.
}
```

동작이 잘못되어 예기치 않게 null이 주어졌을 때 NullPointerException을 던지므로 이 방법은 안전하지 않습니다. null이 사용되는 경우가 없음을 보장하기 위한 예외를 던지고 싶다면 좀 더 의미 있는 예외를 던지는 편이 좋습니다.[3] 다음은 이럴 때 주로 사용하는 방법입니다.

• requireNotNull: 널 가능한 값을 인수로 받고, 값이 널인 경우 IllegalArgument Exception을 던집니다. 널이 아니라면 널 가능하지 않은 값을 반환합니다.

---

3 IllegalArgumentException과 IllegalStateException은 13장 '예외'에서 살펴보겠습니다.

- checkNotNull: 널 가능한 값을 인수로 받고, 값이 널인 경우 IllegalState Exception을 던집니다. 널이 아니라면 널 가능하지 않은 값을 반환합니다.

```
fun sendData(dataWrapped: Wrapper<Data>) {
    val data = requireNotNull(dataWrapped.data)
    val connection = checkNotNull(connections["db"])
    connection.send(data)
}
```

스마트 캐스팅

널 가능성 여부로 스마트 캐스팅할 수도 있습니다. 널이 아님을 확신할 수 있는 스코프에서는 널 가능한 타입이 널 가능하지 않은 타입으로 캐스팅됩니다.

```
fun printLengthIfNotNull(str: String?) {
    if (str != null) {
        println(str.length)  // str은 String으로 스마트 캐스팅되었습니다.
    }
}
```

값이 null이 아니라면 return이나 throw할 때도 스마트 캐스팅이 적용됩니다.

```
fun printLengthIfNotNull(str: String?) {
    if (str == null) return
    println(str.length)  // str은 String으로 스마트 캐스팅되었습니다.
}

fun printLengthIfNotNullOrThrow(str: String?) {
    if (str == null) throw Error()
    println(str.length)  // str은 String으로 스마트 캐스팅되었습니다.
}
```

스마트 캐스팅은 아주 현명하게도 논리 표현식의 &&와 || 다음에 오는 값에도 적용됩니다.

```
fun printLengthIfNotNull(str: String?) {
    if (str != null && str.length > 0) {
        // 위 표현식에서 str은 String으로 스마트 캐스팅되었습니다.
        // ...
    }
```

```
}

fun printLengthIfNotNull(str: String?) {
    if (str == null || str.length == 0) {
        // 위 표현식에서 str은 String으로 스마트 캐스팅되었습니다.
        // ...
    }
}

fun printLengthIfNotNullOrThrow(str: String?) {
    requireNotNull(str)  // str은 String으로 스마트 캐스팅되었습니다.
    println(str.length)
}
```

 위의 코드에서 스마트 캐스팅이 동작할 수 있는 이유는 코틀린의 '컨트랙트(contracts)'라는 기능 덕분입니다. 컨트랙트에 대해서는 《코틀린 아카데미: 고급편》에서 자세히 설명합니다.

엘비스 연산자

널 가능성 처리에 사용되는 코틀린의 마지막 기능은 엘비스 연산자 ?:입니다. 네, 물음표와 콜론입니다. 벽 뒤에서 우리를 쳐다보고 있어 머리와 눈만 보이는 엘비스 프레슬리(Elvis Presley, 그의 상징인 머리 스타일)를 닮아 엘비스 연산자라는 이름이 붙여졌습니다.

엘비스 연산자는 두 값 사이에 위치합니다. 엘비스 연산자 왼쪽의 값이 null이 아니라면 연산 결과는 왼쪽의 널 가능한 값 그대로입니다. 왼쪽 값이 null이면 오른쪽 값이 반환됩니다.

```
fun main() {
    println("A" ?: "B")    // A
    println(null ?: "B")   // B
    println("A" ?: null)   // A
    println(null ?: null)  // null
}
```

엘비스 연산자는 널 가능한 값의 기본값을 제공하기 위해 사용할 수 있습니다.

```
class User(val name: String)

fun printName(user: User?) {
    val name: String = user?.name ?: "default"
    println(name)
}

fun main() {
    printName(User("Cookie"))  // Cookie
    printName(null)            // default
}
```

널 가능한 타입의 확장 함수

널 가능한 변수에서 일반 함수를 호출할 수는 없습니다. 하지만 널 가능한 변수에서 호출할 수 있는 특별한 함수를 정의할 수는 있습니다.[4] 대표적인 예로 코틀린 표준 라이브러리(Kotlin stdlib)에는 String?에서 호출할 수 있는 다음 함수들이 마련되어 있습니다.

- orEmpty: 값이 null이 아니면 값을 그대로 반환합니다. 그렇지 않다면 빈 문자열을 반환합니다.
- isNullOrEmpty: 값이 null이거나 비어 있는 문자열이면 true를 반환합니다. 그렇지 않다면 false를 반환합니다.

---

4 17장 '확장'에서 살펴볼 '확장 함수'입니다.

- isNullOrBlank: 값이 null이거나 공백이라면 true를 반환합니다. 그렇지 않 다면 false를 반환합니다.

```kotlin
fun check(str: String?) {
    println("The value: \"$str\"")
    println("The value or empty: \"${str.orEmpty()}\"")
    println("Is null or empty? " + str.isNullOrEmpty())
    println("Is null or blank? " + str.isNullOrBlank())
}

fun main() {
    check("ABC")
    // The value: "ABC"
    // The value or empty: "ABC"
    // Is null or empty? false
    // Is null or blank? false
    check(null)
    // The value: "null"
    // The value or empty: ""
    // Is null or empty? true
    // Is null or blank? true
    check("")
    // The value: ""
    // The value or empty: ""
    // Is null or empty? true
    // Is null or blank? true
    check("       ")
    // The value: "       "
    // The value or empty: "       "
    // Is null or empty? false
    // Is null or blank? true
}
```

코틀린 표준 라이브러리는 널 가능한 리스트용으로도 비슷한 함수들을 제공합 니다.

- orEmpty: 값이 null이 아니면 값을 그대로 반환합니다. 그렇지 않다면 빈 리 스트를 반환합니다.
- isNullOrEmpty: 값이 null이거나 비어 있는 리스트라면 true를 반환합니다. 그렇지 않다면 false를 반환합니다.

```kotlin
fun check(list: List<Int>?) {
    println("The list: \"$list\"")
    println("The list or empty: \"${list.orEmpty()}\"")
    println("Is null or empty? " + list.isNullOrEmpty())
}

fun main() {
    check(listOf(1, 2, 3))
    // The list: "[1, 2, 3]"
    // The list or empty: "[1, 2, 3]"
    // Is null or empty? false
    check(null)
    // The list: "null"
    // The list or empty: "[]"
    // Is null or empty? true
    check(listOf())
    // The list: "[]"
    // The list or empty: "[]"
    // Is null or empty? true
}
```

이런 종류의 확장 함수는 널 가능한 값을 처리하는 데 많은 도움이 됩니다.

코틀린에서 null은 우리의 친구입니다

널 가능성은 모든 객체가 잠재적으로 널이 될 수 있는 자바와 같은 언어에서 골칫덩어리였습니다. 결국 사람들은 널 가능성을 차단하기 시작했습니다. 조슈아 블로크(Joshua Bloch)가 쓴 《이펙티브 자바》(인사이트, 2018)에서는 '아이템 54, null이 아닌, 빈 컬렉션이나 배열을 반환하라'라고 안내하기도 했습니다. 코틀린에서는 이런 규칙이 필요 없습니다. 널 가능성 시스템을 갖추어 null 값에 대해 더 이상 걱정하지 않아도 되기 때문입니다. 코틀린은 null을 실수가 아닌 친구로 여깁니다.[5] getUsers 함수를 떠올려 봅시다. 비어 있는 리스트를 반환하느냐 null을 반환하느냐는 분명한 차이가 있습니다. 비어 있는 리스트는 '사용자가 하나도 없어서 리스트가 비어 있다'라고 해석할 수 있습니다.

---

[5] 코틀린 프로그래밍 언어(Kotlin Programming Language)의 현재 프로젝트 리더인 로만 엘리자로프(Roman Elizarov)가 쓴 '널은 실수가 아니라 당신의 친구입니다(Null is your friend, not a mistake)'(*https://kt.academy/l/re-null*)라는 글을 읽어 보세요.

null은 '결괏값을 만들 수 없으며, 어떤 사용자들이 있는지는 불명확하다'라고 해석할 수 있습니다. 널 가능성과 관련된 오래된 규칙은 잊어버리세요. 코틀린에서는 null이 우리의 친구입니다.[6]

지연 초기화(lateinit)

프로퍼티를 널이 불가능한 타입으로 정의하고 싶지만 객체를 생성할 시점에는 값을 명시하지 못하는 상황이 있습니다. 의존성 주입 프레임워크에서 프로퍼티에 값을 주입하거나, 모든 테스트에서 사용할 프로퍼티를 단위 테스트의 셋업 단계에서 생성하는 경우를 생각해 봅시다. 이런 경우 프로퍼티를 널 가능하게 만드는 건 불편합니다. 사용하기 전에 초기화될 것임을 알더라도 널 아님 어설션을 사용해야 합니다. 코틀린 창시자들은 이런 경우에 사용할 수 있는 lateinit 프로퍼티를 도입하였습니다. 지연초기화(lateinit) 프로퍼티는 널이 가능하지 않은 타입이지만 인스턴스 생성 과정에서는 초기화할 수 없습니다.

```kotlin
@AndroidEntryPoint
class MainActivity : AppCompatActivity() {

    @Inject
    lateinit var presenter: MainPresenter

    override fun onCreate(savedInstanceState: Bundle?) {
        super.onCreate(savedInstanceState)
        setContentView(R.layout.activity_main)
        presenter.onCreate()
    }
}

class UserServiceTest {
    lateinit var userRepository: InMemoryUserRepository
    lateinit var userService: UserService

    @Before
    fun setup() {
        userRepository = InMemoryUserRepository()
        userService = UserService(userRepository)
```

---

6 《Effective Kotlin, 2/E》에서 널 가능성을 활용하는 방법을 더 확인할 수 있습니다.

```
    }

    @Test
    fun `should register new user`() {
        // when
        userService.registerUser(aRegisterUserRequest)

        // then
        userRepository.hasUserId(aRegisterUserRequest.id)
        // ...
    }
}
```

지연 초기화 프로퍼티를 사용할 때는 처음 사용하기 전에 반드시 값을 할당해야 합니다. 할당하지 않으면 런타임에 UninitializedPropertyAccessException을 던집니다.

```
lateinit var text: String

fun main() {
    println(text)   // 런타임 에러!
    // lateinit 프로퍼티인 text가 초기화되지 않았습니다.
}
```

코틀린은 지연 초기화로 선언한 프로퍼티가 초기화되었는지 확인하는 기능도 제공합니다. 바로 isInitialized 프로퍼티입니다. 두 개의 콜론(::)으로 시작한 다음, 초기화 여부를 확인하려는 프로퍼티 이름을 적어 주면 됩니다.[7]

```
lateinit var text: String

private fun printIfInitialized() {
    if (::text.isInitialized) {
        println(text)
    } else {
        println("Not initialized")
    }
}
```

---

7 다른 객체의 프로퍼티를 참조하려면 :: 앞에 해당 객체를 명시해야 합니다. 프로퍼티를 참조하는 방법은 《코틀린 아카데미: 고급편》에서 자세히 다룹니다.

```
fun main() {
    printIfInitialized()  // Not initialized
    text = "ABC"
    printIfInitialized()  // ABC
}
```

요약

코틀린은 널 가능성을 우아하게 처리하는 기능을 제공하여 처리하기 무섭고 까다로웠던 널 가능성을 유용하고 안전하게 바꾸었습니다. 이 기능은 널이 가능한 것과 가능하지 않은 것을 구분하는 타입 시스템 덕분에 가능합니다. 널 가능한 변수는 안전 호출, 널 아님 어설션, 스마트 캐스팅, 엘비스 연산자를 사용해 안전하게 처리해야 합니다.

다음 장에서는 드디어 클래스를 살펴봅니다. 클래스는 이미 예제에서 여러 번 사용했지만, 여기까지 공부한 뒤에서야 클래스를 깊게 파헤쳐 볼 준비가 되었습니다.

연습문제: 사용자 정보 처리기

다음 규칙을 따르는 processUserInformation 함수를 구현하세요.

- user 입력값이 null이면, "Missing user information"을 반환합니다.
- user의 name이 null이면, IllegalArgumentException 예외를 던집니다.
- user의 age가 null이면, 0으로 간주합니다.
- user의 email이 null이거나 공백이면, "Missing email"을 반환합니다.
- 이상과 같은 경우가 아니라면 "User $name is $age years old, email: $email" 형태의 문자열을 출력합니다.

시작 코드는 다음과 같습니다.

```
data class EmailAddress(val email: String?)

data class User(
    val name: String?,
    val age: Int?,
```

```
    val email: EmailAddress?
)

fun processUserInformation(user: User?): String {
    return ""
}
```

다음은 사용 예시입니다.

```
fun main() {
    println(processUserInformation(null))
    // Missing user information

    val user1 = User(
        "John",
        30,
        EmailAddress("john@example.com")
    )
    println(processUserInformation(user1))
    // User John is 30 years old, email: john@example.com

    val user2 = User(
        "Alice",
        null,
        EmailAddress("alice@example.com")
    )
    println(processUserInformation(user2))
    // User Alice is 0 years old, email: alice@example.com

    val user3 = User(
        "Bob",
        25,
        EmailAddress("")  // 또는 EmailAddress(null), 또는 null
    )
    println(processUserInformation(user3))
    // Missing email

    val user6 = User(
        null,
        40,
        EmailAddress("jake@example.com")
    )
    println(processUserInformation(user6))
    // IllegalArgumentException
}
```

연습문제 깃허브 저장소의 essentials/nullability/UserInformation.kt 파일에서 시작 코드, 단위 테스트, 사용 예시를 찾을 수 있습니다. 프로젝트를 클론하여 로컬 환경에서 문제를 풀어 보세요.

정답은 책 뒤편의 '연습문제 해답'에서 확인할 수 있습니다.

9장

클래스

주변을 살펴보면 수많은 객체를 볼 수 있습니다. 책, 이북 리더, 모니터, 커피잔 등입니다. 우리 주변은 온통 객체로 되어 있습니다. 우리가 살고 있는 세상은 전부 객체로 되어 있으니 프로그램 또한 같은 방법으로 만들어져야 한다는 결론에 이르게 됩니다. 객체 지향은 프로그래밍을 이런 개념으로 접근합니다. 하지만 모든 사람이 세상을 똑같은 시각으로 바라보지는 않습니다. 세상을 다양한 행동이 일어날 수 있는 공간으로 바라보기도 하죠. 이것이 함수형 프로그래밍의 개념적 근간입니다.[1] 하지만 어떤 방식을 선호하든, 코틀린 프로그래밍에서 클래스와 객체는 중요한 구조입니다.

클래스는 구체적인 특징을 가지고 있는 객체를 만드는 템플릿(틀)입니다. 코틀린에서는 class 키워드 뒤에 이름을 명시하여 클래스를 정의합니다. 클래스의 본문 코드는 없어도 되니 이 방법으로 가장 간단한 클래스를 만들 수 있습니다. 클래스의 인스턴스인 객체를 만들려면 기본 생성자 함수를 호출합니다. 기본 생성자는 이름은 클래스와 같고 매개변수를 받지 않는 함수입니다. C++나 자바와 달리 코틀린에서는 new 키워드를 사용하지 않습니다.

---

[1] 제가 작성한 글 '객체 지향이냐 함수형이냐? 세상을 바라보는 두 가지 방법(Object-oriented or functional? Two ways to see the world)'을 읽어 보세요(*https://kt.academy/article/oop-vs-fp*).

```
// 가장 간단한 클래스 정의
class A

fun main() {
    // 클래스에서 객체를 생성
    val a: A = A()
}
```

멤버 함수

클래스는 내부에 함수를 정의할 수 있습니다. 그러려면 클래스를 정의할 때 본문 코드를 담을 중괄호가 필요합니다.

```
class A {
    // 클래스 본문
}
```

이제 함수를 정의할 수 있습니다. 이렇게 정의된 함수는 다음 두 가지 중요한 특징을 가집니다.

- 클래스의 인스턴스를 통해 호출해야 합니다. 즉, 메서드를 호출하려면 먼저 객체를 생성해야 합니다.
- this 키워드를 사용하여 메서드를 소유한 객체(클래스의 인스턴스)를 참조할 수 있습니다.

```
class A {
    fun printMe() {
        println(this)
    }
}

fun main() {
    val a = A()
    println(a)     // A@주소(메모리상에서 객체 a의 주소입니다.)
    a.printMe()  // A@주소(같은 주소입니다.)
}
```

클래스 본문에서 정의된 모든 요소는 **멤버**라고 하며, 따라서 클래스 본문에서 정의된 함수는 **멤버 함수**(member function)라고 합니다. 클래스와 연관된 함수는 메서드이기 때문에 모든 멤버 함수는 메서드입니다. 단, 확장 함수 역시 메서드입니다(17장 '확장'에서 자세히 다룹니다).

개념적으로 말하면, 메서드는 객체가 어떤 행동(동작)을 하는지 표현합니다. 예를 들어, 커피 머신이 커피를 만드는 동작은 CoffeeMachine 클래스의 make Coffee 메서드로 표현할 수 있습니다. 이것이 클래스와 메서드로 세상을 모델링하는 방식입니다.

프로퍼티

클래스 본문에서 변수를 정의할 수도 있습니다. 클래스 안에서 정의된 변수를 **필드**(field)라고 합니다. 프로그래밍에는 '캡슐화(encapsulation)'라는 중요한 개념이 있습니다. 필드를 클래스 바깥에서 직접 사용하면 안 된다는 개념입니다. 클래스의 상태에 대한 제어권을 상실하기 때문입니다. 대신에 필드는 접근자를 통해 사용해야 합니다.

• 게터(getter): 필드의 현재 값을 얻는 함수
• 세터(setter): 필드에 새로운 값을 설정하는 함수

이 패턴은 매우 널리 쓰이고 있습니다. 자바 프로젝트에서는 게터와 세터를 수없이 마주하게 됩니다. 특히 데이터를 담고 있는 클래스가 주범입니다. 캡슐화를 위해 필요하지만, 번거로운 보일러플레이트 코드이기도 합니다. 그래서 언어 창시자들은 '프로퍼티'라는 더 강력한 개념을 고안했습니다. **프로퍼티**(property)는 캡슐화가 자동으로 이루어지는 클래스 변수입니다. 즉, 내부적으로 알아서 게터와 세터를 사용합니다. 코틀린에서는 클래스 내 모든 변수가 필드가 아닌 프로퍼티입니다.

자바스크립트 같은 일부 언어는 자체적으로 프로퍼티를 지원하지만, 자바는 아닙니다. 그래서 코틀린/JVM에서는 모든 프로퍼티 각각에 대해 val 변수에는 게터 함수가, var 변수에는 게터와 세터 함수가 만들어집니다.

```
// 코틀린 코드
class User {
    var name: String = ""
}

fun main(args: Array<String>) {
    val user = User()
    user.name = "Alex"  // 세터 호출
    println(user.name)  // 게터 호출
}

// 같은 기능의 자바스크립트 코드
function User() {
    this.name = '';
}

function main(args) {
    var user = new User();
    user.name = 'Alex';
    println(user.name);
}

// 같은 기능의 자바 코드
public final class User {
    @NotNull
    private String name = "";

    // 게터
    @NotNull
    public final String getName() {
        return this.name;
    }

    // 세터
    public final void setName(@NotNull String name) {
        this.name = name;
    }
}

public final class PlaygroundKt {
    public static void main(String[] var0) {
        User user = new User();
        user.setName("Alex");                 // 세터 호출
        System.out.println(user.getName());  // 게터 호출
    }
}
```

코틀린의 프로퍼티에는 모두 접근자가 자동으로 생성되므로 게터와 세터를 따로 정의하지 않아도 됩니다. 단, 기본 접근자를 변경하고 싶을 때를 위해 특별한 구문을 제공합니다.

```kotlin
class User {
    private var name: String = ""

    // 이렇게 하면 안 됩니다! 대신에 프로퍼티 게터를 정의하세요.
    fun getName() = name

    // 이렇게 하면 안 됩니다! 대신에 프로퍼티 세터를 정의하세요.
    fun setName(name: String) {
        this.name = name
    }
}
```

커스텀 게터를 지정하고 싶으면 프로퍼티를 정의한 다음, 바로 이어서 get 키워드를 사용하면 됩니다. 이후는 매개변수가 없는 함수를 정의할 때와 같습니다. 게터 함수 내에서는 field 키워드를 사용해 연결된 필드의 값을 참조할 수 있습니다. 기본 게터는 field의 값을 그대로 반환하지만, 커스텀 게터에서는 값을 반환하기 전에 원하는 방식으로 변경할 수 있습니다. 게터는 일반적으로 로직이 간단하여 단일 표현식 구문으로 많이 정의합니다. 물론 return 키워드를 사용하는 보통의 함수 형태로도 정의할 수 있습니다.

```kotlin
class User {
    var name: String = ""
        get() = field.uppercase()
    // 또는
    // var name: String = ""
    //     get() {
    //          return field.uppercase()
    //     }
}

fun main() {
    val user = User()
    user.name = "norbert"
    println(user.name)  // NORBERT
}
```

게터의 가시성과 결과 타입은 항상 프로퍼티와 동일합니다. 게터는 예외를 던져서는 안 되며 과도한 연산을 수행해서도 안 됩니다.

　프로퍼티의 모든 사용법은 접근자의 사용법과 같습니다. 접근자 안에서는 프로퍼티 이름 대신 field를 사용해야 합니다. 프로퍼티 이름을 사용하면 무한 재귀에 빠지기 때문입니다.

```
class User {
    // 이렇게 하면 안 됩니다.
    var name: String = ""
        // 게터에서 프로퍼티 이름을 사용하면 무한 재귀가 발생합니다.
        get() = name.uppercase()
}

fun main() {
    val user = User()
    user.name = "norbert"
    println(user.name)  // 에러: java.lang.StackOverflowError
}
```

세터를 변경하는 방법도 비슷합니다. set 키워드를 사용하며, 설정할 값을 받은 매개변수를 하나 받습니다. 기본 세터는 새로운 값을 field에 할당합니다. 또한 특정 조건을 만족할 때만 새로운 값을 설정하는 등 작동 방식을 변경할 수 있습니다.

```
class User {
    var name: String = ""
        get() = field.uppercase()
        set(value) {
            if (value.isNotBlank()) {
                field = value
            }
        }
}

fun main() {
    val user = User()
    user.name = "norbert"
    user.name = ""
    user.name = " "
    println(user.name)  // NORBERT
}
```

세터는 프로퍼티보다 가시성이 제한적인데, 이에 대해서는 다음 장에서 설명하겠습니다.

프로퍼티의 커스텀 접근자에서 field 키워드를 사용하지 않으면 필드가 생성되지 않습니다. 예를 들어, 다음 코드처럼 이름과 성을 조합하여 전체 이름을 구성하는 프로퍼티도 정의할 수 있습니다. 더 나아가 필드가 아얘 필요 없는 프로퍼티도 가능합니다.

```kotlin
class User {
    var name: String = ""
    var surname: String = ""
    val fullName: String
        get() = "$name $surname"
}

fun main() {
    val user = User()
    user.name = "Maja"
    user.surname = "Moskała"
    println(user.fullName)  // Maja Moskała
}
```

fullName 프로퍼티는 읽기만 가능한 val 프로퍼티이므로 게터만 필요합니다. 이 프로퍼티의 값을 얻어오려 하면 name과 surname을 이용해 전체 이름을 만들어 반환합니다. 이런 프로퍼티의 값은 요청이 있을 때 계산되므로 일반적인 프로퍼티보다 유리한 점이 있습니다. 다음 코드를 보시죠.

```kotlin
class User {
    var name: String,
    var surname: String,
) {
    val fullName1: String
        get() = "$name $surname"
    val fullName2: String = "$name $surname"
}

fun main() {
    val user = User("Maja", "Markiewicz")
    println(user.fullName1)  // Maja Markiewicz
    println(user.fullName2)  // Maja Markiewicz
    user.surname = "Moskała"
```

```
    println(user.fullName1)  // Maja Moskała
    println(user.fullName2)  // Maja Markiewicz
}
```

여기서 fullName1과 fullName2의 차이는 프로퍼티가 참조하는 값이 변경될 때만 확인할 수 있습니다. 따라서 불변 객체를 정의할 때는 프로퍼티 값 계산을 게터에서 하든 클래스가 생성될 때 하든 결과는 항상 똑같습니다. 단, 성능에서는 차이가 납니다. 객체가 생성될 때 계산하면 프로퍼티는 정해진 값을 반환할 뿐이지만, 게터에서 수행하면 게터를 호출할 때마다 계산이 이루어집니다.

```
class Holder {
    val v1: Int get() = calculate("v1")
    val v2: Int = calculate("v2")

    private fun calculate(propertyName: String): Int {
        println("Calculating $propertyName")
        return 42
    }
}

fun main() {
    val h1 = Holder()  // Calculating v2
    // h1이 v1을 사용하지 않으므로 v1은 계산하지 않습니다.
    // v2는 사용 여부와 관계없이 계산됩니다.
    val h2 = Holder()  // Calculating v2
    println(h2.v1)     // 'Calculating v1' 출력 후 다음 줄에 '42' 출력
    println(h2.v1)     // 'Calculating v1' 출력 후 다음 줄에 '42' 출력
    println(h2.v2)     // 42
    println(h2.v2)     // 42
    // h2는 v1을 두 번 사용했으므로 계산을 두 번 합니다.
    // v2는 두 번 사용했지만
    // 단 한 번만 계산합니다.
}
```

다른 예로, 사용자의 생일을 저장해야 하는 경우를 생각해 봅시다. 처음에는 자바 표준 라이브러리의 Date를 사용했습니다.

```
import java.util.Date

class User {
    // ...
```

```
    var birthdate: Date? = null
}
```

시간이 지나 이 속성을 나타내는 데 Date가 더 이상 좋은 방법이 아니게 되었습니다. 직렬화에 문제가 생겼을 수도 있고, 멀티플랫폼을 지원해야 될 수도 있고, Date가 지원하지 않는 다른 역법으로 시간을 표현해야 할 수도 있습니다. 그래서 Date 대신에 다른 타입을 사용하기로 결정합니다. 밀리초 단위로 저장하기 위해 Long 타입 프로퍼티를 사용하기로 했는데, 다른 코드에서 이전 프로퍼티를 사용하고 있는 부분이 많아 제거할 수는 없습니다. 이럴 때 birthdate 프로퍼티를 다음 코드처럼 바꾸면 두 마리 토끼를 다 잡을 수 있습니다. 즉, 이전 birthdate를 사용하는 코드들에 손을 대지 않은 채 생일을 표현하는 방법을 바꿀 수 있습니다.

```
class User {
    // ...
    var birthdateMillis: Long? = null

    var birthdate: Date?
        get() {
            val millis = birthdateMillis
            return if (millis == null) null else Date(millis)
        }
        set(value) {
            birthdateMillis = value?.time
        }
}
```

 앞의 게터에서 let과 생성자 참조를 사용했습니다. 코틀린의 이러한 특징은 《코틀린 아카데미: 함수형 프로그래밍》에서 설명합니다.

birthdate 프로퍼티는 17장 '확장'에서 설명하는 확장 함수로 정의할 수도 있습니다.

생성자

객체는 보통 특정한 값으로 초기화해 생성합니다. 이럴 때 생성자를 사용합니다. 그런데 앞에서 이미 봤듯이 생성자를 따로 정의하지 않으면 매개변수가 없는 빈 기본 생성자가 만들어집니다.

```
class A
val a = A()
```

다음 코드는 커스텀 생성자를 정의하는 전통적인 방법을 보여 줍니다. 클래스 본문에서 constructor 키워드를 사용해 생성자를 선언하고, 매개변수 목록을 정의하고, 생성자 본문 코드를 작성해 넣으면 됩니다.

```
class User {
    var name: String = ""
    var surname: String = ""

    constructor(name: String, surname: String) {
        this.name = name
        this.surname = surname
    }
}

fun main() {
    val user = User("Johnny", "Depp")
    println(user.name)     // Johnny
    println(user.surname)  // Depp
}
```

생성자는 프로퍼티의 초깃값을 설정하는 데 주로 사용합니다. 코틀린은 이 과정을 간단하게 하려고 주 생성자(primary constructor)라는 특별한 생성자를 도입했습니다. 클래스 선언 시 클래스 이름 바로 다음에 정의되며, 매개변수로 프로퍼티를 초기화합니다.

```
class User constructor(name: String, surname: String) {
    var name: String = name
    var surname: String = surname
}

fun main() {
    val user = User("Johnny", "Depp")
    println(user.name)     // Johnny
    println(user.surname)  // Depp
}
```

주 생성자를 정의할 때 constructor 키워드는 생략해도 상관없습니다.

```kotlin
class User(name: String, surname: String) {
    var name: String = name
    var surname: String = surname
}

fun main() {
    val user = User("Johnny", "Depp")
    println(user.name)     // Johnny
    println(user.surname)  // Depp
}
```

주 생성자는 단 하나만 존재합니다. 다른 생성자는 모두 부 생성자(secondary constructor)이며, this 키워드를 사용해 주 생성자를 호출해야 합니다.

```kotlin
class User(name: String, surname: String) {
    var name: String = name
    var surname: String = surname

    // 부 생성자
    constructor(user: User) : this(user.name, user.surname) {
        // 본문은 선택적
    }
}

fun main() {
    val user = User("Johnny", "Depp")
    println(user.name)     // Johnny
    println(user.surname)  // Depp

    val user2 = User(user)
    println(user2.name)     // Johnny
    println(user2.surname)  // Depp
}
```

주 생성자는 프로퍼티의 초깃값을 설정하는 데 주로 사용합니다. 그래서 프로퍼티와 매개변수의 이름이 같은 경우가 많습니다. 이 점에 착안하여 코틀린은 주 생성자에서 프로퍼티까지 정의할 수 있게 했습니다. 클래스의 프로퍼티와 생성자의 매개변수를 같은 이름으로 동시에 정의하는 것이죠.

```kotlin
class User(
    var name: String,
    var surname: String,
) {
    // 본문은 선택적
}

fun main() {
    val user = User("Johnny", "Depp")
    println(user.name)      // Johnny
    println(user.surname)   // Depp
}
```

코틀린 클래스들은 대부분 주 생성자에서 프로퍼티까지 정의하는 이 방식으로 정의됩니다. 다른 종류의 생성자는 거의 사용되지 않습니다.

주 생성자에서 기본값을 정의하는 경우도 많습니다.. 예를 들어, 다음 코드에서 surname에 인수를 넣지 않은 채로 User 인스턴스를 생성하면 surname 필드에는 미리 지정된 기본값이 할당됩니다.

```kotlin
class User(
    var name: String = "",
    var surname: String = "Anonim",
)

fun main() {
    val user = User("Johnny")
    println(user.name)      // Johnny
    println(user.surname)   // Anonim
}
```

코틀린과 자바에서 데이터를 표현하는 클래스

코틀린과 자바의 클래스 정의를 비교하면 코틀린이 얼마나 많은 보일러플레이트 코드를 없애 버렸는지 알 수 있습니다. 자바에서는 이름, 성, 나이를 포함하는 간단한 사용자 클래스를 일반적으로 다음과 같이 구현합니다.

```java
public final class User {
    @NotNull
    private final String name;
```

```
    @NotNull
    private final String surname;
    private final int age;

    public User(
        @NotNull String name,
        @NotNull String surname,
        int age
    ) {
        this.name = name;
        this.surname = surname;
        this.age = age;
    }

    @NotNull
    public String getName() {
        return name;
    }

    @NotNull
    public String getSurname() {
        return surname;
    }

    public int getAge() {
        return age;
    }
}
```

코틀린에서는 똑같은 클래스를 다음과 같이 정의합니다.

```
class User(
    val name: String,
    val surname: String,
    val age: Int?,
)
```

컴파일 결과는 거의 같습니다. 게터와 생성자도 있습니다. 믿지 못하겠다면 직접 확인해 보세요(2장의 'JVM에서 일어나는 과정' 절을 참고하면 됩니다). 이처럼 코틀린은 간결하면서도 강력한 언어입니다.[2]

---

2   (옮긴이) 불변 데이터 클래스의 경우 자바에서도 레코드 클래스(record class)를 이용하면 코틀린 수준으로 간결하게 정의할 수 있습니다. 레코드 클래스는 JDK 16부터 지원합니다.

내부 클래스

코틀린에서는 클래스 내부에 클래스를 정의할 수 있습니다. 기본적으로 정적이라서 외부 클래스로의 직접적인 연결 관계가 없습니다. 따라서 외부 클래스의 인스턴스 없이도 내부 클래스의 객체를 곧바로 만들 수 있습니다.

```kotlin
class Puppy(val name: String) {

    class InnerPuppy {
        fun think() {
            // name에 접근할 수 없습니다.
            println("Inner puppy is thinking")
        }
    }
}

fun main() {
    val innerPuppy = Puppy.InnerPuppy()
    // 객체가 아닌 클래스로 InnerPuppy를 생성합니다.
    innerPuppy.think()  // Inner puppy is thinking
}
```

내부 클래스가 외부 클래스를 참조하려면 inner 제어자를 사용해 내부 클래스임을 명시해야 합니다. 단, 이렇게 하면 내부 클래스의 객체를 만들 때 외부 클래스의 인스턴스가 필요합니다.

```kotlin
class Puppy(val name: String) {

    inner class InnerPuppy {
        fun think() {
            println("Inner $name is thinking")
        }
    }
}

fun main() {
    val puppy = Puppy("Cookie")
    val innerPuppy = puppy.InnerPuppy()  // puppy가 필요합니다.
    innerPuppy.think()                   // Inner Cookie is thinking
}
```

표준 라이브러리에서도 내부 클래스를 다음과 같이 활용하고 있습니다.

- 이터레이터들의 프라이빗(private) 구현
- 외부 클래스와 내부 클래스가 밀접하게 관련되며, 라이브러리 네임스페이스를 추가로 더럽히고 싶지 않을 때 내부 클래스를 이용

```
// 코틀린 표준 라이브러리의 클래스
class FileTreeWalk(
    ...
) : Sequence<File> {

    /** 파일들을 차례로 순회하는 이터레이터를 반환합니다. */
    override fun iterator(): Iterator<File> =
        FileTreeWalkIterator()

    private inner class FileTreeWalkIterator
    : AbstractIterator<File>() {
        ...
    }

    ...
}
```

요약

지금까지 살펴봤듯이 코틀린에서의 클래스 정의는 매우 간결하여 읽기에도 매우 편합니다. 주 생성자가 있다는 것과 필드 대신 프로퍼티를 사용한다는 것은 혁신적인 특징이라 할 수 있습니다. 내부 클래스에 대해서도 배웠습니다. 모두 훌륭합니다. 그런데 객체 지향을 좋아하는 개발자들에게 중요한 상속 개념은 아직 다루지 않았습니다. 상속은 다음 장에서 인터페이스와 추상 클래스를 설명하며 함께 이야기하겠습니다.

연습문제: Product 클래스 구현

다음 프로퍼티를 가지는 Product 클래스를 정의하세요.

- name(String): 제품의 이름
- price(Double): 제품의 가격
- quantity(Int): 제품의 처음 수량

quantity 프로퍼티에 음수가 입력되면 0으로 설정하는 커스텀 세터를 구현하세요.

제품의 전체 가격을 반환하는 calculateTotalValue 메서드를 추가하세요.

입력한 양만큼 제품의 수량을 증가시키는 restock 메서드를 구현하세요. 음수를 건네면 아무 일도 하지 않아야 합니다.

다음 지침을 따르세요.

1. 주 생성자에서 name, price, quantity 프로퍼티를 정의하는 형태로 Product 클래스를 정의하세요.
2. quantity 프로퍼티의 커스텀 세터를 구현하세요.
3. 전체 가격을 계산하고 반환하는 calculateTotalValue 메서드를 구현하세요.
4. 수량을 증가시키는 restock 메서드를 구현하세요.
5. Procuct 클래스의 인스턴스를 만들고 메서드들을 호출해 보며 정확하게 구현했는지 테스트하세요.

다음 팁을 참고하세요.

- 커스텀 세터에서 필드를 수정할 때는 field 키워드를 사용하세요.
- 전체 가격은 price와 quantity를 곱하여 계산하세요.

다음은 사용 예시입니다.

```kotlin
fun main() {
    val laptop = Product("Laptop", 999.99, 5)

    println(laptop.name)                    // Laptop
    println(laptop.quantity)                // 5
    println(laptop.calculateTotalValue())   // 4999.95
```

```
    laptop.restock(3)

    println(laptop.quantity)              // 8
    println(laptop.calculateTotalValue()) // 7999.92

    laptop.quantity = -2

    println(laptop.quantity)              // 0
    println(laptop.calculateTotalValue()) // 0.0

    laptop.quantity = 10

    println(laptop.quantity)              // 10
    println(laptop.calculateTotalValue()) // 9999.9
}
```

연습문제 깃허브 저장소의 essentials/classes/Product.kt 파일에서 단위 테스트와 사용 예시를 찾을 수 있습니다. 프로젝트를 클론하여 로컬 환경에서 문제를 풀어 보세요.

정답은 책 뒤편의 '연습문제 해답'에서 확인할 수 있습니다.

10장

상속

고대 철학자들은 같은 부류(class)의 객체(object)들은 여러 특성을 공유한다는 사실을 발견했습니다.[1] 예를 들어, 모든 포유류는 머리카락이나 털이 있고 온혈이며 젖을 먹여 새끼를 키웁니다.[2] 프로그래밍에서는 이런 관계를 **상속**(inheritance)을 사용해 나타냅니다.

클래스가 다른 클래스를 상속하면 모든 멤버 함수와 프로퍼티를 물려받습니다. 상속되는 클래스를 **슈퍼클래스**(superclass), 상속받는 클래스를 **서브클래스**(subclass)라고 합니다. 부모와 자식이라고도 합니다.

코틀린에서 모든 클래스는 기본적으로 닫혀 있기 때문에 상속할 수 없습니다. 상속하게 만들려면 open 키워드를 사용해 클래스를 열어 줘야 합니다. 클래스를 상속하려면 주 생성자 뒤에 (주 생성자가 없으면 클래스 이름 뒤에) 콜론을 붙이고, 슈퍼클래스의 생성자를 호출합니다. 다음 예에서는 Dog 클래스가 Mammal 클래스를 상속받습니다. Mammal 클래스는 생성자를 따로 정의하지 않았기 때문에 Mammal()과 같이 인수 없이 생성자를 호출합니다. 이렇게 하면 Dog는 Mammal의 모든 프로퍼티와 메서드를 상속받습니다.

---

1 이런 생각을 발전시키고 대중화하는 데 아리스토텔레스가 크게 기여했다고 생각합니다.
2 강아지나 고양이를 키우는 사람들에게 재미있는 사실은, 다른 모든 포유류처럼 강아지와 고양이도 배꼽이 있다는 것입니다. 하지만 배꼽이 작고 털 아래에 숨겨져 있어 찾기는 쉽지 않습니다.

```kotlin
open class Mammal {
    val haveHairOrFur = true
    val warmBlooded = true
    var canFeed = false

    fun feedYoung() {
        if (canFeed) {
            println("Feeding young with milk")
        }
    }
}

class Dog : Mammal() {
    fun makeVoice() {
        println("Bark bark")
    }
}

fun main() {
    val dog = Dog()
    dog.makeVoice()            // Bark bark
    println(dog.haveHairOrFur)  // true
    println(dog.warmBlooded)    // true
    // Dog는 Mammal이기 때문에 업캐스팅할 수 있습니다.
    val mammal: Mammal = dog
    mammal.canFeed = true
    mammal.feedYoung()  // Feeding young with milk
}
```

개념적으로 서브클래스를 마치 슈퍼클래스'인 것처럼' 다룰 수 있습니다. 따라서 Dog가 Mammal을 상속받으면 'Dog는 Mammal이다(Dog is a Mammal)'라고 말할 수 있습니다. 그래서 Mammal이 사용되는 곳이라면 Dog의 인스턴스도 사용할 수 있습니다. 이런 특성을 고려하면 상속은 두 클래스가 실제로 'is a(~은 ~이다)' 관계일 때만 사용할 수 있습니다.

구성 요소 오버라이딩

기본적으로 서브클래스는 슈퍼클래스에 정의된 구성 요소를 오버라이딩할 수 없습니다. 코틀린의 모든 요소는 기본적으로 닫혀 있기 때문에 오버라이딩하려면 open 제어자를 사용하여 명시적으로 허용해야 합니다. 그리고 서브클래

스에서 오버라이딩하는 요소에 override 제어자를 추가해야 합니다. 다음은
메서드를 오버라이딩하는 예입니다.

```kotlin
open class Mammal {
    val haveHairOrFur = true
    val warmBlooded = true
    var canFeed = false

    open fun feedYoung() {
        if (canFeed) {
            println("Feeding young with milk")
        }
    }
}

class Cat : Mammal() {
    override fun feedYoung() {
        if (canFeed) {
            println("Feeding young with milk")
        } else {
            println("Feeding young with milk from bottle")
        }
    }
}

fun main() {
    val dog = Mammal()
    dog.feedYoung()  // 아무것도 출력하지 않습니다.
    val cat = Cat()
    cat.feedYoung()  // Feeding young with milk from bottle
    cat.canFeed = true
    cat.feedYoung()  // Feeding young with milk
}
```

비어 있지 않은 생성자가 있는 부모

지금까지는 빈 생성자만 있는 클래스만 상속했기 때문에 슈퍼클래스를 지정할
때 비어 있는 괄호를 사용했습니다. 하지만 슈퍼클래스의 생성자가 매개변수
를 받으면 괄호 안에 적절한 인수를 추가하여 호출해야 합니다.

```kotlin
open class Animal(val name: String)
class Dodo : Animal("Dodo")
```

주 생성자 프로퍼티는 슈퍼클래스 생성자의 인수로, 혹은 인수를 만들 때 곧바로 이용할 수 있습니다.

```kotlin
open class Animal(val name: String)

class Dog(name: String) : Animal(name)

class Cat(name: String) : Animal("Mr $name")

class Human(
    firstName: String,
    lastName: String,
) : Animal("$firstName $lastName")

fun main() {
    val dog = Dog("Cookie")
    println(dog.name)  // Cookie
    val cat = Cat("MiauMiau")
    println(cat.name)  // Mr MiauMiau
}
```

super 호출

클래스를 상속할 때 슈퍼클래스의 동작을 계승하면서 서브클래스에 특화된 동작을 추가할 수 있습니다. 메서드를 오버라이딩할 때 종종 슈퍼클래스 메서드의 동작을 포함하도록 구현하는 이유입니다. 이럴 때 서브클래스 메서드에서 슈퍼클래스의 메서드를 호출할 수 있다면 편리합니다. super 키워드 다음에 점을 찍고 오버라이딩할 메서드를 호출하면 됩니다.

다음 코드의 Dog와 BorderCollie 클래스를 생각해 보세요. 모든 강아지(Dog)는 다른 강아지 친구를 보면 꼬리를 흔들도록 했습니다. 그리고 보더콜리는 꼬리를 흔들면서 눕기까지 합니다. 이런 경우 super.seeFriend() 형태로 슈퍼클래스의 메서드를 호출해 주면 편리합니다.

```kotlin
open class Dog {
    open fun seeFriend() {
        println("Wave its tail")
    }
}
```

```
class BorderCollie : Dog() {
    override fun seeFriend() {
        println("Lie down")
        super.seeFriend()
    }
}

fun main() {
    val dog = Dog()
    dog.seeFriend()  // Wave its tail
    val borderCollie = BorderCollie()
    borderCollie.seeFriend()
    // Lie down
    // Wave its tail
}
```

추상 클래스

포유류는 다양한 동물들을 아우르는 용어이며, 특정 종이 아닙니다. 공통된 특징들을 모아 정의한 것일 뿐 그 자체로 존재할 수 없습니다. 이처럼 다른 클래스들의 슈퍼클래스로만 이용하고 객체를 생성할 수 없는 클래스를 정의할 때는 클래스 정의 앞에 abstract 키워드를 붙입니다. open 제어자는 '이 클래스로부터 상속이 가능하다'라는 의미지만, abstract는 '이 클래스를 사용하려면 반드시 상속해야 한다'라는 의미입니다.

```
abstract class Mammal {
    val haveHairOrFur = true
    val warmBlooded = true
    var canFeed = false

    fun feedYoung() {
        if (canFeed) {
            println("Feeding young with milk")
        }
    }
}
```

추상 클래스는 열려 있으므로 open 제어자는 따로 필요 없습니다.

추상 클래스는 추상 함수와 추상 프로퍼티를 가질 수 있습니다. 추상 함수는 본문이 없으며, 따라서 상속하는 서브클래스에서 구현해야 합니다. 추상 클래스 타입으로 받은 객체에서는 추상 함수를 호출할 수 있습니다. 객체의 실제 클래스가 무엇이든, 객체가 만들어졌다는 것은 해당 클래스에서 추상 함수들을 이미 모두 구현했다는 뜻이기 때문입니다.

```kotlin
abstract class Mammal {
    val haveHairOrFur = true
    val warmBlooded = true
    var canFeed = false

    abstract fun feedYoung()
}

class Dog : Mammal() {
    override fun feedYoung() {
        if (canFeed) {
            println("Feeding young with milk")
        }
    }
}

class Human : Mammal() {
    override fun feedYoung() {
        if (canFeed) {
            println("Feeding young with milk")
        } else {
            println("Feeding young with milk from bottle")
        }
    }
}

fun feedYoung(mammal: Mammal) {
    // feedYoung이 Mammal의 추상 함수이기 때문에 호출할 수 있습니다.
    mammal.feedYoung()
}

fun main() {
    val dog = Dog()
    dog.canFeed = true
    feedYoung(dog)     // Feeding young with milk
    feedYoung(Human()) // Feeding young with milk from bottle
}
```

추상 클래스는 추상 메서드가 아닌, 본문이 있는 보통의 메서드도 포함할 수 있습니다. 그래서 추상 클래스를 다른 클래스들의 일부만 미리 구현해 둔 템플릿으로 사용할 수 있습니다.. 다음 코드의 CoffeeMachine 추상 클래스를 봅시다. 라떼와 도피오를 준비하는 메서드는 구현되어 있지만, 이때 필요한 prepareEspresso와 addMilk 함수는 서브클래스에서 오버라이딩해 줘야 합니다. 이처럼 일부 메서드만 구현해 제공하는 클래스를 '부분 구현' 클래스라고 합니다.

```kotlin
abstract class CoffeeMachine {
    abstract fun prepareEspresso()
    abstract fun addMilk()

    fun prepareLatte() {
        prepareEspresso()
        addMilk()
    }

    fun prepareDoppio() {
        prepareEspresso()
        prepareEspresso()
    }
}
```

코틀린은 다중 상속을 허용하지 않기 때문에 단 하나의 열린 클래스만 상속할 수 있습니다. 최근에는 상속이 그다지 널리 사용되지 않으며 대신 인터페이스를 구현하기 때문에 그다지 문제가 되지 않습니다.

인터페이스

인터페이스는 클래스가 제공해야 할 프로퍼티와 메서드를 정의합니다. 인터페이스는 interface 키워드, 이름, 그리고 '구현해야 할 프로퍼티와 메서드로 이루어진 본문'으로 정의합니다.

```kotlin
interface CoffeeMaker {
    val type: String
    fun makeCoffee(size: Size): Coffee
}
```

인터페이스를 구현하는 클래스는 인터페이스가 정의하는 모든 원소를 오버라이딩해야 합니다. 그래서 클래스의 인스턴스를 인터페이스의 인스턴스처럼 쓸 수 있습니다. 인터페이스는 클래스를 확장하는 방법과 비슷하게 구현합니다. 단, 인터페이스에는 생성자가 없으므로 생성자를 호출하지는 않습니다.

```kotlin
class User(val id: Int, val name: String)

interface UserRepository {
    fun findUser(id: Int): User?
    fun addUser(user: User)
}

class FakeUserRepository : UserRepository {
    private var users = mapOf<Int, User>()

    override fun findUser(id: Int): User? = users[id]

    override fun addUser(user: User) {
        users += user.id to user
    }
}

fun main() {
    val repo: UserRepository = FakeUserRepository()
    repo.addUser(User(123, "Zed"))
    val user = repo.findUser(123)
    println(user?.name)  // Zed
}
```

이미 말씀드렸듯이 인터페이스는 클래스가 제공해야 하는 프로퍼티를 정의할 수 있습니다. 일반 프로퍼티로 정의할 수도 있지만, 접근자로 정의할 수도 있습니다(val의 경우는 게터, var는 게터와 세터).

```kotlin
interface Named {
    val name: String
    val fullName: String
}

class User(
    override val name: String,
    val surname: String,
```

```
) : Named {
    override val fullName: String
        get() = "$name $surname"
}
```

읽기만 가능한 val 프로퍼티는 쓰기도 가능한 var 프로퍼티로 오버라이딩할 수 있습니다. val 프로퍼티에는 게터만 필요하지만, var 프로퍼티는 게터와 세터가 모두 있어서 더 포괄적이기 때문입니다.

```
interface Named {
    val name: String
}

class NameBox : Named {
    override var name = "(default)"
}
```

클래스는 인터페이스를 여러 개 구현할 수도 있습니다.

```
interface Drinkable {
    fun drink()
}

interface Spillable {
    fun spill()
}

class Mug : Drinkable, Spillable {
    override fun drink() {
        println("Ummm")
    }
    override fun spill() {
        println("Ow, ow, OWWW")
    }
}
```

인터페이스는 메서드를 디폴트 메서드로 지정할 수 있습니다. 디폴트 메서드는 본문을 가지고 있어서 서브클래스가 구현하지 않아도 됩니다(기본 로직을 변경해야 한다면 오버라이딩하면 됩니다).

```kotlin
class User(val id: Int, val name: String)

interface UserRepository {
    fun findUser(id: Int): User? =
        getUsers().find { it.id == id }  // 디폴트 메서드

    fun getUsers(): List<User>
}

class FakeUserRepository : UserRepository {
    private var users = listOf<User>()

    override fun getUsers(): List<User> = users

    fun addUser(user: User) {
        users += user
    }
}

fun main() {
    val repo = FakeUserRepository()
    repo.addUser(User(123, "Zed"))
    val user = repo.findUser(123)
    println(user?.name)  // Zed
}
```

디폴트 메서드를 오버라이드할 때도 super 키워드를 써서 인터페이스에 정의
된 원래 메서드를 호출할 수 있습니다.[3]

```kotlin
interface NicePerson {
    fun cheer() {
        println("Hello")
    }
}
```

---

3 디폴트 메서드는 인터페이스에 전통적인 역할보다 더 많은 역할을 부여했습니다. 디폴트 메서드는
인터페이스를 구현하는 클래스에 물려 줄 동작을 정의할 수 있습니다. 프로그래밍에서 클래스의 기
능을 확장하는 메서드 집합을 트레잇(trait)이라고 합니다. 코틀린의 초기 버전에서 interface 키워
드 대신에 trait 키워드를 사용한 이유입니다. 그런데 자바 8에서 인터페이스에 디폴트 메서드를 도
입했고, 코틀린 창시자들은 JVM 커뮤니티가 인터페이스의 개념을 확장했다고 판단하여 interface
키워드를 사용하기로 했습니다. 옛 코틀린에서는 트레잇 개념이 어떻게 쓰였는지 궁금한 분은 제
가 쓴 글인 '코틀린에서 테스트 시의 트레잇 활용(Traits for testing in Kotlin)'을 참고하기 바랍니다
(*https://kt.academy/article/traits-testing*).

```
class Alex : NicePerson

class Ben : NicePerson {
    override fun cheer() {
        super.cheer()
        println("My name is Ben")
    }
}

fun main() {
    val alex = Alex()
    alex.cheer()  // Hello

    val ben = Ben()
    ben.cheer()
    // Hello
    // My name is Ben
}
```

두 인터페이스 모두에서 이름과 매개변수가 똑같은 메서드를 정의하고 있다면 두 인터페이스를 구현하는 클래스는 해당 메서드를 반드시 오버라이딩해야 합니다. 이때 특정 인터페이스의 디폴트 메서드는 super<인터페이스_이름>.메서드() 형태로 호출할 수 있습니다. 예를 들어 super<Boat>.start()는 Boat의 start를 호출하고, super<Car>.start()는 Car의 start를 호출합니다.

```
interface Boat {
    fun start() {
        println("Ready to swim")
    }
}

interface Car {
    fun start() {
        println("Ready to drive")
    }
}

class Amphibian: Car, Boat {
    override fun start() {
        super<Car>.start()
        super<Boat>.start()
    }
}
```

```kotlin
fun main() {
    val vehicle = Amphibian()
    vehicle.start()
    // Ready to drive
    // Ready to swim
}
```

가시성

클래스는 최소한의 정보만 노출하도록 설계해야 합니다.[4] 공개할 이유가 딱히 없는 요소라면 숨기는 것이 맞습니다.[5] 제한이 덜한 가시성 타입을 사용할 합당한 이유가 없다면 클래스와 요소의 가시성을 최대한 제한해야 합니다. 코틀린에서는 가시성 제어자를 사용하여 이 원칙을 설계에 투영합니다.

클래스의 멤버에 사용할 수 있는 가시성 제어자는 다음 네 가지입니다.

- public(기본): 선언된 클래스를 볼 수 있는 클라이언트 전부가 볼 수 있습니다.
- private: 클래스 내부에서만 볼 수 있습니다.
- protected: 클래스와 서브클래스에서 볼 수 있습니다.
- internal: 선언된 클래스를 볼 수 있는 클라이언트를 포함하는 모듈 내부에서 볼 수 있습니다.

최상위 요소용 가시성 제어자는 세 가지입니다.

- public(기본): 모든 곳에서 볼 수 있습니다.
- private: 같은 파일 내에서만 볼 수 있습니다.
- internal: 같은 모듈 내에서만 볼 수 있습니다.

참고로, 모듈은 패키지와 다른 개념입니다. 코틀린에서 모듈은 함께 컴파일되는 코틀린 소스 덩어리로 정의합니다. 다음과 같은 경우가 있습니다.

---

4 이는 매우 보편적인 프로그래밍 규칙으로 《Effective Kotlin, 2/E》의 '아이템 29: 요소의 가시성을 최소화하라(Minimize elements' visibility)'에서 그 이유를 더 깊이 파헤쳐 봅니다.
5 가시성은 요소가 사용될 수 있는 범위를 정의합니다. 가시성이 제한되어 볼 수 없는 요소라면 당연히 사용할 수 없으며, IDE가 제안하는 목록에서도 제외됩니다.

- 그레이들(Gradle)의 소스셋(source set)

- 메이븐(Maven) 프로젝트

- 인텔리제이(IntelliJ) IDEA 모듈

- 앤트(Ant) 태스크 하나를 호출하여 컴파일된 파일들

먼저 기본 가시성으로 선언한 예를 준비했습니다. public으로 선언하여 어디서나 볼 수 있는 요소들이 어떻게 쓰이는지 살펴봅시다.

```kotlin
// File1.kt
open class A {
    public val a = 10
    public fun b() {
        println(a)  // 사용할 수 있습니다.
    }
}

public val c = 20
public fun d() {}

class B: A() {
    fun e() {
        println(a)    // 사용할 수 있습니다.
        println(b())  // 사용할 수 있습니다.
    }
}

fun main() {
    println(A().a)    // 사용할 수 있습니다.
    println(A().b())  // 사용할 수 있습니다.
    println(c)        // 사용할 수 있습니다.
    println(d())      // 사용할 수 있습니다.
}

// File2.kt(Filc1.kt와는 다른 모듈에 속할 수도 있음)
fun main() {
    println(A().a)    // 사용할 수 있습니다.
    println(A().b())  // 사용할 수 있습니다.
    println(c)        // 사용할 수 있습니다.
    println(d())      // 사용할 수 있습니다.
}
```

private 제어자는 '생성된 스코프에서 보인다'라는 뜻입니다. 원소를 클래스에서 정의하면 해당 클래스 내부에서만 볼 수 있고, 파일에서 정의하면 해당 파일 내부에서만 볼 수 있습니다.

```kotlin
// File1.kt
open class A {
    private val a = 10
    private fun b() {
        println(a)   // 사용할 수 있습니다.
    }
}

private val c = 20
private fun d() {}

class B : A() {
    fun e() {
        println(a)     // 에러. a를 사용할 수 없습니다!
        println(b())   // 에러. b를 사용할 수 없습니다!
    }
}

fun main() {
    println(A().a)     // 에러. a를 사용할 수 없습니다!
    println(A().b())   // 에러. b를 사용할 수 없습니다!
    println(c)          // 사용할 수 있습니다.
    println(d())        // 사용할 수 있습니다.
}

// File2.kt(File1.kt와는 다른 모듈에 속할 수도 있음)
fun main() {
    println(A().a)     // 에러. a를 사용할 수 없습니다!
    println(A().b())   // 에러. b를 사용할 수 없습니다!
    println(c)          // 에러. c를 사용할 수 없습니다!
    println(d())        // 에러. d를 사용할 수 없습니다!
}
```

protected 제어자는 '클래스와 해당 클래스의 서브클래스에서만 볼 수 있다'라는 뜻입니다. protected는 클래스 안에서 정의한 원소에만 유효합니다. private과 비슷하지만, 원소를 정의한 클래스의 서브클래스에서도 볼 수 있습니다.

```kotlin
// File1.kt
open class A {
    protected val a = 10
    protected fun b() {
        println(a)     // 사용할 수 있습니다!
    }
}

open class B: A() {
    fun e() {
        println(a)     // 사용할 수 있습니다!
        println(b())   // 사용할 수 있습니다!
    }
}

class C: A() {
    fun f() {
        println(a)     // 사용할 수 있습니다!
        println(b())   // 사용할 수 있습니다!
    }
}

fun main() {
    println(A().a)     // 에러. a를 사용할 수 없습니다!
    println(A().b())   // 에러. b를 사용할 수 없습니다!
}

// File2.kt(File1.kt와는 다른 모듈에 속할 수도 있음)
fun main() {
    println(A().a)     // 에러. a를 사용할 수 없습니다!
    println(A().b())   // 에러. b를 사용할 수 없습니다!
}
```

internal 제어자는 같은 모듈 안이라면 어디서든 원소를 볼 수 있게 합니다. 라이브러리 제작자라면, 프로젝트 내에서는 볼 수 있지만 라이브러리 사용자에게 노출하면 안 되는 원소에 internal 제어자를 사용합니다. 여러 모듈로 구성된 프로젝트에서는 모듈 사이의 접근을 제한할 때 유용합니다. 단일 모듈 프로젝트에서는 쓸모가 없습니다.[6]

---

6 하지만 자바의 패키지 프라이빗(private) 제어자를 대체하는 용도로 internal 가시성 제어자를 사용하는 경우는 봤습니다. 동작 방식이 다름에도 불구하고 '이 원소는 다른 패키지에서 사용할 수 없습니다'라는 의미의 문서화 용도로 internal 제어자를 사용하는 개발자도 있습니다. 저는 이런 방식을 좋아하지 않습니다. 대신 애너테이션을 추천합니다.

```kotlin
// File1.kt
open class A {
    internal val a = 10
    internal fun b() {
        println(a)    // 사용할 수 있습니다.
    }
}

internal val c = 20
internal fun d() {}

class B: A() {
    fun e() {
        println(a)    // 사용할 수 있습니다.
        println(b())  // 사용할 수 있습니다.
    }
}

fun main() {
    println(A().a)     // 사용할 수 있습니다.
    println(A().b())   // 사용할 수 있습니다.
    println(c)         // 사용할 수 있습니다.
    println(d())       // 사용할 수 있습니다.
}

// File2.kt(File1.kt와 같은 모듈에 속함)
fun main() {
    println(A().a)     // 사용할 수 있습니다.
    println(A().b())   // 사용할 수 있습니다.
    println(c)         // 사용할 수 있습니다.
    println(d())       // 사용할 수 있습니다.
}

// File3.kt(File1.kt와 다른 모듈에 속함)
fun main() {
    println(A().a)     // 에러. a를 사용할 수 없습니다!
    println(A().b())   // 에러. b를 사용할 수 없습니다!
    println(c)         // 에러. c를 사용할 수 없습니다!
    println(d())       // 에러. d를 사용할 수 없습니다!
}
```

여러분이 만든 모듈을 다른 모듈이 사용하는 상황이 온다면 노출하고 싶지 않
은 public 원소들의 가시성을 internal로 바꾸면 됩니다. 상속되도록 설계한
원소이면서 클래스 자신과 서브클래스에서만 사용한다면 protected로 만들면

됩니다. 같은 파일 혹은 클래스에서만 사용하고 싶다면 private으로 만들면 됩니다.

프로퍼티의 가시성을 바꾸면 접근자의 가시성도 따라서 바뀝니다. 프로퍼티의 필드는 항상 private입니다. 세터의 가시성은 set 키워드 앞에 가시성 제어자를 붙여 바꿀 수 있습니다. 게터의 가시성은 프로퍼티의 가시성과 같으며, 변경할 수 없습니다.

```kotlin
class View {
    var isVisible: Boolean = true
        private set

    fun hide() {
        isVisible = false
    }
}

fun main() {
    val view = View()
    println(view.isVisible)  // true

    view.hide()
    println(view.isVisible)  // false

    view.isVisible = true     // 에러
    // 'View'에서 isVisible의 세터가 private이므로 할당할 수 없습니다.
}
```

Any

코틀린의 클래스 계층구조 최상위에는 Any 클래스가 있습니다. 그래서 슈퍼클래스를 명시하지 않은 모든 클래스의 슈퍼클래스는 암묵적으로 Any가 되며, 매개변수를 Any? 타입으로 선언하면 어떠한 객체라도 인수로 받겠다는 뜻입니다.

```kotlin
fun consumeAnything(a: Any?) {
    println("Om nom $a")
}

fun main() {
```

```
    consumeAnything(null)    // Om nom null
    consumeAnything(123)     // Om nom 123
    consumeAnything("ABC")   // Om nom ABC
}
```

Any를 toString, equals, hashCode 세 가지 메서드를 가진 오픈 클래스로 생각할 수 있습니다. 이어지는 11장 '데이터 클래스'에서 자세히 설명할 것입니다. Any에 정의된 메서드들은 오픈되어 있는 디폴트 메서드이므로 필요하면 오버라이딩할 수 있습니다.

요약

이번 장에서는 코틀린에서 상속을 어떻게 사용하는지 배웠습니다. 오픈 클래스, 추상 클래스, 인터페이스, 가시성 제어자에 익숙해졌을 것입니다. 클래스들의 계층을 표현할 때 유용한 개념입니다.

클래스는 계층구조를 표현하는 목적 외에 데이터를 보관하는 목적으로도 쓰입니다. 이럴 때는 data 제어자를 추가하여 데이터 클래스로 만듭니다. 자세한 이야기는 다음 장에서 하겠습니다.

연습문제: GUI 뷰 계층구조 시뮬레이션

GUI 시스템의 뷰 계층구조를 표현하는 다음 클래스와 메서드를 구현하세요.

1. 주 생성자 프로퍼티 id와 isVisible을 가지는 열린 클래스 View를 만드세요.
2. View 클래스에서 isVisible 프로퍼티를 변경하는 show와 hide 메서드를 구현하세요.
3. View의 서브클래스인 TextView와 Toggle을 만드세요.
4. TextView의 생성자는 id 매개변수를 받고 text 프로퍼티를 생성해야 합니다. 또한 슈퍼클래스의 isVisible 프로퍼티를 true로 설정해야 합니다. 참고로 text 프로퍼티는 뷰에 보여 줄 텍스트를 저장하는 용도입니다.
5. Toggle에는 id 매개변수를 받는 생성자가 있어야 합니다. 슈퍼클래스의

isVisible 프로퍼티를 true로 설정해야 합니다.

6. Toggle에는 토글의 상태를 나타내는 isOn 프로퍼티가 추가되어야 합니다. 초기 상태는 false입니다.

7. Toggle에는 isOn 프로퍼티의 상태를 전환하는 click 메서드가 있어야 합니다.

다음은 사용 예시입니다.

```kotlin
fun main() {
    val textView = TextView(
        id = "tv1",
        text = "Hello, World!",
    )
    println(textView.id)  // tv1

    textView.text = "Welcome to Kotlin!"
    println(textView.text)       // Welcome to Kotlin!
    println(textView.isVisible)  // true

    textView.hide()
    println(textView.isVisible)  // false

    val toggle = Toggle(
        id = "toggle1",
    )
    println(toggle.id)    // toggle1

    println(toggle.isOn)  // false
    toggle.click()
    println(toggle.isOn)  // true

    println(toggle.isVisible)  // true
    toggle.hide()
    println(toggle.isVisible)  // false
}
```

연습문제 깃허브 저장소의 essentials/classes/Gui.kt 파일에서 단위 테스트와 사용 예시를 찾을 수 있습니다. 프로젝트를 클론하여 로컬 환경에서 문제를 풀어 보세요.

정답은 책 뒤편의 '연습문제 해답'에서 확인할 수 있습니다.

11장

K o t l i n   E s s e n t i a l s

데이터 클래스

코틀린에서는 모든 클래스가 클래스 계층구조의 최상위에 있는 Any 슈퍼클래스를 상속합니다.[1] 따라서 Any에서 정의된 메서드를 모든 객체에서 사용할 수 있습니다. 메서드는 다음과 같습니다.

- equals: ==를 사용해 두 객체를 비교합니다.
- hashCode: 해시 테이블 기반의 컬렉션에서 사용합니다.
- toString: 문자열 템플릿 또는 print 함수와 같이 객체를 문자열로 표현할 때 쓰입니다.

이 메서드들 덕분에 어떤 객체든 문자열로 표현하거나 두 객체가 동등한지 확인할 수 있습니다.

```
// Any를 정의한 것입니다.
open class Any {
    open operator fun equals(other: Any?): Boolean
    open fun hashCode(): Int
    open fun toString(): String
}

class A  // Any를 암묵적으로 상속합니다.
```

---

1 Any는 자바, 자바스크립트, C#의 Object와 비슷합니다. C++에는 비슷한 개념이 없습니다.

```
fun main() {
    val a = A()
    a.equals(a)
    a == a
    a.hashCode()
    a.toString()
    println(a)
}
```

 Any는 클래스이지만, 엄밀하게 말하면 특별한 함수를 제공하는 '타입 계층구조의 최상위' 개념으로 이해하는 게 좋습니다. Any는 모든 인터페이스의 슈퍼타입이기도 하기에, 인터페이스는 클래스를 상속할 수 없지만 Any는 상속할 수 있습니다.

equals, hashCode, toString의 기본적인 구현 방식은 메모리 상에서의 객체 주소에 기반합니다. equals 메서드는 두 객체의 주소가 같을 때 true를 반환합니다. hashCode 메서드는 주소를 그저 숫자로 바꿉니다. toString은 클래스 이름 끝에 '@' 기호를 추가하고, 해시 코드를 부호 없는 16진수 형태로 덧붙여 반환합니다.

```
class A
fun main() {
    val a1 = A()
    val a2 = A()

    println(a1.equals(a1)) // true
    println(a1.equals(a2)) // false
    // 또는
    println(a1 == a1) // true
    println(a1 == a2) // false

    println(a1.hashCode()) // 예: 149928006
    println(a2.hashCode()) // 예: 713338599

    println(a1.toString()) // 예: A@8efb846
    println(a2.toString()) // 예: A@2a84aee7
    // 또는
    println(a1) // 예: A@8efb846
    println(a2) // 예: A@2a84aee7
}
```

이 메서드들을 오버라이딩하면 클래스의 기본 동작 방식을 변경할 수 있습니다. 예시를 준비했습니다. 다음의 클래스 A는 같은 클래스에서 만들어진 인스턴스라면 모두 동등하다고 판단하며, 항상 똑같은 해시 코드와 문자열을 반환합니다.

```kotlin
class A {
    override fun equals(other: Any?): Boolean = other is A

    override fun hashCode(): Int = 123

    override fun toString(): String = "A()"
}

fun main() {
    val a1 = A()
    val a2 = A()

    println(a1.equals(a1))  // true
    println(a1.equals(a2))  // true
    // 또는
    println(a1 == a1)  // true
    println(a1 == a2)  // true

    println(a1.hashCode())  // 123
    println(a2.hashCode())  // 123

    println(a1.toString())  // A()
    println(a2.toString())  // A()
    // 또는
    println(a1)  // A()
    println(a2)  // A()
}
```

《Effective Kotlin, 2/E》에서 커스텀 equals와 커스텀 hashCode를 만드는 방법을 다루지만, 실전에서 커스텀화하는 일은 거의 없습니다.[2] 최근 프로젝트들을 보면 거의 다음 두 부류의 객체들만 쓰입니다.

---

2 '아이템 42: equals의 규약을 지켜라(Respect the contract of equals)'와 '아이템 43: hashCode의 규약을 지켜라(Respect the contract of hashCode)'입니다.

- 서비스, 컨트롤러, 리포지터리와 같은 액티브 객체. Any의 기본 동작이 완벽히 들어맞기 때문에 Any의 메서드를 오버라이딩할 필요가 없습니다.
- 데이터 묶음을 표현하는 데이터 클래스 객체. 코틀린에서 데이터 클래스는 data 제어자를 사용해 정의하며, toString, equals, hashCode 메서드가 자동으로 오버라이딩됩니다. 이에 더해 데이터 클래스는 copy와 componentN (component1, component2 등) 메서드도 제공합니다. 이 메서드들은 상속하거나 변경할 수 없습니다.[3]

```
data class Player(
    val id: Int,
    val name: String,
    val points: Int
)

val player = Player(0, "Gecko", 9999)
```

이제부터 데이터 클래스가 제공하는 메서드들에 대해, 그리고 일반 클래스와의 동작 방식 차이에 대해 자세하게 알아봅시다.

문자열로 변환

toString은 기본적으로 "<클래스 이름>@<해시 코드>" 형태의 문자열을 반환합니다. 이때 해시 코드는 부호 없는 16진수 형태입니다. 이 메서드의 해시 코드로 클래스의 이름을 확인하고, 두 문자열이 같은 객체를 표현하는지 판별할 수 있습니다.

```
class FakeUserRepository

fun main() {
    val repository1 = FakeUserRepository()
    val repository2 = FakeUserRepository()
    println(repository1)  // 예. FakeUserRepository@8efb846
```

---

3 이 부류의 클래스는 자바에서도 널리 쓰입니다. 그래서 인텔리제이의 기능이나 롬복(Lombok) 라이브러리를 이용하여 equals, hashCode, toString 메서드를 자동 생성하는 모습을 흔하게 볼 수 있습니다.

```
    println(repository1)  // 예. FakeUserRepository@8efb846
    println(repository2)  // 예. FakeUserRepository@2a84aee7
}
```

data 제어자를 사용하면 컴파일러는 '클래스 이름'과 주 생성자에서 정의한 프로퍼티별 '이름=값' 쌍을 문자열로 반환하는 toString을 생성합니다. 로깅 및 디버깅 목적으로 유용합니다.

```
data class Player(
    val id: Int,
    val name: String,
    val points: Int
)

fun main() {
    val player = Player(0, "Gecko", 9999)
    println(player)
    // Player(id=0, name=Gecko, points=9999)
    println("Player: $player")
    // Player: Player(id=0, name=Gecko, points=9999)
}
```

객체 동등성

코틀린에서는 ==를 사용해서 두 객체의 동등성을 확인합니다. ==는 Any의 equals 메서드를 이용합니다. 결국 이 메서드가 두 객체가 동등한지 여부를 결정합니다. 기본적으로 별개의 두 인스턴스가 같을 수는 없습니다. 이 비교 방식은 액티브 객체에 딱 들어맞습니다. 즉, 클래스가 같더라도 서로 다른 인스턴스라면 별개로 작동하고 각각이 자신만의 상태를 간직하고 있는 객체들에서는 완벽한 동작 방식입니다.

```
class FakeUserRepository

fun main() {
    val repository1 = FakeUserRepository()
    val repository2 = FakeUserRepository()
    println(repository1 == repository1)  // true
    println(repository1 == repository2)  // false
}
```

한편 data 제어자가 추가된 클래스는 데이터 묶음을 나타내며, 다음 조건이 만족될 때 다른 인스턴스와 같다고 말합니다.

- 같은 클래스이며,
- 주 생성자의 프로퍼티 값이 일치합니다.

```
data class Player(
    val id: Int,
    val name: String,
    val points: Int
)

fun main() {
    val player = Player(0, "Gecko", 9999)
    println(player == Player(0, "Gecko", 9999))  // true
    println(player == Player(0, "Ross", 9999))   // false
}
```

예를 들어 다음은 Player 클래스의 data 제어자에 의해 생성되는 equals 메서드를 간단히 구현한 모습입니다.

```
override fun equals(other: Any?): Boolean = other is Player &&
    other.id == this.id &&
    other.name == this.name &&
    other.points == this.points
```

 커스텀 equals를 구현하는 방법에 대한 자세한 설명은 《Effective Kotlin, 2/E》의 '아이템 42: equals의 규약을 지켜라(Respect the contract of equals)'를 참고하세요.

해시 코드

Any는 객체를 Int로 변환하는 hashCode 메서드도 제공합니다. 이 메서드 덕분에 객체 인스턴스를 HashSet이나 HashTable 같은 해시 테이블 자료 구조에 저장할 수 있습니다. hashCode의 가장 중요한 규칙은 다음과 같습니다.

- equals와 일관되어야 합니다. 동등한 객체들은 모두 같은 Int 값을 반환해야 하며, 같은 객체에서는 언제 호출해도 매번 똑같은 해시 값을 반환해야 합니다.
- Int의 표현 범위 내에서 객체들을 가능한 한 균등하게 배분해야 합니다.

hashCode는 기본적으로 객체의 메모리 주소를 반환합니다. 하지만 data 제어자에 의해 생성되는 hashCode는 객체의 주 생성자 프로퍼티들의 해시 값들을 조합해 만든 해시 값을 반환합니다. 객체의 프로퍼티 값이 모두 동일하다면 hashCode는 같은 값을 생성합니다.

```kotlin
data class Player(
    val id: Int,
    val name: String,
    val points: Int
)

fun main() {
    println(Player(0, "Gecko", 9999).hashCode())  // 2129010918
    println(Player(0, "Gecko", 9999).hashCode())  // 2129010918
    println(Player(0, "Ross", 9999).hashCode())   // 79159602
}
```

해시 테이블 알고리즘과 커스텀 hashCode 메서드를 구현하는 방법이 궁금하다면 《Effective Kotlin, 2/E》의 '아이템 43: hashCode의 규약을 지켜라(Respect the contract of hashCode)'를 참고하세요.

객체 복사

data 제어자는 copy라는 메서드도 생성합니다. 이 메서드는 데이터 객체로부터 일부 프로퍼티 값을 변경한 새로운 인스턴스를 생성할 때 이용합니다. 아이디어는 매우 간단합니다. copy는 주 생성자의 프로퍼티들을 매개변수로 받는 함수입니다. 단, 각 매개변수의 기본값은 연결된 프로퍼티의 현재 값으로 설정됩니다.

```kotlin
// Person 클래스의 data 제어자가
// 내부적으로 생성한 copy 메서드의 코드입니다.
fun copy(
    id: Int = this.id,
    name: String = this.name,
    points: Int = this.points
) = Player(id, name, points)
```

아무런 변경 없이 복사하고 싶다면 매개변수 없이 호출하면 되며, 일부 프로퍼티를 변경하고 싶다면 해당 매개변수로 새로운 값을 건네 호출하면 됩니다.

```kotlin
data class Player(
    val id: Int,
    val name: String,
    val points: Int
)

fun main() {
    val p = Player(0, "Gecko", 9999)

    println(p.copy())  // Player(id=0, name=Gecko, points=9999)

    println(p.copy(id = 1, name = "New name"))
    // Player(id=1, name=New name, points=9999)

    println(p.copy(points = p.points + 1))
    // Player(id=0, name=Gecko, points=10000)
}
```

copy는 객체를 얕은 복사로 생성합니다. 따라서 객체의 상태가 변경 가능하다면, 한 객체의 변경 사항이 다른 모든 복사본에도 반영됩니다.

```kotlin
data class StudentGrades(
    val studentId: String,
    // 코드 스멜: 데이터 클래스에서는 변경 가능한 상태를 사용하지 마세요.
    val grades: MutableList<Int>
)
```

```
fun main() {
    val grades1 = StudentGrades("1", mutableListOf())
    val grades2 = grades1.copy(studentId = "2")
    println(grades1)  // Grades(studentId=1, grades=[])
    println(grades2)  // Grades(studentId=2, grades=[])
    grades1.grades.add(5)
    println(grades1)  // Grades(studentId=1, grades=[5])
    println(grades2)  // Grades(studentId=2, grades=[5])
    grades2.grades.add(1)
    println(grades1)  // Grades(studentId=1, grades=[5, 1])
    println(grades2)  // Grades(studentId=2, grades=[5, 1])
}
```

모든 프로퍼티가 읽기 전용인 val로 선언된 불변 클래스에서는 copy를 사용해도 이런 문제가 발생하지 않습니다. copy는 불변 객체 활용을 권장하기 위해 도입되었습니다(《Effective Kotlin, 2/E》의 '아이템 1: 가변성을 제한하라(Limit mutability)'에서 자세히 볼 수 있습니다).

```
data class StudentGrades(
    val studentId: String,
    val grades: List<Int>
)

fun main() {
    var grades1 = StudentGrades("1", listOf())
    var grades2 = grades1.copy(studentId = "2")
    println(grades1)  // Grades(studentId=1, grades=[])
    println(grades2)  // Grades(studentId=2, grades=[])
    grades1 = grades1.copy(grades = grades1.grades + 5)
    println(grades1)  // Grades(studentId=1, grades=[5])
    println(grades2)  // Grades(studentId=2, grades=[])
    grades2 = grades2.copy(grades = grades2.grades + 1)
    println(grades1)  // Grades(studentId=1, grades=[5])
    println(grades2)  // Grades(studentId=2, grades=[1])
}
```

변경 가능한 프로퍼티를 포함하며, 그 프로퍼티의 값이 절대 바뀌지 않아야 하는 객체에는 데이터 클래스가 부적합합니다. 다음 코드의 User에서 만약 name과 surname이 var로 선언되었다면 두 프로퍼티의 값이 공백이 되지 않는다고 보장할 수 없습니다. 데이터 클래스는 객체 생성 시 제약 조건이 확인 가능한 불변 프로퍼티로 구성하는 것이 좋습니다. 다음의 User 클래스에서 생성된 인스턴스라면 name과 surname 값이 공백이 아님이 보장됩니다.

```kotlin
data class User(
    val name: String,
    val surname: String,
) {
    init {
        require(name.isNotBlank())
        // name이 공백이면 예외를 던집니다.
        require(surname.isNotBlank())
        // surname이 공백이면 예외를 던집니다.
    }
}
```

구조 분해

코틀린은 '위치 기반 구조 분해(destructuring)'라는 기능을 제공합니다. 객체를 분해하여 그 요소들을 여러 변수에 나눠 할당하는 기능입니다. 다음 코드처럼 요소들을 나눠 받을 변수들의 이름을 소괄호로 묶어 나열하면 됩니다.

```kotlin
data class Player(
    val id: Int,
    val name: String,
    val points: Int
)

fun main() {
    val player = Player(0, "Gecko", 9999)
    val (id, name, pts) = player
    println(id)    // 0
    println(name)  // Gecko
    println(pts)   // 9999
}
```

구조 분해는 이름이 아닌 위치(정의된 순서)가 기준입니다. 데이터 클래스는 원소 개수만큼의 component1, component2, … 함수를 제공합니다. 해당 위치의 원소 값을 반환하는 함수들입니다.

```
val (id, name, pts) = player
// 다음과 동일한 효과를 냅니다.
val id: Int = player.component1()
val name: String = player.component2()
val pts: Int = player.component3()
```

data 제어자를 추가하면 생성자의 각 프로퍼티에 해당하는 componentN 함수를 선언된 순서대로 생성해 주어 앞의 코드가 동작하는 것입니다.

이상이 data 제어자가 제공하는 기능들입니다. toString, equals, hashCode, copy 또는 구조 분해가 필요하지 않다면 data 제어자를 사용하지 마세요. 반대로 데이터 묶음을 표현하는 클래스에서 이런 기능이 필요하면, 메서드를 직접 구현하지 말고 data 제어자를 사용하세요.

구조 분해를 사용하는 경우와 방법

위치 기반 구조 분해는 장점과 단점이 있습니다. 가장 큰 장점은 다음 예시 코드에서의 country와 city처럼 우리가 원하는 대로 변수 이름을 정할 수 있다는 것입니다. componentN 함수를 제공하는 클래스는 무엇이든 분해할 수 있습니다. componentN 함수를 확장 함수로 정의한 List와 Map.Entry도 이에 해당합니다.

```
fun main() {
    val visited = listOf("Spain", "Morocco", "India")
    val (first, second, third) = visited
    println("$first $second $third")
    // Spain Morocco India

    val trip = mapOf(
        "Spain" to "Gran Canaria",
        "Morocco" to "Taghazout",
        "India" to "Rishikesh"
    )
    for ((country, city) in trip) {
        println("We loved $city in $country")
        // We loved Gran Canaria in Spain
        // We loved Taghazout in Morocco
        // We loved Rishikesh in India
    }
}
```

하지만 한편으로, 위치 기반 구조 분해는 매우 위험합니다. 데이터 클래스를 구성하는 요소의 순서나 수가 바뀌면 모든 구조 분해를 적절히 수정해야 합니다. 구조 분해를 사용하면 주 생성자의 프로퍼티 순서가 바뀌어 에러로 이어지기 쉽습니다.

```kotlin
data class FullName(
    val firstName: String,
    val secondName: String,
    val lastName: String
)

val elon = FullName("Elon", "Reeve", "Musk")
val (name, surname) = elon
print("It is $name $surname!")  // It is Elon Reeve!
```

구조 분해는 조심스럽게 다뤄야 합니다. 한 가지 팁을 드리자면, 변수 이름을 데이터 클래스의 주 생성자 프로퍼티와 똑같게 지으면 유용합니다. 순서가 잘못되면 인텔리제이나 안드로이드 스튜디오에서 경고 메시지를 보여 주기 때문입니다. IDE의 설정을 바꿔서 이런 경고를 에러로 격상해 두는 것도 괜찮아 보입니다.

```kotlin
data class FullName(
    val firstName: String,
    val secondName: String,
    val lastName: String
)

val elon = FullName("Elon", "Reeve", "Musk")
val (firstName, lastName) = elon
print("It is $firstName $lastName!") // It is Elon Reeve!
```
Variable name 'lastName' matches the name of a different component more... (⌘F1)

람다 표현식에서는 값을 구조 분해하면 아주 헷갈립니다. 특히 어떤 언어는 람다 표현식의 인수를 감싸는 괄호를 생략할 수 있고, 어떤 언어는 반드시 써야 해서 더욱 헷갈립니다.

```kotlin
data class User(
    val name: String,
```

```
    val surname: String,
)

fun main() {
    val users = listOf(
        User("Nicola", "Corti")
    )
    users.forEach { u -> println(u) }
    // User(name=Nicola, surname=Corti)
    users.forEach { (u) -> println(u) }
    // Nicola
}
```

데이터 클래스의 제약

데이터 클래스는 데이터 묶음을 효과적으로 표현하기 위해 존재합니다. 생성자에서 모든 데이터를 명시할 수 있으며, 구조 분해로 데이터에 접근하거나, copy 메서드를 사용해 다른 인스턴스로 복제할 수 있습니다. 데이터 클래스의 메서드들이 주 생성자 프로퍼티만 다루는 건 이런 이유 때문입니다.

```
data class Dog(
    val name: String,
) {
    // 나쁜 예: 데이터 클래스에서 가변 프로퍼티 사용은 피하세요.
    var trained = false
}

fun main() {
    val d1 = Dog("Cookie")
    d1.trained = true
    println(d1)  // Dog(name=Cookie)
    // trained 프로퍼티는 보이지 않습니다.

    val d2 = d1.copy()
    println(d1.trained)  // true
    println(d2.trained)  // false
    // trained 값은 복사되지 않습니다.
}
```

데이터 클래스는 필수 프로퍼티들이 모두 주 생성자에 담겨 있다고 가정합니다. 본문 코드에는 필수 프로퍼티들에 기반한 불변 프로퍼티만 담겨 있어야 합니다. 즉, name과 surname으로부터 계산되는 fullName처럼 주 생성자 프로퍼티 들로부터 값을 계산해 낼 수 있는 프로퍼티만 정의해야 합니다. 데이터 클래스 에 이 값을 만들어 주는 메서드는 없지만, 새로운 객체가 생성될 때 다시 계산 되므로 값이 잘못될 가능성은 없습니다.

```kotlin
data class FullName(
    val name: String,
    val surname: String,
) {
    val fullName = "$name $surname"
}

fun main() {
    val d1 = FullName("Cookie", "Moskała")
    println(d1.fullName)  // Cookie Moskała
    println(d1)           // FullName(name=Cookie, surname=Moskała)
    // fullName이라는 '요소(필드)'는 보이지 않습니다.

    val d2 = d1.copy()
    println(d2.fullName) // Cookie Moskała
    // 복제된 객체에서도 fullName의 값이 똑같이 유지됩니다.
    println(d2)          // FullName(name=Cookie, surname=Moskała)
}
```

데이터 클래스는 상속할 수 없습니다.

튜플 대신 데이터 클래스를 사용하세요

데이터 클래스는 튜플이 일반적으로 제공하는 기능 이상을 제공합니다. 오랜 기간 튜플도 지원했지만 데이터 클래스가 더 나은 방식이라 결론지었기 때문 에 코틀린은 튜플을 데이터 클래스로 대체했습니다.[4] Pair와 Triple이라는 튜 플이 남아 있지만, 그 실체는 사실 데이터 클래스입니다.

---

4 코틀린도 베타 버전일 때는 튜플을 지원했습니다. (Int, String, String, Long)처럼 소괄호 안에 여러 타입을 나열하여 튜플을 정의할 수 있었습니다. 데이터 클래스와 똑같이 작동하지만 가독성 은 훨씬 떨어집니다. 이렇게 정의한 타입들의 집합은 무얼 표현하는 타입인지 추측할 수 있을까요? 어떤 것이든 될 수 있습니다. 튜플을 사용하고 싶을 때가 있지만 데이터 클래스를 사용하는 편이 거 의 항상 더 낫습니다. 이런 이유로 코틀린은 튜플을 제거하였고, 지금은 Pair와 Triple만 남아 있습 니다.

```
data class Pair<out A, out B>(
    val first: A,
    val second: B
) : Serializable {

    override fun toString(): String = "($first, $second)"
}

data class Triple<out A, out B, out C>(
    val first: A,
    val second: B,
    val third: C
) : Serializable {

    override fun toString(): String = "($first, $second, $third)"
}
```

to 함수를 사용하면 가장 손쉽게 Pair를 만들 수 있습니다. to 함수는 다음과 같이 정의되는 제네릭 중위 확장 함수입니다(확장 함수와 제네릭은 각각 17장 과 21장에서 다룹니다).

```
infix fun <A, B> A.to(that: B): Pair<A, B> = Pair(this, that)
```

중위(infix)라는 이름에서 알 수 있듯이 to가 인수들 사이에 위치합니다. 결과 로 나오는 Pair의 타입은 인수에 맞게 정해집니다. 예를 들어 "ABC" to 123 표 현식의 결과 타입은 Pair<String, Int>입니다.

```
fun main() {
    val p1: Pair<String, Int> = "ABC" to 123
    println(p1)  // (ABC, 123)

    val p2 = 'A' to 3.14
    // p2의 타입은 Pair<Char, Double>입니다.
    println(p2)  // (A, 123)

    val p3 = true to false
    // p3의 타입은 Pair<Boolean, Boolean>입니다.
    println(p3)  // (true, false)
}
```

Pair와 Triple 튜플이 살아남은 이유는 다음과 같은 지엽적인 목적으로 쓰일 때 매우 유용하기 때문입니다.

- 값의 이름을 바로바로 정할 때

```kotlin
val (description, color) = when {
    degrees < 5 -> "cold" to Color.BLUE
    degrees < 23 -> "mild" to Color.YELLOW
    else -> "hot" to Color.RED
}
```

- 미리 알 수 없는 데이터의 집합을 표현할 때(표준 라이브러리 함수들에서 많이 활용)

```kotlin
val (odd, even) = numbers.partition { it % 2 == 1 }
val map = mapOf(1 to "San Francisco", 2 to "Amsterdam")
```

이러한 경우가 아니라면 데이터 클래스가 낫습니다. 전체 이름을 이름과 성으로 파싱하는 함수가 필요하다고 생각해 봅시다. 누군가는 이름과 성을 Pair<String, String>으로 표현할 수도 있을 것입니다.

```kotlin
fun String.parseName(): Pair<String, String>? {
    val indexOfLastSpace = this.trim().lastIndexOf(' ')
    if (indexOfLastSpace < 0) return null
    val firstName = this.take(indexOfLastSpace)
    val lastName = this.drop(indexOfLastSpace)
    return Pair(firstName, lastName)
}

// 사용 예
fun main() {
    val fullName = "Marcin Moskała"
    val (firstName, lastName) = fullName.parseName() ?: return
}
```

문제는 다른 누군가가 이 코드를 보며 Pair<String, String>이 전체 이름을 나타낸다고 생각하기 어렵다는 것입니다. 게다가 값의 순서도 명확하지 않기 때문에, 누군가는 성이 먼저 올 거라고 생각할 수 있습니다.

```kotlin
val fullName = "Marcin Moskała"
val (lastName, firstName) = fullName.parseName() ?: return
print("His name is $firstName")  // His name is Moskała
```

함수를 더 안전하게 사용하고 읽기 쉽게 하려면 데이터 클래스를 대신 사용해야 합니다.

```kotlin
data class FullName(
    val firstName: String,
    val lastName: String
)

fun String.parseName(): FullName? {
    val indexOfLastSpace = this.trim().lastIndexOf(' ')
    if (indexOfLastSpace < 0) return null
    val firstName = this.take(indexOfLastSpace)
    val lastName = this.drop(indexOfLastSpace)
    return FullName(firstName, lastName)
}

// 사용 예
fun main() {
    val fullName = "Marcin Moskała"
    val (firstName, lastName) = fullName.parseName() ?: return
    print("His name is $firstName $lastName")
    // His name is Marcin Moskała
}
```

추가로 드는 비용은 거의 없으며, 함수가 훨씬 개선됩니다.

- 함수의 반환 타입이 더 명확해집니다.
- 반환 타입이 짧아지고 전달하기 쉬워집니다.
- 이름을 잘못된 순서로 분해하면 인텔리제이가 경고해 줍니다.

원한다면 데이터 클래스의 가시성을 제한할 수도 있습니다. 특정 파일이나 클래스에서만 쓰이길 원한다면 프라이빗으로도 설정할 수 있습니다. 이상의 여러 이유로 튜플 대신에 데이터 클래스를 사용하는 것이 바람직합니다. 코틀린에서 클래스를 사용하는 데는 비용이 별로 들지 않으니 여러분의 프로젝트에 데이터 클래스를 적용하는 걸 망설이지 마세요.

요약

이번 장에서는 모든 클래스의 슈퍼클래스인 Any에 대해 배웠습니다. Any에 정의된 메서드인 equals, hashCode, toString도 배웠습니다. 객체는 크게 두 가지가 있다는 것도 배웠습니다. 보통의 객체들은 각각이 고유하며 자세한 속내용을 노출하지 않습니다. data 제어자를 사용해 만드는 데이터 클래스 객체는 (주 생성자 프로퍼티에 저장하는) 데이터 묶음을 나타냅니다. 데이터 클래스 객체는 담겨 있는 데이터가 같으면 동일하게 취급합니다. 문자열로 변환하면 담고 있는 모든 데이터를 출력합니다. 구조 분해와 복제(copy 메서드) 기능도 지원합니다. 코틀린 표준 라이브러리는 제네릭 데이터 클래스인 Pair와 Triple을 제공하지만, (특정 상황을 제외하면) 커스텀 데이터 클래스를 사용하는 편이 낫습니다. 데이터 클래스를 구조 분해할 때는 변수의 이름을 대응하는 프로퍼티와 똑같게 짓는 것이 좋습니다.

다음 장에서는 클래스 정의 없이 객체를 생성하는 코틀린의 특별한 문법을 소개합니다.

연습문제: 데이터 클래스

1. name과 age 프로퍼티가 있는 Person 데이터 클래스를 만드세요.
2. 이름이 'John'이고 나이가 30인 Person 인스턴스를 만드세요.
3. Person 인스턴스를 출력하세요.
4. 이름이 'Jane'인 Person 인스턴스의 복사본을 만드세요.
5. 이름이 'Jane'이고 나이가 30인 새로운 Person 인스턴스를 만드세요.
6. 두 개의 Person 인스턴스가 동일한지 확인하세요.
7. 모든 Person 인스턴스의 hashCode 값을 출력하세요.
8. copy로 만든 Person 인스턴스(이름이 'Jane'인 인스턴스)를 구조 분해하여 두 개의 변수에 저장하고, 각 변수의 값을 출력하세요.

정답은 책 뒤편의 '연습문제 해답'에서 확인할 수 있습니다.

객체

객체란 무엇일까요? 제가 워크숍에서 '객체' 파트를 시작하면서 자주 하는 질문인데, 보통은 누군가가 곧바로 "클래스의 인스턴스요."라고 답해 줍니다. 정답입니다. 그런데 객체를 어떻게 생성할까요? 가장 쉬운 방법은 생성자를 사용하는 것입니다.

```
class A

// 생성자를 사용해 객체를 만듭니다.
val a = A()
```

다른 방법도 있습니다. 코틀린에서는 '객체 표현식'과 '객체 선언'으로도 객체를 만들 수 있습니다. 하나씩 살펴봅시다.

객체 표현식

표현식으로 빈 객체를 만들려면 object 키워드와 중괄호를 사용합니다. 객체를 생성하는 이러한 구문을 **객체 표현식**(object expression)이라 합니다.

```
val instance = object {}
```

빈 객체는 (모든 객체의 슈퍼클래스인 Any를 제외하면) 어떤 객체도 확장하지 않으며, 인터페이스를 구현하지도 않고, 본문에도 아무 내용이 없습니다. 그럼에도 빈 객체는 쓸모가 있습니다. 빈 객체의 의미는 유일성에 있습니다. 즉, 다른 어떤 객체와도 같지 않은 존재라는 뜻입니다. 그래서 특정 토큰이나 동기화 락(lock)으로 사용하기에 안성맞춤입니다.

```kotlin
class Box {
    var value: Any? = NOT_SET

    fun initialized() = value != NOT_SET

    companion object {
        private val NOT_SET = object {}
    }
}

private val LOCK = object {}
fun synchronizedOperation() = synchronized(LOCK) {
    // ...
}
```

빈 객체는 Any의 생성자로도 만들 수 있기 때문에 object{} 대신 Any()를 사용해도 됩니다.

```kotlin
private val NOT_SET = Any()
```

하지만 객체 표현식으로 만드는 객체가 반드시 비어 있을 필요는 없습니다. 본문을 가질 수 있으며, 클래스를 상속하거나 인터페이스를 구현할 수도 있습니다. 문법은 클래스와 비슷합니다. 다만 객체 표현식은 class 대신 object 키워드를 사용하며, 이름이나 생성자를 정의해서는 안 됩니다.

```kotlin
data class User(val name: String)

interface UserProducer {
    fun produce(): User
}

fun printUser(producer: UserProducer) {
    println(producer.produce())
}
```

```
fun main() {
    val user = User("Jake")
    val producer = object : UserProducer {
        override fun produce(): User = user
    }
    printUser(producer)  // User(name=Jake)
}
```

객체 표현식은 자신이 정의된 클래스 바깥에서는 인식될 수 없는 '익명 타입'의 인스턴스를 만듭니다. 객체 표현식이 (다른 타입으로부터 상속받은 멤버 외에) 직접 정의한 멤버들은 객체 표현식이 정의된 클래스 외부에서는 보이지 않는 다는 뜻입니다. 달리 표현하면, 객체 표현식으로 만든 객체를 외부에서 볼 때는 타입이 불분명한 Any나 객체 표현식이 상속한 클래스(또는 인터페이스) 타입을 가집니다. 그래서 객체 표현식에서 직접 정의한 멤버는 실무 프로젝트에서 활용하기 어렵습니다.

```
class Robot {
    // 가능은 하지만 거의 쓸모가 없는 방식이므로
    // 대신에 일반적인 프로퍼티를 사용하세요.
    private val point = object {
        var x = 0
        var y = 0
    }

    fun moveUp() {
        point.y += 10
    }

    fun show() {
        println("(${point.x}, ${point.y})")
    }
}

fun main() {
    val robot = Robot()
    robot.show()  // (0, 0)
    robot.moveUp()
    robot.show()  // (0, 10)

    val point = object {
        var x = 0
```

```
        var y = 0
    }
    println(point.x)  // 0
    point.y = 10
    println(point.y)  // 10
}
```

실제로 객체 표현식은 자바의 익명 클래스를 대체하는 목적으로 사용합니다.
예를 들어, 핸들러 메서드가 여러 개인 와처(watcher)나 리스너(listener)를 만
들 때 이용합니다.

```
taskNameView.addTextChangedListener(object : TextWatcher {
    override fun afterTextChanged(
        editable: Editable?
    ) {
        // ...
    }

    override fun beforeTextChanged(
        text: CharSequence?,
        start: Int,
        count: Int,
        after: Int
    ) {
        // ...
    }

    override fun onTextChanged(
        text: CharSequence?,
        start: Int,
        before: Int,
        count: Int
    ) {
        // ...
    }
})
```

객체를 생성하는 표현식이기 때문에 '객체 표현식'이 '익명 클래스'보다 적절한
이름입니다.

객체 선언

객체 표현식에 이름을 부여하면 **객체 선언**(object declaration)이 됩니다. 객체 표현식과 똑같이 하나의 객체를 생성하지만, 참조할 수 있는 이름이 있으므로 익명 객체는 아닙니다.

```
object Point {
    var x = 0
    var y = 0
}

fun main() {
    println(Point.x)  // 0
    Point.y = 10
    println(Point.y)  // 10

    val p = Point
    p.x = 20
    println(Point.x)  // 20
    println(Point.y)  // 10
}
```

객체 선언은 싱글턴 패턴[1]을 구현한 것으로, 인스턴스가 하나뿐인 클래스를 만듭니다. 이 클래스를 사용할 때마다 오직 이 하나의 인스턴스를 쓰게 된다는 뜻입니다. 객체 선언은 다른 클래스를 확장하거나 인터페이스를 구현하는 등, 보통의 클래스가 지원하는 기능을 모두 지원합니다.

```
data class User(val name: String)

interface UserProducer {
    fun produce(): User
}

object FakeUserProducer : UserProducer {
    override fun produce(): User = User("fake")
}

fun setUserProducer(producer: UserProducer) {
    println(producer.produce())
```

---

1   클래스의 인스턴스가 단 하나만 생성되도록 구현하는 프로그래밍 패턴입니다.

```
}

fun main() {
    setUserProducer(FakeUserProducer)  // User(name=fake)
}
```

컴패니언 객체

제가 자바 개발자이던 시절에는 자바가 도입해야 하는 기능에 대해 토론하곤
했습니다. 그때 자주 들려온 의견은 정적 요소를 상속할 수 있어야 한다는 것
이었습니다. 결국 자바에서는 상속이 아주 중요한데, 왜 정적 요소는 상속이
되지 않을까요? 코틀린은 이 문제를 **컴패니언 객체**(companion object)를 사용해
해결했습니다. 하지만 이렇게 하기 위해, 먼저 객체가 아닌 클래스를 통해 호
출하는 정적 요소들을 제거해야 했습니다.

```
// 자바
class User {
    // 정적 요소 정의
    public static User empty() {
        return new User();
    }
}

// 정적 요소 사용
User user = User.empty()
```

코틀린에는 정적 요소가 없습니다. 대신 객체 선언을 사용할 수 있으니 정적
요소는 군이 필요하지 않습니다. 클래스에서 객체 선언을 정의하면 (클래스 내
에서 정의한 클래스처럼) 기본적으로 정적이 되기 때문에 객체의 원소를 직접
호출할 수 있습니다.

```
// 코틀린
class User {
    object Producer {
        fun empty() = User()
    }
}
```

```
// 사용 예
val user: User = User.Producer.empty()
```

정적 요소만큼 편리하지는 않지만, 더 개선할 수 있습니다. 객체 선언 앞에 companion 키워드를 붙이면 객체를 건너뛰고 그 안의 요소들을 곧바로 호출할 수 있습니다.

```
class User {
    companion object Producer {
        fun empty() = User()
    }
}
```

```
// 사용 예
// Producer를 건너뛰고 User 클래스를 통해 곧바로 호출할 수 있습니다.
val user: User = User.empty()
// 또는
val user: User = User.Producer.empty()
```

이처럼 companion 제어자가 붙은 객체를 컴패니언 객체라 하며, 객체 이름을 생략할 수 있습니다. 기본 이름은 Companion입니다.

```
class User {
    companion object {  // 객체 이름은 생략해도 됩니다.
        fun empty() = User()
    }
}
```

```
// 사용 예
val user: User = User.empty()
// 또는
val user: User = User.Companion.empty()
```

이 방식은 정직 요소 못지않게 편리합니다. 단 하나 불편한 점은 모든 '정적' 요소를 객체 하나에 욱여넣어야 한다는 것입니다(클래스는 컴패니언 객체를 단 하나만 가질 수 있습니다). 이 점이 컴패니언 객체의 한계지만, 대신에 이점도 있습니다. 컴패니언 객체는 '객체'이기 때문에 클래스를 확장하거나 인터페이스를 구현할 수 있습니다.

예를 하나 보여드리겠습니다. 통화(currency)를 USD, EUR, PLN라는 각각의 클래스로 정의했다고 합시다. 편의를 위해 각 클래스는 컴패니언 객체를 이용하여 from 빌더 함수를 정의합니다.

```kotlin
import java.math.BigDecimal
import java.math.MathContext
import java.math.RoundingMode.HALF_EVEN

abstract class Money(
    val amount: BigDecimal,
    val currency: String
)

class USD(amount: BigDecimal) : Money(amount, "USD") {
    companion object {
        private val MATH = MathContext(2, HALF_EVEN)
        fun from(amount: Int): USD =
            USD(amount.toBigDecimal(MATH))
        fun from(amount: Double): USD =
            USD(amount.toBigDecimal(MATH))

        @Throws(NumberFormatException::class)
        fun from(amount: String): USD =
            USD(amount.toBigDecimal(MATH))
    }
}

class EUR(amount: BigDecimal) : Money(amount, "EUR") {
    companion object {
        private val MATH = MathContext(2, HALF_EVEN)
        fun from(amount: Int): EUR =
            EUR(amount.toBigDecimal(MATH))
        fun from(amount: Double): EUR =
            EUR(amount.toBigDecimal(MATH))

        @Throws(NumberFormatException::class)
        fun from(amount: String): EUR =
            EUR(amount.toBigDecimal(MATH))
    }
}

class PLN(amount: BigDecimal) : Money(amount, "PLN") {
    companion object {
        private val MATH = MathContext(2, HALF_EVEN)
        fun from(amount: Int): PLN =
            PLN(amount.toBigDecimal(MATH))
```

```
        fun from(amount: Double): PLN =
            PLN(amount.toBigDecimal(MATH))


        @Throws(NumberFormatException::class)
        fun from(amount: String): PLN =
            PLN(amount.toBigDecimal(MATH))
    }
}

fun main() {
    val eur: EUR = EUR.from("12.00")
    val pln: PLN = PLN.from(20)
    val usd: USD = USD.from(32.5)
}
```

객체를 생성하는 함수가 여러 클래스에서 반복되고 있습니다. 이럴 때는 반복되는 코드들을 MoneyMaker라는 추상 클래스로 추출하고, 각 통화의 컴패니언 객체가 확장하도록 할 수 있습니다.

```
import java.math.BigDecimal
import java.math.MathContext
import java.math.RoundingMode.HALF_EVEN

abstract class Money(
    val amount: BigDecimal,
    val currency: String
)

abstract class MoneyMaker<Currency : Money> {
    private val MATH = MathContext(2, HALF_EVEN)
    abstract fun from(amount: BigDecimal): Currency
    fun from(amount: Int): Currency =
        from(amount.toBigDecimal(MATH))
    fun from(amount: Double): Currency =
        from(amount.toBigDecimal(MATH))

    @Throws(NumberFormatException::class)
    fun from(amount: String): Currency =
        from(amount.toBigDecimal(MATH))
}

class USD(amount: BigDecimal) : Money(amount, "USD") {
    companion object : MoneyMaker<USD>() {
        override fun from(amount: BigDecimal): USD =
```

```
            USD(amount)
        }
    }

class EUR(amount: BigDecimal) : Money(amount, "EUR") {
    companion object : MoneyMaker<EUR>() {
        override fun from(amount: BigDecimal): EUR =
            EUR(amount)
    }
}

class PLN(amount: BigDecimal) : Money(amount, "PLN") {
    companion object : MoneyMaker<PLN>() {
        override fun from(amount: BigDecimal): PLN =
            PLN(amount)
    }
}

fun main() {
    val eur: EUR = EUR.from("12.00")
    val pln: PLN = PLN.from(20)
    val usd: USD = USD.from(32.5)
}
```

코틀린 커뮤니티는 이 기능을 어떻게 활용할 수 있을지 계속 연구하고 있으며, 이미 많은 프로젝트와 라이브러리에서 충분히 많은 예를 찾을 수 있습니다. 재미난 예를 몇 가지 찾아왔습니다.[2]

```
// 코틀린 로깅 프레임워크에서 로깅을 위해 컴패니언 객체 상속을 사용합니다.
class FooWithLogging {
    fun bar(item: Item) {
        logger.info { "Item $item" }
        // 컴패니언 객체의 로거입니다.
    }

    companion object : KLogging()
    // 컴패니언 객체가 로거 프로퍼티를 상속합니다.
}

// 컴패니언 객체를 추상 팩토리로 사용하는 안드로이드 예제입니다.
```

2　모범 사례라기보다는, 컴패니언 객체가 클래스를 상속하고 인터페이스를 구현할 수 있는 능력을 어떻게 응용할 수 있을지 알아보는 참고 자료로 생각하세요.

```kotlin
class MainActivity : Activity() {
    // ...

    // 컴패니언 객체를 팩토리로 사용합니다.
    companion object : ActivityFactory() {
        override fun getIntent(context: Context): Intent =
            Intent(context, MainActivity::class.java)
    }
}

abstract class ActivityFactory {
    abstract fun getIntent(context: Context): Intent

    fun start(context: Context) {
        val intent = getIntent(context)
        context.startActivity(intent)
    }

    fun startForResult(activity: Activity, requestCode: Int) {
        val intent = getIntent(activity)
        activity.startActivityForResult(intent, requestCode)
    }
}

// 컴패니언 ActivityFactory의 모든 멤버를 사용하는 예
val intent = MainActivity.getIntent(context)
MainActivity.start(context)
MainActivity.startForResult(activity, requestCode)

// 코틀린 코루틴에서 컴패니언 객체는
// 컨텍스트를 식별하는 키로 사용합니다.
data class CoroutineName(
    val name: String
) : AbstractCoroutineContextElement(CoroutineName) {

    // 컴패니언 객체가 키입니다.
    companion object Key : CoroutineContext.Key<CoroutineName>

    override fun toString(): String = "CoroutineName($name)"
}

// 키로 컨텍스트를 찾습니다.
val name1 = context[CoroutineName]  // 네, CoroutineName이 컴패니언 객체입니다.

// 컴패니언 객체의 이름으로 참조할 수도 있습니다.
val name2 = context[CoroutineName.Key]
```

데이터 객체 선언

코틀린 1.8부터는 객체 선언 시 data 제어자를 사용할 수 있습니다. data 제어자는 객체의 이름을 문자열로 반환하는 toString 메서드를 만들어 줍니다.

```kotlin
data object ABC

fun main() {
    println(ABC)  // ABC
}
```

상수

코틀린에서 상수는 일반적으로 컴패니언 객체의 프로퍼티로 정의하고 이름은 UPPER_SNAKE_CASE처럼 대문자와 밑줄만 사용하여 짓습니다.[3] 이 방식을 이용하면 상수에 이름을 붙일 수도 있고, 추후에 값을 바꾸기도 쉽습니다. 이런 특징적인 방법은 상수임을 명확하게 표시하는 기능도 합니다.[4]

```kotlin
class Product(
    val code: String,
    val price: Double,
) {
    init {
        require(price > MIN_AMOUNT)
    }

    companion object {
        val MIN_AMOUNT = 5.00
    }
}
```

컴패니언 객체 프로퍼티나 최상위 프로퍼티가 (컴파일타임에 알 수 있는) 원시

---

3 이처럼 모든 문자를 대문자로 쓰고 단어 사이를 밑줄로 구분하는 표기법을 어퍼 스네이크 케이스(UPPER_SNAKE_CASE)라고 합니다. 코틀린 공식 문서의 '코틀린 코딩 규약(Kotlin Coding Convention)' 절에서도 상수를 명명할 때 이 표기법을 따르라고 권장합니다.
4 《Effective Kotlin, 2/E》의 '아이템 26: 변화로부터 코드를 보호하려면 추상화를 사용하라(Use abstraction to protect code against changes)'에 잘 설명되어 있습니다.

타입(primitive type)이나 String인[5] 상수라면 const 제어자를 추가할 수 있습니다. 이는 최적화에 해당합니다. const가 붙은 변수를 사용하는 코드는 컴파일할 때 모두 해당 상숫값으로 치환됩니다.

```kotlin
class Product(
    val code: String,
    val price: Double,
) {
    init {
        require(price > MIN_AMOUNT)
    }

    companion object {
        const val MIN_AMOUNT = 5.00
    }
}
```

이러한 프로퍼티는 애너테이션에서도 사용할 수 있습니다.

```kotlin
private const val OUTDATED_API: String =
    "This is a part of an outdated API."

@Deprecated(OUTDATED_API)
fun foo() {
    ...
}

@Deprecated(OUTDATED_API)
fun boo() {
    ...
}
```

요약

이번 장에서는 클래스뿐만 아니라 객체 표현식이나 객체 선언으로도 객체를 만들 수 있음을 배웠습니다. 이런 형태의 객체는 실용성이 있습니다. 객체 표현식은 자바의 익명 객체를 대체할 수 있으며, 더 많은 기능을 제공합니다. 객

---

5 따라서 허용되는 타입은 Int, Long, Double, Float, Short, Byte, Boolean, Char, String입니다.

체 선언은 싱글턴 패턴을 코틀린 식으로 구현한 것입니다. 객체 선언의 특별한 형태인 컴패니언 객체는 자바의 정적 요소를 대체할 수 있으며, 추가로 상속까지 지원합니다. const 제어자는 최상위 또는 객체 선언에서 정의된 상수 요소가 최적화되도록 합니다.

앞서 11장에서는 데이터 클래스를 살펴봤습니다. 그런데 코틀린에는 클래스에 사용할 수 있는 제어자가 아직 남아 있습니다. 다음 장에서는 클래스의 또 다른 중요한 타입인 예외에 대해 배우겠습니다.

연습문제: 피자 공장

피자 생성용 팩토리 함수를 제공하는 컴패니언 객체를 Pizza 클래스에 정의하는 것이 이번 과제입니다. 팩토리 함수의 이름은 hawaiian과 margherita이어야 하며, 각각 다음의 토핑을 얹은 피자를 반환해야 합니다.

• 하와이안(hawaiian): ham, pineapple
• 마르게리타(margherita): tomato, mozzarella

시작 코드는 다음과 같습니다.

```
class Pizza(
    val toppings: List<String>,
) {
    // 클래스 본문
}
```

 시작 코드에는 비어 있는 본문을 준비하고 주석을 적어 놓았습니다. 종종 혼동하여 컴패니언 객체를 클래스 본문이 아닌 생성자에 정의하는 분들이 있기 때문입니다.

다음 코드가 동작해야 합니다.

```
fun main() {
    val hawaiian = Pizza.hawaiian()
    println(hawaiian.toppings)    // [ham, pineapple]
    val margherita = Pizza.margherita()
    println(margherita.toppings)  // [tomato, mozzarella]
}
```

문자열의 리스트를 만들려면 listOf 함수를 사용하면 됩니다. 예를 들어, list
Of("a", "b", "c")는 문자열 "a", "b", "c"를 요소로 가지는 리스트를 만듭니다.

연습문제 깃허브 저장소의 essentials/objects/Pizza.kt 파일에서 시작 코드,
단위 테스트, 사용 예시를 찾을 수 있습니다. 프로젝트를 클론하여 로컬 환경
에서 문제를 풀어 보세요.

정답은 책 뒤편의 '연습문제 해답'에서 확인할 수 있습니다.

13장

예외

예외는 프로그램의 정상적인 흐름을 방해하는 예기치 못한 사건입니다. 허용되지 않는 연산을 수행할 때 발생할 수 있습니다. 예외는 개발자가 문제를 해결하는 데 도움이 되는 정보를 담고 있습니다.

　예를 하나 들어 보겠습니다. 아래에 나와 있는 코드처럼 정수를 0으로 나누면 ArithmeticException 예외가 발생합니다. 모든 예외는 무엇이 잘못되었는지 알려 주는 메시지를 담고 있습니다. 지금 예의 경우 메시지는 "/ by zero"입니다. '0으로 나눴다'라는 뜻이죠. 모든 예외는 스택 트레이스(stack trace)를 포함합니다. 스택 트레이스란 예외가 발생한 시점에서의 메서드 호출 스택 정보입니다. 지금 예에서는, 예외를 calculate 함수에서 던졌고, 이 함수는 printCalculated 함수에서 호출되었으며, printCalculated 함수는 main 함수에서 호출했다는 정보를 담고 있습니다. 예외는 프로그램의 실행을 방해하기 때문에 예외 발생 이후의 문장은 실행되지 않습니다. 따라서 다음 예제의 "After"는 출력되지 않습니다.

```kotlin
private fun calculate(): Int {
    return 1 / 0
}

private fun printCalculated() {
    println(calculate())
}
```

```
fun main() {
    println("Before")
    printCalculated()
    println("After")
}
// Before
// Exception java.lang.ArithmeticException: / by zero
//      at PlaygroundKt.calculate(Playground.kt:2)
//      at PlaygroundKt.printCalculated(Playground.kt:6)
//      at PlaygroundKt.main(Playground.kt:11)
//      at PlaygroundKt.main(Playground.kt)
```

다른 예도 준비했습니다. toInt 메서드는 문자열을 정수로 파싱해 주지만 문자열이 숫자일 때만 작동합니다. 숫자가 아니라면 입력된 문자열을 알려 주는 메시지를 담은 NumberFormatException을 볼 수 있습니다.

```
fun main() {
    val i1 = "10".toInt()
    println(i1)
    val i2 = "ABC".toInt()
    println(i2)
}
// 10
// Exception in thread "main" java.lang.NumberFormatException:
// For input string: "ABC"
//      at java.base/java.lang.NumberFormatException.
//      forInputString(NumberFormatException.java:67)
//      at java.base/java.lang.Integer.parseInt(Integer.java:660)
//      at java.base/java.lang.Integer.parseInt(Integer.java:778)
//      at PlaygroundKt.main(Playground.kt:4)
//      at PlaygroundKt.main(Playground.kt)
```

예외 던지기

throw 키워드를 사용하면 직접 예외를 던질 수 있습니다.

```
private fun functionThrowing() {
    throw ArithmeticException("Some message")
}

fun main() {
    println("Before")
```

```
    functionThrowing()
    println("After")
}
// Before
// Exception in thread "main" java.lang.ArithmeticException:
// Some message
//    at PlaygroundKt.functionThrowing(Playground.kt:2)
//    at PlaygroundKt.main(Playground.kt:7)
//    at PlaygroundKt.main(Playground.kt)
```

예외를 던진다는 것은 현재의 함수는 지금의 상황을 처리하지 못하거나 처리할 책임이 없다는 뜻을 전달하는 것입니다. 달리 표현하면, 반드시 에러를 뜻하는 것은 아닙니다. 오히려 적절한 대응책을 알고 있는 다른 장소에서 처리하라는 알림 이벤트에 가깝습니다.

예외 정의

커스텀 예외를 정의할 수도 있습니다. 예외는 Throwable 클래스를 확장하는 일반 클래스 혹은 객체 선언입니다. throw를 사용하면 이러한 클래스를 던질 수 있습니다.

```
class MyException : Throwable("Some message")
object MyExceptionObject : Throwable("Some message")

private fun functionThrowing() {
    throw MyException()
    // 또는 throw MyExceptionObject
}

fun main() {
    println("Before")
    functionThrowing()
    println("After")
}
// Before
// Exception in thread "main" MyException: Some message
//   at PlaygroundKt.functionThrowing(Playground.kt:4)
//   at PlaygroundKt.main(Playground.kt:9)
//   at PlaygroundKt.main(Playground.kt)
```

예외 잡기

예외를 던질 수 있다면 잡을 수도 있어야겠죠. 예외는 try-catch 구조로 잡을 수 있습니다. try-catch는 try 블록과 catch 블록으로 구성됩니다. 함수에서 던진 예외는 함수의 실행을 즉시 끝내며, 예외를 던진 함수를 호출하는 함수에서도 똑같은 과정이 반복됩니다. 예외가 try 블록 안에서 발생했다면 뒤따르는 catch 블록에서 잡아 처리할 수 있기 때문에 이 흐름이 바뀔 수 있습니다. catch 블록은 여러 개 올 수 있는데, 각각의 catch 블록에는 자신이 잡을 예외 타입을 지정할 수 있습니다. catch 블록들은 선언된 순서대로 발생한 예외를 처리할 수 있는지 확인합니다. 예외를 잡을 수 있는 catch 블록을 만나면 해당 블록의 코드를 실행합니다. 예외가 잡히면 try 블록 이후의 코드를 계속해서 실행합니다.

```kotlin
class MyException : Throwable("Some message")

fun someFunction() {
    throw MyException()
    println("Will not be printed")
}

fun main() {
    try {
        someFunction()
        println("Will not be printed")
    } catch (e: MyException) {
        println("Caught $e")
        // Caught MyException: Some message
    }
}
```

try-catch 구조에서 catch 블록이 여러 개인 경우를 보겠습니다. 예외를 가장 먼저 잡은 catch 블록만 실행됩니다. 발생한 예외가 catch 블록에 명시된 타입의 서브타입이면 해당 catch 블록이 예외를 받아들입니다. 모든 예외는 Throwable을 확장하므로 Throwable을 잡는다고 정의하면 모든 예외를 잡겠다는 의미입니다.

```kotlin
import java.lang.NumberFormatException

class MyException : Throwable("Some message")
```

```
fun testTryCatch(exception: Throwable) {
    try {
        throw exception
    } catch (e: ArithmeticException) {
        println("Got ArithmeticException")
    } catch (e: MyException) {
        println("Got MyException")
    } catch (e: Throwable) {
        println("Got some exception")
    }
}

fun main() {
    testTryCatch(ArithmeticException())
    // Got ArithmeticException
    testTryCatch(MyException())
    // Got MyException
    testTryCatch(NumberFormatException())
    // Got some exception
}
```

표현식으로 사용되는 try-catch 블록

try-catch 구조는 표현식으로도 사용할 수 있습니다. 예외가 발생하지 않으면
try 블록의 결과를 반환합니다. 예외가 발생한 뒤 잡으면 catch 블록의 결과를
반환합니다.

```
fun main() {
    val a = try {
        1
    } catch (e: Error) {
        2
    }
    println(a)  // 1

    val b = try {
        throw Error()
        1
    } catch (e: Error) {
        2
    }
    println(b)  // 2
}
```

try-catch 표현식은 문제가 생겼을 때 대체값을 반환하는 용도로 사용합니다.

```
import java.io.File
import java.io.FileNotFoundException

fun main() {
    val content = try {
        File("AAA").readText()
    } catch (e: FileNotFoundException) {
        ""
    }
    println(content)  // (빈 문자열)
}
```

실무에서는 객체를 JSON 형태로 담고 있는 문자열을 읽는 예를 많이 볼 수 있습니다. 이런 작업은 주로 Gson 라이브러리의 fromJson 메서드로 처리합니다. 이 메서드는 문자열이 JSON 포맷에 어긋나면 JsonSyntaxException을 던집니다. 이런 경우에 예외 대신 null을 반환하는 함수가 필요하다면 try-catch를 표현식으로 사용해 다음과 같이 구현할 수 있습니다.

```
fun <T : Any> fromJsonOrNull(
    json: String,
    clazz: KClass<T>
): T? = try {
    gson.fromJson(json, clazz.java)
} catch (e: JsonSyntaxException) {
    null
}
```

finally 블록

try-catch 구조에서 예외가 발생하더라도 항상 실행되어야 하는 동작을 명시하는 finally 블록을 사용할 수 있습니다. finally 블록에서 예외를 잡을 수는 없지만, 예외를 처리하지 못하더라도 블록 안의 코드는 무조건 실행됨을 보장받습니다.

다음 예를 보세요. someFunction 안에서 예외를 던집니다. 발생한 예외는 함수의 실행을 멈추고 try 블록 이후의 코드는 건너뜁니다. catch 블록이 없으니

이 예외를 잡을 수 없고, `main` 함수의 실행도 끝나게 됩니다. 하지만 이런 상황에서도 finally 블록 안의 코드는 실행됩니다.

```
fun someFunction() {
    throw Throwable("Some error")
}

fun main() {
    try {
        someFunction()
    } finally {
        println("Finally block was called")
    }
    println("Will not be printed")
}
// Finally block was called
```

finally 블록은 try 블록에서 예외가 발생하지 않더라도 실행됩니다.

```
fun someFunction() {
    println("Function called")
}

fun main() {
    try {
        someFunction()
        println("After call")
    } finally {
        println("Finally block was called")
    }
    println("After try-finally")
}
// Function called
// After call
// Finally block was called
// After try-finally
```

finally 블록은 예외 발생 여부와 관계없이 실행되어야 할 코드가 있을 때 사용합니다. 주로 연결을 끊거나 리소스를 해제할 때 사용합니다.

중요한 예외

코틀린에는 특정 상황에서 사용하는 예외가 몇 가지 정의되어 있습니다. 다음은 그중 가장 중요하다고 생각되는 예외들입니다.

- IllegalArgumentException: 인수의 값이 잘못됐을 때 사용합니다. 예를 들어, 0보다 큰 값을 받아야 하는데 음수 값이 전달됐을 때 사용합니다.
- IllegalStateException: 시스템의 상태가 잘못됐을 때 사용합니다. 예를 들어 프로퍼티에 값이 제대로 설정되지 않은 상태에서 함수를 호출하는 경우에 사용합니다.

```kotlin
fun findClusters(number: Int) {
    if (number < 1) {
        throw IllegalArgumentException("...")
    }
    // ...
}

var userName = ""

fun printUserName() {
    if (userName == "") {
        throw IllegalStateException("Name must not be empty")
    }
    // ...
}
```

코틀린에서는 require와 check 함수로 조건을 확인할 수 있으며, 조건이 만족되지 않으면 IllegalArgumentException과 IllegalStateException을 던집니다.[1]

```kotlin
fun pop(num: Int): List<T> {
    require(num <= size)
    // num > size라면 IllegalArgumentException을 던집니다.
    check(isOpen)
```

---

1 《Effective Kotlin, 2/E》의 '아이템 5: 예외를 활용해 코드에 제한을 걸어라(Specify your expectations for arguments and states)'를 참고하세요.

```
    // open이 아니라면 IllegalStateException을 던집니다.
    val ret = collection.take(num)
    collection = collection.drop(num)
    return ret
}
```

참고로 코틀린 표준 라이브러리에는 예외 메시지를 인자로 지정해 Illegal
ArgumentException을 던질 수 있는 error 함수도 있습니다. when 문에서 특
정 조건 브랜치의 본문, 엘비스 연산자의 우변, if-else 표현식에서 주로 사용됩
니다.

```
fun makeOperation(
    operation: String,
    left: Int,
    right: Int? = null
): Int = when (operation) {
    "add" -> left + (right ?: error("Two numbers required"))
    "subtract" -> left - (right ?: error("Two numbers required"))
    "opposite" -> -left
    else -> error("Unknown operation")
}

fun main() {
    println(makeOperation("add", 1, 2))      // 3
    println(makeOperation("subtract", 1, 2)) // -1
    println(makeOperation("opposite", 10))   // -10

    makeOperation("add", 1)       // 에러!
    // IllegalStateException: Two numbers required
    makeOperation("subtract", 1)  // 에러!
    // IllegalStateException: Two numbers required
    makeOperation("other", 1, 2)  // 에러!
    // IllegalStateException: Unknown operation
}
```

예외의 계층구조

Throwable의 가장 중요한 서브타입은 Error와 Exception입니다. 이 둘은 각각
다음의 예외 상황을 나타냅니다.

• Error: 회복이 불가능해서 잡을 수 없는, 그래서 catch 블록에서 잡더라도 다

시 던질 수밖에 없는 예외입니다. 회복이 불가능한 예외로는 JVM 힙(heap) 공간이 부족할 때 던지는 `OutOfMemoryError`가 대표적입니다.

- Exception: try-catch 블록을 사용해 회복 가능한 예외입니다. `Exception` 에 속하는 예외로는 `IllegalArgumentException`, `IllegalStateException`, `ArithmeticException`, `NumberFormatException` 등이 있습니다.

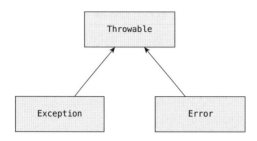

커스텀 예외를 정의할 때는 대부분 `Exception`을 상속해야 합니다. 예외를 잡아 처리하려면 `Exception`의 서브타입이어야 하기 때문입니다.

코틀린은 특정 예외를 반드시 잡아야 한다고 강제하지 않습니다. 즉, 자바와 달리 체크 예외(checked exception)가 없습니다.

요약

이번 장에서는 코틀린 프로그래밍에서 중요한 부분인 예외에 대해 배웠습니다. 예외를 던지고, 잡고, 정의하는 법을 배웠습니다. finally 블록과 예외 계층 구조에 대해서도 배웠습니다.

다음 장에서는 특별한 종류의 클래스를 살펴보겠습니다. 바로 객체 인스턴스 값들의 집합을 표현하는 데 사용되는 열거형 클래스입니다.

연습문제: 예외 잡기

다음의 `handleInput` 함수는 사용자로부터 정수 두 개와 연산자를 키보드로 입력받아 사칙연산을 수행하는 함수입니다. 이 함수는 잘못된 값을 입력받으면 예외를 던져 프로그램을 종료시킵니다. 이번 과제는 이 함수가 던지는 예외를 가능한 한 모두 잡고 사용자에게 적절한 메시지를 보여 주는 것입니다.

- 잘못된 숫자를 입력하면 toInt 함수에서 NumberFormatException을 던집니다. 이 경우에는 "Invalid input: "과 에러 메시지를 출력해야 합니다.
- 두 번째 숫자로 0을 입력하면 ArithmeticException을 던집니다. 이 경우에는 "Division by zero"를 출력해야 합니다.
- 계산기가 지원하지 않는 연산을 입력하면 IllegalOperatorException을 던집니다. 이 경우에는 "Illegal operator: "와 사용자가 입력한 연산자를 출력해야 합니다.

시작 코드는 다음과 같습니다.

```kotlin
fun handleInput() {
    print("Enter the first number: ")
    val num1 = readln().toInt()
    print("Enter an operator (+, -, *, /): ")
    val operator = readln()
    print("Enter the second number: ")
    val num2 = readln().toInt()

    val result = when (operator) {
        "+" -> num1 + num2
        "-" -> num1 - num2
        "*" -> num1 * num2
        "/" -> num1 / num2
        else -> throw IllegalOperatorException(operator)
    }

    println("Result: $result")
}

class IllegalOperatorException(operator: String) :
    Exccption("Unknown operator: $operator")

fun main() {
    while (true) {
        // 아래 함수 호출을 try-catch 블록으로 감싸고,
        // 발생 가능한 예외들을 처리하세요.
        handleInput()
    }
```

```
}
```

연습문제 깃허브 저장소의 essentials/exception/HandleException.kt 파일에서 시작 코드를 찾을 수 있습니다. 프로젝트를 클론하여 로컬 환경에서 문제를 풀어 보세요.

정답은 책 뒤편의 '연습문제 해답'에서 확인할 수 있습니다.

K   o   t   l   i   n   E   s   s   e   n   t   i   a   l   s

열거형 클래스

이번 장에서는 열거형 클래스의 개념을 소개하겠습니다. 예를 들어 봅시다. 결제 수단으로 현금, 카드, 계좌 이체를 지원하는 결제 메서드를 구현한다고 생각해 봅시다. 코틀린에서 정해진 값의 집합을 표현하는 가장 기본적인 수단은 열거형 클래스입니다. 열거형 클래스는 모든 값을 쉼표로 구분합니다. 열거형의 값은 어퍼 스네이크 케이스(UPPER_SNAKE_CASE) 표기법으로 명명합니다 (예: BANK_TRANSFER). 열거형 클래스 요소는 열거형의 이름, 점, 값의 이름으로 참조합니다(예: PaymentOption.CASH). 모든 값의 타입은 값이 선언된 열거형 클래스입니다.

```kotlin
enum class PaymentOption {
    CASH,
    CARD,
    TRANSFER,
}

fun printOption(option: PaymentOption) {
    println(option)
}

fun main() {
    val option: PaymentOption = PaymentOption.CARD
    println(option)     // CARD
    printOption(option)  // CARD
}
```

모든 열거형 클래스는 다음 컴패니언 객체 함수를 가집니다.

- entries: 열거형 클래스의 모든 값을 리스트로 가지는 프로퍼티입니다. 원소의 배열을 반환하는 values 함수를 최신 방식으로 교체한 것입니다.[1]
- valueOf: 입력받은 문자열과 이름이 일치하는 열거형 원소를 반환합니다(대소문자 구분). 해당 원소가 없다면 예외를 던집니다.

```kotlin
enum class PaymentOption {
    CASH,
    CARD,
    TRANSFER,
}

fun main() {
    val option: PaymentOption =
        PaymentOption.valueOf("TRANSFER")
    println(option)

    println("All options: ")
    val paymentOptions: List<PaymentOption> =
        PaymentOption.values()
    for (paymentOption in paymentOptions) {
        println(paymentOption)
    }
}
// TRANSFER
// All options:
// CASH
// CARD
// TRANSFER
```

이 메서드들 대신, 최상위 함수인 enumValues와 enumValueOf를 사용할 수도 있습니다.

```kotlin
enum class PaymentOption {
    CASH,
    CARD,
    TRANSFER,
}
```

---

1 entries 프로퍼티는 코틀린 1.9부터 도입되었으므로, 이전 버전에서는 values를 사용해야 합니다.

```
fun main() {
    val option = enumValueOf<PaymentOption>("TRANSFER")
    println(option)

    println("All options: ")
    val paymentOptions = enumValues<PaymentOption>()
    for (paymentOption in paymentOptions) {
        println(paymentOption)
    }
}
// TRANSFER
// All options:
// CASH
// CARD
// TRANSFER
```

열거형은 값들의 순서를 유지합니다. 순서는 중요합니다. 모든 열거형 값은 다음의 두 프로퍼티를 제공합니다.

- name: 값의 이름
- ordinal: 값의 위치(0부터 시작)

```
enum class PaymentOption {
    CASH,
    CARD,
    TRANSFER,
}

fun main() {
    val option = PaymentOption.TRANSFER
    println(option.name)     // TRANSFER
    println(option.ordinal)  // 2
}
```

모든 열거형 클래스는 추상 클래스인 Enum의 서브클래스입니다. Enum을 슈퍼클래스로 이용하면 name과 ordinal 프로퍼티를 물려받게 됩니다. 열거형 클래스는 toString, equals, hashCode를 구현하는 프로퍼티도 제공하며, 데이터 클래스에 없는 compareTo 메서드도 제공합니다. compareTo는 원소들의 크기를 비교해 주는 메서드로, 선언된 순서가 곧 크기가 됩니다(먼저 선언된 원소가 더 큽니다).

열거형 값은 when 문의 조건 브랜치에서도 사용할 수 있습니다. 열거형 값 모두를 나열하면 else 브랜치는 따로 사용할 필요가 없습니다.

```kotlin
fun transactionFee(paymentOption: PaymentOption): Double =
    when (paymentOption) {
        PaymentOption.CASH -> 0.0
        PaymentOption.CARD, PaymentOption.TRANSFER -> 0.05
    }
```

열거형 클래스는 파싱하거나 문자열로 만들기도 쉬워서 매우 편리합니다. 그래서 원소의 개수가 한정된 집합을 표현할 때 애용됩니다.

열거형 값의 데이터

열거형 값에는 상태가 있을 수 있습니다. 열거형 클래스에도 주 생성자를 정의할 수 있으며, 이때 각 열거형 값은 이름 옆에 데이터를 지정해야 합니다. 단, 한 가지 모범 사례를 말씀드리자면, 열거형 값의 상태는 절대 변하지 않도록 만들어야 합니다.

```kotlin
import java.math.BigDecimal

enum class PaymentOption(val commission: BigDecimal) {
    CASH(BigDecimal.ONE),
    CARD(BigDecimal.TEN),
    TRANSFER(BigDecimal.ZERO)
}

fun main() {
    println(PaymentOption.CARD.commission)      // 10
    println(PaymentOption.TRANSFER.commission)  // 0

    val paymentOption: PaymentOption =
        PaymentOption.entries.random()
    println(paymentOption.commission)  // 0, 1 또는 10
}
```

커스텀 메서드를 가진 열거형 클래스

열거형 클래스에서 추상 메서드를 정의하고 원소마다 다르게 구현할 수 있습니다. 추상 메서드는 열거형 클래스를 정의할 때 함께 정의해야 하며, 각 원소에서 오버라이딩해야 합니다.

```kotlin
enum class PaymentOption {
    CASH {
        override fun startPayment(
            transaction: Transaction
        ) {
            showCashPaymentInfo(transaction)
        }
    },
    CARD {
        override fun startPayment(
            transaction: Transaction
        ) {
            moveToCardPaymentPage(transaction)
        }
    },
    TRANSFER {
        override fun startPayment(
            transaction: Transaction
        ) {
            showMoneyTransferInfo()
            setupPaymentWatcher(transaction)
        }
    };

    abstract fun startPayment(transaction: Transaction)
}
```

단, 함수형 주 생성자 매개변수[2] 또는 확장 함수[3]를 주로 사용하기 때문에 이 방식은 널리 쓰이지 않습니다.

---

2 함수형 변수는 《코틀린 아카데미: 함수형 프로그래밍》에서 설명합니다. 함수형 주 생성자 매개변수가 있는 열거형 클래스의 예시는 《Effective Kotlin, 2/E》의 '아이템 41: 값을 리스트로 나타낼 때 열거형을 사용하라(Use enum to represent a list of values)'에서 볼 수 있습니다.
3 확장 함수는 17장에서 자세히 설명합니다.

요약

열거형 클래스는 가능한 값들의 집합을 구체적으로 나타낼 때 편리합니다. 열거형 값 각각은 name과 ordinal(위치) 프로퍼티를 제공합니다. 컴패니언 객체 함수인 values나 최상위 함수인 enumValues를 사용해 정의된 값 모두를 포함하는 배열을 얻을 수 있습니다. 컴패니언 객체 함수 valueOf나 최상위 함수인 enumValueOf를 사용해 문자열을 파싱하여 대응하는 열거형 값을 얻을 수 있습니다.

다음 장에서는 봉인된 클래스를 살펴봅니다. 봉인된 클래스는 열거형 클래스와 비슷한 목적으로 사용하는 경우가 많지만, 더 강력한 추상 개념이며 완전히 다른 방식을 가지고 있습니다. 열거형 클래스는 단지 상숫값의 집합을 표현하는 반면, 봉인된 클래스는 더 확장할 수 없는(닫힌) 클래스 계층구조를 만들어 줍니다.

연습문제: 요일 열거형

이번 과제는 요일을 표현하는 열거형을 만들고, 몇 가지 유용한 프로퍼티와 함수를 구현하는 것입니다. 정확한 지침은 다음과 같습니다.

1. 다음 요일들로 구성된 DayOfWeek 열거형 클래스를 정의하세요.

   MONDAY, TUESDAY, WEDNESDAY, THURSDAY, FRIDAY, SATURDAY, SUNDAY
2. 원소들은 일주일의 요일 순서대로 정의해야 합니다.
3. 열거형의 주 생성자에서 주말 여부를 뜻하는 isWeekend(불 타입)와 요일의 이름을 담고 있는 dayName(문자열 타입) 프로퍼티를 정의해야 합니다.
4. DayOfWeek를 입력받아 다음 요일을 순서대로 반환하는 nextDay 함수를 구현하세요. 예를 들어, 입력값이 MONDAY라면 TUESDAY를 반환해야 합니다.

다음 코드가 동작해야 합니다.

```
fun main() {
    val friday: DayOfWeek = DayOfWeek.FRIDAY
    println(friday.dayName)      // Friday
```

```
    println(friday.isWeekend)    // false
    val saturday: DayOfWeek = friday.nextDay()
    println(saturday.dayName)    // Saturday
    println(saturday.isWeekend)  // true
}
```

연습문제 깃허브 저장소의 essentials/exception/DayOfWeek.kt 파일에서 시작 코드를 찾을 수 있습니다. 프로젝트를 클론하여 로컬 환경에서 문제를 풀어 보세요.

　정답은 책 뒤편의 '연습문제 해답'에서 확인할 수 있습니다.

봉인된 클래스와 인터페이스

코틀린의 클래스와 인터페이스는 연산이나 데이터 표현 외에도 다양하게 활용
됩니다. 클래스와 상속을 이용하면 다형성을 위한 계층구조를 만들 수 있습니
다. 예를 들어, 네트워크 요청을 보낸다고 해 보죠. 그 결과로 요청한 데이터를
성공적으로 받거나, 요청이 실패하여 잘못된 원인에 대한 정보만 얻게 될 수
있습니다. 두 종류의 결과 모두 다음의 한 인터페이스를 구현하는 별개의 클래
스로 표현할 수 있습니다.

```
interface Result
class Success(val data: String) : Result
class Failure(val exception: Throwable) : Result
```

인터페이스 대신 추상 클래스도 사용할 수 있습니다.

```
abstract class Result
class Success(val data: String) : Result()
class Failure(val exception: Throwable) : Result()
```

둘 중 어느 방식으로 설계하든 네트워크 요청 함수가 반환한 Result는 Success
나 Failure 중 하나일 것입니다.

```
val result: Result = getSomeData()
when (result) {
```

```
    is Success -> handleSuccess(result.data)
    is Failure -> handleFailure(result.exception)
}
```

문제는, 일반적인 인터페이스나 추상 클래스를 사용하면 결과로 받은 객체가 내가 정의한 서브타입일 것이라고 보장할 수 없다는 것입니다. 누군가 Result 를 확장(혹은 구현)하는 또 다른 클래스를 정의했을 수 있습니다. 누군가는 Result를 구현하는 객체 표현식을 사용할 수도 있습니다.

```
class FakeSuccess : Result

val res: Result = object : Result {}
```

서브클래스 전부를 미리 알 수 없는 계층구조를 '제한 없는 계층구조(non-restricted hierarchy)'라고 합니다. 한편 Result처럼 제한된 계층구조를 정의하고 싶다면 클래스나 인터페이스 앞에 sealed 제어자를 붙입니다.[1]

```
sealed interface Result
class Success(val data: String) : Result
class Failure(val exception: Throwable) : Result

// 또는

sealed class Result
class Success(val data: String) : Result()
class Failure(val exception: Throwable) : Result()
```

 sealed 제어자를 사용하면 자동으로 추상 클래스가 되므로 abstract 제어자는 사용하지 않아도 됩니다.

봉인된 클래스나 봉인된 인터페이스의 서브타입들은 다음 사항들을 만족해야 합니다.

---

1 값은 다양하게 가질 수 있지만 타입의 종류는 제한하고자 할 때 제한된 계층구조를 이용합니다. 다른 언어에서는 합 타입(sum type), 코프로덕트(coproducts), 태그된 유니온(tagged union) 등을 이용하여 제한된 계층구조를 표현합니다. (옮긴이) 자바에서는 JDK 17부터 코틀린과 비슷한 형태의 봉인된 클래스와 봉인된 인터페이스를 지원합니다.

- 봉인된 클래스나 봉인된 인터페이스와 같은 패키지와 모듈에서 정의되어야 합니다.
- 지역적이 될 수 없고, 객체 표현식을 사용해 정의할 수 없습니다.

따라서 sealed 제어자를 사용하면 클래스나 인터페이스가 가질 수 있는 서브클래스를 제한할 수 있습니다. 라이브러리나 모듈 사용자가 자신만의 서브클래스를 추가할 수 없게 되는 것입니다.[2] 아무도 봉인된 클래스나 인터페이스를 확장하는 로컬 클래스나 객체 표현식을 몰래 추가할 수 없습니다. 코틀린이 이런 행위를 차단해 줍니다. 이런 식으로 서브클래스의 계층구조가 더는 확장될 수 없게 됩니다.

 봉인된 인터페이스는 봉인된 계층구조 여러 개에 속하는 클래스를 구현할 수 있도록 하기 위해 비교적 최근에 도입되었습니다. 봉인된 클래스와 봉인된 인터페이스의 관계는 추상 클래스와 인터페이스의 관계와 비슷합니다. 클래스는 상태를 유지하고(추상 프로퍼티가 아닌 프로퍼티), 멤버의 개방성을 조정할 수 있는 것(final 메서드와 프로퍼티)이 강점입니다. 대신 클래스는 단 하나의 클래스만 상속할 수 있지만, 인터페이스는 여러 개를 구현할 수 있다는 게 인터페이스의 강점입니다.

봉인된 클래스와 when 표현식

when을 표현식으로 사용하면 값을 반드시 반환해야 하므로 모든 상황에 철저하게(exhaustive) 대처해야 합니다. 대부분의 경우 이를 위한 방법으로 else 절을 지정합니다.

```
fun commentValue(value: String) = when {
    value.isEmpty() -> "Should not be empty"
    value.length < 5 -> "Too short"
    clse -> "Correct"
}

fun main() {
    println(commentValue(""))        // Should not be empty
```

---

2 제한된 계층구조에 다른 모듈에서 상속할 수 있는 추상 클래스나 인터페이스를 포함시킬 수는 있습니다.

```
    println(commentValue("ABC"))      // Too short
    println(commentValue("ABCDEF"))   // Correct
}
```

하지만 가능한 값을 모두 사용했는지 코틀린이 알 수 있는 경우도 있습니다. 예를 들면, when 표현식에 열거형 값을 사용하고, 본문에서 열거형 값 모두와 비교할 때입니다.

```
enum class PaymentType {
    CASH,
    CARD,
    CHECK
}

fun commentDecision(type: PaymentType) = when (type) {
    PaymentType.CASH -> "I will pay with cash"
    PaymentType.CARD -> "I will pay with card"
    PaymentType.CHECK -> "I will pay with check"
}
```

봉인된 클래스도 마찬가지입니다. 타입의 개수가 정해져 있기 때문에 그 모두를 브랜치로 지정하면 철저한(exhaustive) when 표현식을 작성할 수 있습니다. 예를 들어, 봉인된 클래스나 봉인된 인터페이스를 사용하고 모든 서브타입을 is로 확인할 수 있습니다.

```
sealed class Response<out V>
class Success<V>(val value: V) : Response<V>()
class Failure(val error: Throwable) : Response<Nothing>()

fun handle(response: Response<String>) {
    val text = when (response) {
        is Success -> "Success with ${response.value}"
        is Failure -> "Error"
        // 여기서는 else가 필요 없습니다.
    }
    print(text)
}
```

더구나 명시하지 않은 브랜치가 있다면 인텔리제이가 추가하라고 제안합니다. 따라서 가능한 모든 타입을 처리할 때 봉인된 클래스를 사용하면 편리합니다.

```
sealed class Result<out V>
data class Success<V>(val value: V) : Result<V>()
data class Failure(val error: Throwable) : Result<Nothing>()

fun handle(response: Result<String>) {
    val text = when (response) {
    }                    Add else branch
}                        Add remaining branches
                         Inspection 'Control flow with empty body' options
                         Press ⌥Space to open preview
```

else 절을 사용하지 않았는데 봉인된 클래스에 새로운 서브클래스를 추가하면 사용하는 곳에서도 새 타입을 추가해야 합니다. 로컬 코드에서는 철저한 when 표현식에서 새로운 클래스를 처리하도록 강제하기 때문에 편리합니다. 단, 봉인된 클래스가 라이브러리의 공개 API나 공유 모듈에 속할 때는 자칫 불편할 수 있습니다. 철저한 when을 사용하는 모든 코드에서 새로운 서브타입을 추가해야 하기 때문입니다.[3]

봉인된 타입 대 열거형

열거형 클래스는 '값의 집합'을 표현할 때 사용합니다. 봉인된 클래스와 봉인된 인터페이스 클래스나 객체 선언으로 만들 수 있는 '서브타입의 집합'을 표현합니다. 이는 아주 큰 차이입니다. 클래스는 값보다 더 많은 역할을 합니다. 인스턴스를 여러 개 만들 수 있고 데이터를 담을 수 있습니다. Response가 열거형 클래스라면 value와 error를 가질 수 없습니다. 열거형은 단지 값의 집합인 반면, 봉인된 클래스의 서브클래스들은 각각이 다른 데이터를 가질 수 있습니다.

사용 예

서브클래스의 수가 고정되어 있음을 표현할 때 봉인된 클래스를 사용합니다.

```
sealed class MathOperation
class Plus(val left: Int, val right: Int) : MathOperation()
class Minus(val left: Int, val right: Int) : MathOperation()
class Times(val left: Int, val right: Int) : MathOperation()
```

---

3 (옮긴이) 이처럼 기존 코드와의 호환성을 깨뜨리는 변경을 브레이킹 체인지(breaking change)라고 합니다.

```
class Divide(val left: Int, val right: Int) : MathOperation()

sealed interface Tree
class Leaf(val value: Any?) : Tree
class Node(val left: Tree, val right: Tree) : Tree

sealed interface Either<out L, out R>
class Left<out L>(val value: L) : Either<L, Nothing>
class Right<out R>(val value: R) : Either<Nothing, R>

sealed interface AdView
object FacebookAd : AdView
object GoogleAd : AdView
class OwnAd(val text: String, val imgUrl: String) : AdView
```

가장 큰 이점은 when 표현식에서 is 확인을 통해 계층구조에서 가능한 타입 모두를 손쉽게 다룰 수 있다는 것입니다. when 문의 조건 브랜치에서 봉인된 요소를 값으로 받으면 컴파일러가 타입 확인을 철저하게 수행해 주며, 프로그램이 올바른 상태들만 표현하도록 합니다.

```
fun BinaryTree.height(): Int = when (this) {
    is Leaf -> 1
    is Node -> maxOf(this.left.height(), this.right.height())
}
```

한편 계층구조가 제한됨을 명시하면 가독성도 좋아집니다. 마지막으로, sealed 제어자를 사용하면 리플렉션(reflection)으로 서브클래스들을 모두 찾아낼 수도 있습니다.[4]

```
sealed interface Parent
class A : Parent
class B : Parent
class C : Parent

fun main() {
    println(Parent::class.sealedSubclasses)
    // [class A, class B, class C]
}
```

---

4   리플렉션을 사용하려면 kotlin-reflect 의존성이 필요합니다. 리플렉션에 대해서는 《코틀린 아카데미: 고급편》에서 상세하게 설명합니다.

요약

봉인된 클래스와 인터페이스는 제한된 계층구조를 표현하기 위해 사용합니다. when 문을 이용하면 서브타입 전부를 처리하기 쉬워지고, 그 결과 확장 함수를 사용해 봉인된 원소들에 새로운 메서드를 추가하기도 쉬워집니다. 추상 클래스는 새로운 클래스가 계층구조에 추가될 여지를 남겨 둡니다. 서브클래스의 종류를 제어하고 싶다면 sealed 제어자를 사용해야 합니다.

다음 장에서는 클래스의 마지막 주제인 애너테이션을 다룹니다. 애너테이션은 코드 요소에 추가 정보를 첨가할 때 사용합니다.

애너테이션 클래스

코틀린이 제공하는 특별한 클래스가 하나 더 남았습니다. 요소에 추가 정보를 제공하는 데 이용하는 애너테이션입니다. 다음은 @JvmField, @JvmStatic, @Throws 애너테이션을 사용하는 클래스의 예입니다.[1]

```kotlin
import java.math.BigDecimal
import java.math.MathContext

class Money(
    val amount: BigDecimal,
    val currency: String,
) {
    @Throws(IllegalArgumentException::class)
    operator fun plus(other: Money): Money {
        require(currency == other.currency)
        return Money(amount + other.amount, currency)
    }

    companion object {
        @JvmField
        val MATH = MathContext(2)

        @JvmStatic
        fun eur(amount: Double) =
```

---

1 @JvmField, @JvmStatic, @Throws 애너테이션은 코틀린 요소를 자바 코드에서 사용하기 위해 커스터마이즈하는 용도로 쓰입니다. 《코틀린 아카데미: 고급편》에서 자세히 다룹니다.

```
            Money(amount.toBigDecimal(MATH), "EUR")

        @JvmStatic
        fun usd(amount: Double) =
            Money(amount.toBigDecimal(MATH), "USD")

        @JvmStatic
        fun pln(amount: Double) =
            Money(amount.toBigDecimal(MATH), "PLN")
    }
}
```

자신만의 애너테이션을 정의할 수도 있습니다. 다음은 애너테이션을 선언하고 사용하는 예입니다.

```
annotation class Factory
annotation class FactoryFunction(val name: String)

@Factory
class CarFactory {

    @FactoryFunction(name = "toyota")
    fun makeToyota(): Car = Toyota()

    @FactoryFunction(name = "skoda")
    fun makeSkoda(): Car = Skoda()
}

abstract class Car
class Toyota : Car()
class Skoda : Car()
```

애너테이션이 어떤 역할을 하는지 궁금할 것입니다. 답은 간단합니다. 아무것도 하지 않습니다. 애너테이션은 스스로는 아무 일도 하지 않아서 코드의 작동 방식에도 아무런 영향을 주지 않습니다. 단지 정보만 담고 있을 뿐입니다. 하지만 많은 라이브러리가 애너테이션에 의존하며 애너테이션에 명시한 정보를 참고해 동작합니다.

중요한 라이브러리 대다수가 애너테이션 처리를 활용합니다. 작동 방식은 간단합니다. 코드를 빌드할 때 실행되는 애너테이션 처리기(annotation processor) 라는 클래스가 있습니다. 이 처리기는 코드를 분석하여 필요하면 코드를 추가로 생성합니다. 어떤 코드가 추가될지는 애너테이션에 따라 제각각입니다. 처리기가 생성한 새로운 코드는 프로젝트의 소스에는 담겨 있지 않지만, 일단 생성된 후로는 해당 코드에 접근할 수 있습니다. 애너테이션 처리를 이용하는 라이브러리에 공통으로 적용되는 원리입니다. 자바의 모키토(Mockito) 라이브러리와 애너테이션 처리기를 사용하는 예를 봅시다.

```
class DoctorServiceTest {

    @Mock
    lateinit var doctorRepository: DoctorRepository

    lateinit var doctorService: DoctorService

    @Before
    fun init() {
        MockitoAnnotations.initMocks(this)
        doctorService = DoctorService(doctorRepository)
    }

    // ...
}
```

doctorRepository 프로퍼티에는 @Mock 애너테이션이 달려 있습니다. 이 애너테이션은 목(Mock) 처리기가 해석하며, 프로퍼티에 가짜(mock) 값을 할당할 수 있게 해 줍니다. 이 처리기는 DoctorServiceTest의 doctorRepository 프로퍼티용으로 일련의 값을 생성하고 할당하는 클래스를 만듭니다. 물론, 생성된 클래스는 스스로 작동하지는 않습니다. 외부에서 구동해 줘야 하죠. 모키토 라이브러리에서는 MockitoAnnotations.initMocks(this)가 그 역할을 합니다. 리플렉션을 사용하여 애너테이션 처리기가 생성한 클래스를 호출해 줍니다.

애너테이션 처리는《코틀린 아카데미: 고급편》의 9장 '애너테이션 처리'에서 자세히 설명합니다.

메타-애너테이션

애너테이션 클래스에 추가되는 애너테이션을 메타-애너테이션(meta-annotation)이라고 합니다. 코틀린 표준 라이브러리의 메타-애너테이션 중 중요한 네 가지는 다음과 같습니다.

- @Target: 애너테이션의 대상이 될 수 있는 코드 요소의 종류를 가리킵니다. 인수로 AnnotationTarget 열거형 값을 받습니다. 이 열거형의 값은 CLASS, PROPERTY, FUNCTION 등입니다.
- @Retention: 컴파일된 바이너리 결과에 애너테이션을 포함시킬지와 리플렉션으로 볼 수 있을지를 결정합니다. 기본값은 둘 모두 true입니다.
- @Repeatable: 코드 요소 하나에 애너테이션이 두 번 이상 적용 가능한지 정합니다.
- @MustBeDocumented: 애너테이션이 공개 API인지, 그래서 코드로부터 문서를 생성할 때 애너테이션이 적용된 요소들의 설명에 애너테이션도 포함시킬지를 정합니다.

다음은 이상의 애너테이션들을 사용한 예입니다.

```
@MustBeDocumented
@Target(AnnotationTarget.CLASS)
annotation class Factory

@Repeatable
@Target(AnnotationTarget.FUNCTION)
annotation class FactoryFunction(val name: String)
```

주 생성자에 애너테이션 추가하기

주 생성자에 애너테이션을 추가하려면 주 생성자를 정의할 때 괄호 앞에 constructor 키워드를 명시해야 합니다.

```
// 주 생성자에 @JvmOverloads 애너테이션을 추가합니다.
class User @JvmOverloads constructor(
    val name: String,
    val surname: String,
    val age: Int = -1,
)
```

리스트 리터럴

애너테이션의 값으로 배열을 지정하고 싶다면 '배열 리터럴'이라는 특별 구문을 사용할 수 있습니다. arrayOf 대신 대괄호를 사용해 배열을 선언할 수 있다는 의미입니다.

```
annotation class AnnotationWithList(
    val elements: Array<String>
)

@AnnotationWithList(["A", "B", "C"])
val str1 = "ABC"

@AnnotationWithList(elements = ["D", "E"])
val str2 = "ABC"

@AnnotationWithList(arrayOf("F", "G"))
val str3 = "ABC"
```

이 표기법은 애너테이션에서만 허용됩니다. 코드의 다른 부분에서 배열을 정의할 때는 사용할 수 없습니다.

요약

애너테이션은 코드를 설명할 때 사용합니다. 애너테이션 처리기 또는 리플렉션을 사용하는 클래스에 의해 해석될 수 있습니다. 수많은 도구 및 라이브러리에서 특정 동작을 자동화하기 위해 애너테이션을 활용합니다. 애너테이션 자체는 매우 간단하지만, 이를 응용해 만들 수 있는 기능은 놀라울 정도입니다.[2]

다음 장에서는 타입에 관계없이 메서드나 프로퍼티를 확장할 수 있게 해 주는 코틀린의 놀라운 기능인 확장에 대해 알아보겠습니다.

---

2 애너테이션 처리기를 구현하는 방법과 처리기로 무엇을 할 수 있는지는 《코틀린 아카데미: 고급편》에서 자세히 설명합니다.

17장

K o t l i n   E s s e n t i a l s

확장

메서드와 프로퍼티를 정의하는 가장 직관적인 방법은 클래스 안에 정의하는 것입니다. 클래스 안에 선언한 요소를 클래스 멤버라고 하며, 더 구체적으로는 멤버 함수(member function)와 멤버 프로퍼티(member property)라고 합니다.

```kotlin
class Telephone(
    // 멤버 프로퍼티
    val number: String
) {
    // 멤버 함수
    fun call() {
        print("Calling $number")
    }
}

fun main() {
    // 사용 예
    val telephone = Telephone("123456789")
    println(telephone.number)  // 123456789
    telephone.call()           // Calling 123456789
}
```

한편 코틀린에서는 인스턴스에서 호출하는 함수와 프로퍼티를 다른 방식으로도 정의할 수 있습니다. 바로 이번 장의 주제인 확장입니다. 확장 함수(extension function)는 일반 함수처럼 정의하지만, 함수 이름 앞에 타입(과 점)을 추가합니다. 다음 코드에서는 call 함수를 Telephone의 확장 함수로 정의했습니다. 그래서 이 함수는 Telephone의 인스턴스에서 호출해야 합니다.

```kotlin
class Telephone(
    val number: String
)

fun Telephone.call() {
    print("Calling $number")
}

fun main() {
    // 사용 예
    val telephone = Telephone("123456789")
    telephone.call()  // Calling 123456789
}
```

> ✅ 멤버 함수와 확장 함수 모두 메서드입니다.

확장 함수는 String처럼 우리가 통제할 수 없는 타입에도 추가할 수 있습니다. 이러한 능력 덕분에 외부 라이브러리의 API를 우리가 만든 함수로 확장할 수 있게 됩니다. 다음 예를 보시죠.

```kotlin
fun String.remove(value: String) = this.replace(value, "")

fun main() {
    println("Who Framed Roger Rabbit?".remove(" "))
    // WhoFramedRogerRabbit?
}
```

String에 remove라는 확장 함수를 정의했습니다. 그래서 String 객체에서 확장 함수를 호출할 수 있습니다. 확장 함수 안에서는 멤버 함수처럼 this 키워드를 이용하여 현재 객체를 참조할 수 있습니다. 물론 this 키워드를 생략해도 암묵적으로 사용할 수 있습니다.

```kotlin
// 명시적으로 this 사용
fun String.remove(value: String) = this.replace(value, "")

// 암묵적으로 this 사용
fun String.remove(value: String) = replace(value, "")
```

this 키워드는 리시버입니다. 확장 함수 내부에서는 **확장 리시버**라 부릅니다. 멤버 함수에서는 디스패치 리시버라고 합니다. 그리고 확장 함수를 써서 확장하는 대상 타입을 리시버 타입이라 합니다.

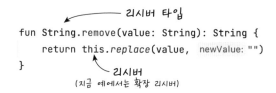

확장 함수는 멤버 함수와 거의 비슷하게 동작합니다. 확장 함수를 익히고 나면 객체의 안전성을 우려하는 개발자가 많습니다. 하지만 확장한다고 해서 클래스의 요소에 대해 특별한 접근 권한을 얻는 것이 아니기 때문에 전혀 걱정할 필요가 없습니다. 최상위 확장 함수와 일반적인 최상위 함수의 유일한 차이는 인스턴스를 인수로 받는 것이 아니라 인스턴스에서 호출한다는 점입니다. 더 명확하게 이해하기 위해 확장 함수 내부를 자세히 살펴봅시다.

확장 함수 살펴보기

확장 함수를 이해하기 위해 (2장의 'JVM에서 일어나는 과정' 절에서 설명한) 'Tools〉Kotlin〉Show Kotlin bytecode'와 'Decompile'를 다시 한번 활용해 봅시다. 다음의 remove 함수와 호출 코드를 컴파일한 뒤 자바로 디컴파일하겠습니다.

```kotlin
fun String.remove(value: String) = this.replace(value, "")

fun main() {
    println("A B C".remove(" "))  // ABC
}
```

디컴파일 결과, 다음의 자바 코드를 얻었습니다(핵심과 관련 없는 코드는 생략했습니다).

```java
public final class PlaygroundKt {
    @NotNull
    public static final String remove(
            @NotNull String $this$remove,
            @NotNull String value
```

```
    ) {
        // 널 아님이 확인된 매개변수
        return StringsKt.replace$default(
                $this$remove,
                value,
                "",
                // 그 외 기본값들
        );
    }

    public static final void main(@NotNull String[] args) {
        // 널 아님이 확인된 매개변수
        String var1 = remove("A B C", " ");
        System.out.println(var1);
    }
}
```

리시버 타입이 매개변수로 바뀐 모습을 확인할 수 있습니다. 또한 remove를 호출하는 위치가 객체가 아님도 알 수 있습니다. 그저 일반적인 정적 함수일 뿐입니다.

확장 함수를 정의한다고 해서 클래스에 실제로 무언가가 추가되는 게 아닙니다. 그저 편의 문법일 뿐입니다. 다음의 두 remove 구현을 비교해 봅시다.

```
fun remove(text: String, value: String) =
    text.replace(value, "")

fun String.remove(value: String) =
    this.replace(value, "")
```

내부 구현은 두 함수가 거의 같습니다. 차이점이라면 코틀린이 두 함수를 호출하는 방식입니다. 일반 함수는 평범하게 모든 인수를 매개변수로 받습니다. 확장 함수는 해당 객체에 대고 호출합니다.

확장 프로퍼티

확장은 상태가 없기 때문에 필드도 가질 수 없습니다. 한편 프로퍼티는 필드의 실체 없이 게터와 세터만으로 정의할 수 있습니다. 따라서 실제 필드가 필요 없고 접근자로만 정의해도 된다면 확장 프로퍼티를 정의할 수 있습니다.

```
val <T> List<T>.lastIndex: Int
    get() = size - 1
```

확장 프로퍼티는 특히 안드로이드 프로그래밍에서 널리 쓰입니다. 다른 서비스에 접근하는 코드가 복잡하기도 하고 반복되기 때문입니다. 이럴 때 확장 프로퍼티를 활용하면 서비스에 손쉽게 접근할 수 있습니다.

```
val Context.inflater: LayoutInflater
    get() = getSystemService(Context.LAYOUT_INFLATER_SERVICE)
        as LayoutInflater

val Context.notificationManager: NotificationManager
    get() = getSystemService(Context.NOTIFICATION_SERVICE)
        as NotificationManager

val Context.alarmManager: AlarmManager
    get() = getSystemService(Context.ALARM_SERVICE)
        as AlarmManager
```

확장 프로퍼티는 게터와 세터를 모두 정의할 수 있습니다. 다음 예에서는 사용자 생일을 다르게 표현해 주는 확장 프로퍼티를 정의해 보았습니다.

```
class User {
    // ...
    var birthdateMillis: Long? = null
}

var User.birthdate: Date?
    get() {
        val millis = birthdateMillis
        return if (millis == null) null else Date(millis)
    }
    set(value) {
        birthdateMillis = value?.time
    }
```

확장 대 멤버

확장과 멤버를 사용할 때의 가장 큰 차이점은 확장은 따로 임포트해야 한다는 것입니다. 이런 이유 때문에 확장을 다른 패키지에 둘 수 있습니다. 멤버를 직접 추가하기 힘든 상황에서 확장의 이런 특성을 사용할 수 있습니다. 데이터와 동작(behavior)이 분리되도록 설계된 프로젝트에서도 유용합니다. 필드를 가진 프로퍼티는 어쩔 수 없이 클래스에 정의되어야 하지만, 메서드는 (클래스의 공개 API만 이용하는 한) 별도 위치로 분리시킬 수 있습니다.

확장은 임포트해야 사용할 수 있기 때문에 같은 타입에 대해서도 똑같은 이름의 확장을 여러 벌 만들 수 있습니다. 따라서 여러 개의 라이브러리가 충돌 없이 메서드를 추가로 제공할 수 있게 됩니다. 하지만 이름이 같은 두 확장이 서로 다르게 동작하면 위험할 수 있습니다. 이런 경우를 코드 스멜이라 할 수 있으며, 누군가 확장 함수를 남용한 증거일 수 있습니다.

또 다른 중요한 차이점으로, 확장은 가상 함수가 아니므로 파생 클래스에서 재정의할 수 없습니다. 슈퍼타입과 서브타입 모두에서 확장을 정의하면 컴파일러는 실제 클래스가 무엇인지가 아닌, 변수의 타입을 기준으로 호출할 함수를 결정합니다.

```kotlin
open class View
class Button : View()

fun View.printMe() {
    println("I'm a View")
}

fun Button.printMe() {
    println("I'm a Button")
}

fun main() {
    val button: Button = Button()
    button.printMe()  // I'm a Button
    val view: View = button
    view.printMe()    // I'm a View
}
```

확장 함수는 멤버 함수와 다르게 동작합니다. 멤버 함수는 **가상 함수**이기 때문에 객체의 타입을 업캐스팅해도 어떤 멤버 함수가 선택되는지에 영향을 미치지 않습니다.

```kotlin
open class View {
    open fun printMe() {
        println("I'm a View")
    }
}

class Button: View() {
    override fun printMe() {
        println("I'm a Button")
    }
}

fun main() {
    val button: Button = Button()
    button.printMe()  // I'm a Button
    val view: View = button
    view.printMe()    // I'm a Button
}
```

이처럼 다르게 동작하는 이유는 확장 함수가 컴파일될 때 첫 번째 인수로 확장 함수의 리시버를 받게끔 바뀌기 때문입니다.

```kotlin
open class View
class Button : View()

fun printMe(view: View) {
    println("I'm a View")
}

fun printMe(button: Button) {
    println("I'm a Button")
}

fun main() {
    val button: Button = Button()
    printMe(button)  // I'm a Button
    val view: View = button
    printMe(view)    // I'm a View
}
```

이러한 특성 때문에 확장 함수를 (클래스가 아닌) 타입에 자연스럽게 정의할 수 있습니다. 개발자에게 더 많은 자유를 안겨 주죠. 예를 들어, 널 가능한 타입이나 제네릭 타입에도 확장 함수를 정의할 수 있습니다.

```
inline fun CharSequence?.isNullOrBlank(): Boolean {
    // (컨트랙트 정의는 생략했습니다.)
    return this == null || this.isBlank()
}

fun Iterable<Int>.sum(): Int {
    var sum: Int = 0
    for (element in this) {
        sum += element
    }
    return sum
}
```

마지막 중요한 차이점으로, 확장 함수는 클래스 참조의 멤버 함수로 등록되지 않습니다. 따라서 애너테이션 처리기의 관심 대상이 아닙니다. 따라서 클래스에서 애노테이션 처리가 되어야 할 요소들을 확장 함수로 추출할 수 없습니다. 반면, 애노테이션 처리가 필요하지 않은 요소들은 확장 함수로 추출해도 아무런 영향이 없습니다. 확장한 요소들은 대상 클래스에 속하지 않으므로 숨길 필요가 없습니다.

객체 선언에서의 확장 함수

객체를 선언할 때도 확장 함수를 정의할 수 있습니다.

```
object A

fun A.foo() {}

fun main() {
    A.foo()

    val a: A = A
    a.foo()
}
```

컴패니언 객체의 확장 함수를 정의하려면 컴패니언 객체의 실제 이름이 필요합니다. 명시적인 이름이 없다면 기본값인 'Companion'을 이용합니다. 당연하지만, 컴패니언 객체에 확장 함수를 정의하려면 컴패니언 객체가 존재해야 합니다. 이것이 일부 클래스에서 본문 없이 컴패니언 객체를 정의하는 이유입니다.

```
class A {
    companion object
}

fun A.Companion.foo() {}

fun main() {
    A.foo()

    val a: A.Companion = A
    a.foo()
}
```

멤버 확장 함수

클래스 안에서도 확장 함수를 정의할 수 있습니다. 이를 멤버 확장 함수(member extension function)라고 합니다.

```
class Telephone {
    fun String.call() {
        // ...
    }
}
```

멤버 확장 함수는 코드 스멜로 간주되기 때문에 특별한 이유가 없다면 지양해야 합니다. 더 자세히 알고 싶다면 《Effective Kotlin, 2/E》의 '아이템 46: 멤버 확장 함수의 사용을 피하라(Avoid member extensions)'를 보세요.

사용 예

확장의 가장 중요한 용도는 우리가 제어할 수 없는 API에 메서드와 프로퍼티를 추가하는 것입니다. 안드로이드에서 토스트를 보여 주거나 뷰를 숨기는 것이 좋은 예입니다. 이런 기능은 쓸데없이 복잡할 이유가 없으니 확장 함수를 사용해 간단하게 구현하는 게 좋습니다.

```
fun Context.toast(message: String) {
    Toast.makeText(this, message, Toast.LENGTH_LONG).show()
}
```

```kotlin
fun View.hide() {
    this.visibility = View.GONE
}
```

한편, 멤버 대신 확장이 선호되는 경우도 있습니다. 예를 들어, Iterable 인터페이스는 멤버 함수 iterator 하나뿐입니다. 나머지 onEach나 joinToString 같은 메서드는 확장 함수 형태로 표준 라이브러리에 정의되어 있습니다.[1] 이런 메서드들을 확장 함수로 정의하면 인터페이스를 더 작고 간결하게 유지할 수 있습니다.

```kotlin
interface Iterable<out T> {
    operator fun iterator(): Iterator<T>
}
```

```
fun consume(i: Iterable<Int>) {
    i.
}
  ⊕ toString ()                                                                    String
  ⊕ spliterator ()                                                        Spliterator<Int>
  ⊕ hashCode ()                                                                       Int
  ⊕ equals (other: Any?)                                                          Boolean
  ⊕ iterator ()                                                            Iterator<Int>
  ⊕ forEach (action: Consumer<in Int!>!)                                             Unit
  ⊕ forEach {...} (action: ((Int!) -> Unit)!)                                        Unit
  ⊕ to (that: B) for A in kotlin                              Pair<Iterable<Int>, B>
  ⊕ map {...} (transform: (Int) -> R) for Iterable<T> in kotlin.collecti…     List<R>
  ⊕ joinToString {...} (..., transform: ((Int) -> CharSequence)? = ...) for I…  String
  ⊕ joinTo (buffer: A, separator: CharSequence = ..., prefix: CharSequence = ..., p…  A
  ⊕ joinToString (separator: CharSequence = ..., prefix: CharSequence = ..., p…  String
  ⊕ find {...} (predicate: (Int) -> Boolean) for Iterable<T> in kotlin.collecti…  Int?
  ⊕ asIterable () for Iterable<T> in kotlin.collections                  Iterable<Int>
  ⊕ forEachIndexed (action: (Int, Int) -> Unit) for Iterable<T> in kotlin.collect…  Unit
  ⊕ forEach {...} (action: (Int) -> Unit) for Iterable<T> in kotlin.collections  Unit
  ⊕ forEachIndexed { index, Int -> ... } (action: (Int, Int) -> Unit) for Iterab…  Unit
  ⊕ withIndex () for Iterable<T> in kotlin.collections    Iterable<IndexedValue<Int>>
  ⊕ toList () for Iterable<T> in kotlin.collections                          List<Int>
  ⊕ asSequence () for Iterable<T> in kotlin.collections                   Sequence<Int>
  ⊕ sumOf {...} (selector: (Int) -> Int) for Iterable<T> in kotlin.collections    Int
  ⊕ sum () for Iterable<Int> in kotlin.collections                                  Int
  ⊕ sumOf {...} (selector: (Int) -> Long) for Iterable<T> in kotlin.collections   Long
  ⊕ sumOf {...} (selector: (Int) -> UInt) for Iterable<T> in kotlin.collections   UInt
  ⊕ sumOf {...} (selector: (Int) -> ULong) for Iterable<T> in kotlin.collectio…  ULong
  ⊕ sumOf {...} (selector: (Int) -> Double) for Iterable<T> in kotlin.collect…  Double
  ⊕ sumOf {...} (selector: (Int) -> BigDecimal) for Iterable<T> in kotlin…  BigDecimal
  ⊕ sumOf {...} (selector: (Int) -> BigInteger) for Iterable<T> in kotlin…  BigInteger
  ⊕ distinctBy {...} (selector: (Int) -> K) for Iterable<T> in kotlin.coll…   List<Int>
  ⊕ distinct () for Iterable<T> in kotlin.collections                        List<Int>
  ⊕ toSet () for Iterable<T> in kotlin.collections                            Set<Int>
  ⊕ flatMap {...} (transform: (Int) -> Iterable<R>) for Iterable<T> in kotli…  List<R>
  ⊕ flatMap {...} (transform: (Int) -> Sequence<R>) for Iterable<T> in kotli…  List<R>
  ⊕ sortedWith (comparator: Comparator<in Int> /* = Comparator<in Int> */) f…  List<Int>
  Press ↵ to insert, → to replace  Next Tip
```

---

1 코틀린 프로그래밍 언어의 프로젝트 리더인 로만 엘리자로프(Roman Elizarov)는 이를 가리켜 표준 라이브러리에서의 확장 지향 설계(extension-oriented design)라고 말합니다(출처: *https://elizarov. medium.com/extension-oriented-design-13f4f27deaee*).

확장 함수는 일반 함수보다 유연합니다. 이 유연함은 특히 확장 함수가 타입에 정의된다는 특성에 기인합니다. 예를 들어, Iterable<Int>나 Iterable<T> 같은 타입에도 확장을 정의할 수 있습니다.

```kotlin
fun <T : Comparable<T>> Iterable<T>.sorted(): List<T> {
    if (this is Collection) {
        if (size <= 1) return this.toList()
        @Suppress("UNCHECKED_CAST")
        return (toTypedArray<Comparable<T>>() as Array<T>)
            .apply { sort() }
            .asList()
    }
    return toMutableList().apply { sort() }
}

fun Iterable<Int>.sum(): Int {
    var sum: Int = 0
    for (element in this) {
        sum += element
    }
    return sum
}
```

큰 프로젝트에서는 비슷한 클래스를 이곳저곳에서 정의하는 일이 종종 있습니다. 온라인 쇼핑몰의 백엔드를 구현하는 프로젝트에서 모든 제품을 나타내는 Product라는 클래스가 있다고 합시다.

```kotlin
import java.math.BigDecimal

class Product(
    val id: String,
    val title: String,
    val imgSrc: String,
    val description: String,
    val price: BigDecimal,
    val type: ProductType,
    // ...
)
```

그리고 비슷하지만 똑같지는 않은 ProductJson이라는 클래스도 있다고 해 보죠. 이 클래스는 백엔드 API의 요청과 응답에서 쓰입니다.

```
class ProductJson(
    val id: String,
    val title: String,
    val img: String,
    val desc: String,
    val price: String,
    val type: String,
    // ...
)
```

애플리케이션에서는 Product 인스턴스를 사용하고, API에서는 ProductJson 인스턴스를 사용합니다. 내부 클래스에서 프로퍼티 이름을 바꾼다고 해서 API의 응답까지 변경하고 싶지 않다는 등의 이유로 두 객체는 분리되어야 마땅합니다. 그런데 Product와 ProductJson 사이의 변환은 자주 일어납니다. 이런 목적으로 ProductJson에 멤버 함수 toProduct를 정의할 수 있습니다.

```
class ProductJson(
    val id: String,
    val title: String,
    val img: String,
    val desc: String,
    val price: String,
    val type: String,
    // ...
) {
    fun toProduct() = Product(
        id = this.id,
        title = this.title,
        imgSrc = this.img,
        description = this.desc,
        price = BigDecimal(price),
        type = enumValueOf<ProductType>(this.type)
    )
}
```

ProductJson이 더 커지고 복잡해지기 때문에 모두가 이 방법을 좋아하지는 않습니다. 최근 설계 방법론에서는 (Product와 같은) 도메인 클래스가 API의 상세 내용을 모르게 해야 하므로 Product를 ProductJson으로 변환하는 것도 좋은 방법이 아닙니다. 그러니 toProduct와 toProductJson 모두를 확장 함수로 정의한 다음 ProductJson 클래스와 함께 두는 편이 나은 설계입니다. 변환 함수는 공통적인 부분이 많아서 한 곳으로 모아두는 게 좋습니다.

```kotlin
class ProductJson(
    val id: String,
    val title: String,
    val img: String,
    val desc: String,
    val price: String,
    val type: String,
    // ...
)

fun ProductJson.toProduct() = Product(
    id = this.id,
    title = this.title,
    imgSrc = this.img,
    description = this.desc,
    price = BigDecimal(this.price),
    type = enumValueOf<ProductType>(this.type)
)

fun Product.toProductJson() = ProductJson(
    id = this.id,
    title = this.title,
    img = this.imgSrc,
    desc = this.description,
    price = this.price.toString(),
    type = this.type.name
)
```

이는 백엔드와 안드로이드 애플리케이션 모두에서 널리 쓰이는 패턴입니다.

요약

이번 징에서는 펀리하고 의미 있는 도구를 만들고 코드를 더 나은 방식으로 제어하는 목적으로 애용되는 확장 함수에 대해 배웠습니다. 확장 함수는 코틀린의 강력한 특징입니다. 하지만 강한 힘에는 더 많은 책임이 따릅니다. 확장을 사용하는 것 자체는 걱정할 필요가 없지만, 반드시 필요한 곳에서만 신중하게 사용해야 합니다.

다음 장에서 드디어 리스트, 세트, 맵, 배열을 다루는 컬렉션을 소개할 것입니다. 내용이 많으니 마음의 준비를 해 두기 바랍니다.

연습문제: 변환 및 측정 단위 생성

이번 과제는 두 가지 확장 함수를 구현하는 것입니다. 먼저 User와 UserJson 클래스를 상호 변환하는 함수가 필요합니다. User는 도메인 객체를 나타내며, UserJson은 클라이언트에 보낼 구조를 나타냅니다. 변환은 다음 규칙을 따라 수행합니다.

1. username은 그대로 복사해야 합니다.
2. email은 Email 클래스의 String 타입 필드로/에서 변환되어야 합니다.
3. registrationDate는 ISO 포맷의 String으로/에서 변환되어야 합니다. LocalDateTime의 parse와 toString을 사용할 수 있습니다.
4. height는 Centimeters 클래스의 Int 타입 필드로/에서 변환되어야 합니다.

그리고 Int의 확장 프로퍼티인 cm을 구현합니다. Centimeters 객체를 만드는 기능을 합니다.

시작 코드는 다음과 같습니다.

```
data class User(
    val username: String,
    val email: Email,
    val registrationDate: LocalDateTime,
    val height: Centimeters,
)

data class Email(val value: String)

data class Centimeters(val value: Int)

data class UserJson(
    val username: String,
    val email: String,
    val registrationDate: String,
    val heightCm: Int,
)
```

답안이 준비되면 다음 코드가 동작하는지 확인하세요.

```kotlin
fun main() {
    val user = User(
        username = "alex",
        email = Email("alex@example.com"),
        registrationDate = LocalDateTime
            .of(1410, 7, 15, 10, 13),
        height = 170.cm,
    )

    val userJson = user.toJson()
    println(userJson)
    // UserJson(username=alex, email=alex@example.com,
    // registrationDate=1410-07-15T10:13, heightCm=170)

    val user2 = userJson.toUser()
    println(user2)  // User(username=alex,
    // email=Email(value=alex@example.com),
    // registrationDate=1410-07-15T10:13,
    // height=Centimeters(value=170))
}
```

연습문제 깃허브 저장소의 essentials/extensions/User.kt 파일에서 시작 코드, 단위 테스트, 사용 예시를 찾을 수 있습니다. 프로젝트를 클론하여 로컬 환경에서 문제를 풀어 보세요.

정답은 책 뒤편의 '연습문제 해답'에서 확인할 수 있습니다.

18장

K o t l i n   E s s e n t i a l s

컬렉션

컬렉션(collection)은 프로그래밍에서 아주 중요한 개념입니다. 컬렉션은 원소의 그룹을 뜻하며, 코틀린에서 가장 중요한 컬렉션 타입들은 다음과 같습니다.

- List: 원소들에 순서가 있는 컬렉션입니다. 같은 원소를 여러 개 포함할 수 있습니다. 리스트는 인덱스(0부터 시작해 원소의 순서를 나타내는 정수)로 접근합니다. 노래 대기 목록을 예로 들 수 있습니다. 노래의 순서가 중요하며, 같은 노래가 여러 번 등장할 수 있습니다.
- Set: 각 원소가 유일한 컬렉션입니다. 집합을 수학적으로 추상화한 것으로, 반복되는 원소가 없는 객체들의 그룹입니다. 세트 안의 원소들끼리는 순서가 없습니다(하지만 코틀린의 기본 세트는 원소에 순서가 있습니다). 로또 복권에서 당첨 번호들을 예로 들 수 있습니다. 번호는 유일해야 하지만 순서는 중요하지 않습니다.
- Map: 키와 값 쌍으로 구성된 원소들의 컬렉션입니다. 한 컬렉션 내에서 키는 유일하며, 하나의 키는 정확히 하나의 값을 가리킵니다. 여러 개의 키가 같은 값을 가리킬 수는 있습니다. 맵은 요소 사이의 논리적인 관계를 표현할 때 유용합니다. 다른 언어에서는 사전(dictionary)이라고도 합니다.

저수준의 원시 타입으로 여겨지는 배열 또한 컬렉션으로 볼 수 있습니다. 배열은 다른 컬렉션들에서 내부적으로 많이 활용됩니다.

이번 장에서는 컬렉션의 구성부터 시작하여 생성하는 법, 특별한 컬렉션, 각 컬렉션의 사용법 등 컬렉션과 관련한 가장 중요한 주제들을 살펴보겠습니다. 내용이 아주 많으니 어서 시작해 봅시다.

인터페이스 계층구조

코틀린에서는 컬렉션들의 종류를 설명할 때 다음 다이어그램과 같은 인터페이스 계층구조를 많이 활용합니다.

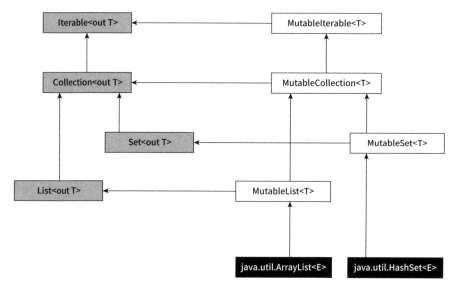

코틀린이 제공하는 컬렉션 인터페이스 사이의 관계입니다. 회색 인터페이스들은 읽기 전용이며 흰색 인터페이스들은 변경도 가능합니다. ArrayList나 HashSet 같은 클래스는 변경 가능한 가변 인터페이스를 구현하지만 읽기 전용 인터페이스로 업캐스팅할 수 있습니다.

계층구조 최상위에는 원소들을 순서대로 순회할 때 이용하는 Iterable이 있습니다. iterator 메서드가 있기 때문에 for 문을 사용해 Iterable 객체를 탐색할 수 있습니다.

```
interface Iterable<out T> {
    operator fun iterator(): Iterator<T>
}
```

그 바로 아래에는 원소들의 묶음을 나타내는 Collection이 옵니다. 원소를 읽어가는 메서드만 제공하기 때문에 이 인터페이스는 변경을 허용하지 않습니다 (원소를 변경하는 메서드가 없습니다).

```kotlin
interface Collection<out E> : Iterable<E> {
    val size: Int
    fun isEmpty(): Boolean
    operator fun contains(element: E): Boolean
    override fun iterator(): Iterator<E>
    fun containsAll(elements: Collection<E>): Boolean
}
```

Collection과 Iterable의 서브타입은 List와 Set뿐입니다. Map과 배열은 이 계층구조에 속하지 않지만, for 문을 사용해 순회할 수 있습니다.

지금까지 설명한 인터페이스들은 읽기 전용입니다. 즉, (get, contains, size처럼) 내부의 원소를 읽기만 하고 수정하지는 못하는 메서드만 제공합니다. (remove, clear, add처럼) 원소를 수정할 수 있는 메서드가 추가된 Mutable Iterable, MutableCollection, MutableList는 각각 Iterable, Collection, List의 서브인터페이스입니다.

컬렉션을 다룰 때 사용되는 실제 클래스는 플랫폼에 따라 다릅니다. 예를 들어, 코틀린/JVM 1.7.20 버전에서 listOf("A", "B")를 사용해 리스트를 생성할 때 만들어지는 실제 클래스는 자바 표준 라이브러리의 Arrays.ArrayList입니다. 한편 코틀린/JS 1.7.20 버전에서는 자바스크립트 배열이 만들어집니다. 중요한 점은 구체적인 클래스가 아닌 리스트를 표현하는 (즉, List 인터페이스를 구현하는) 객체를 사용한다는 것입니다. 호환성을 깨뜨리는 변경 없이 (예컨대 성능상의 이유로) 내부 구현 방식을 바꾸기 쉽게 하려면 추상화를 사용해야 한다는 일반적인 원리를 적용한 것입니다.[1]

가변 타입 대 읽기 전용 타입

가변 타입과 읽기 전용 타입은 잘 구분해서 사용해야 합니다. 예를 들어, listOf

---

1 《Effective Kotlin, 2/E》의 '아이템 26: 변화로부터 코드를 보호하려면 추상화를 사용하라(Use abstraction to protect code against changes)'에 자세히 나와 있습니다.

함수는 읽기 전용 컬렉션인 List를 반환합니다. List에는 (add나 remove처럼) 변경을 허용하는 함수가 없습니다. 컬렉션 객체 자체는 변경할 수 없지만, 그 객체를 가리키고 있는 변수를 갱신할 수 없다는 의미는 아닙니다.

Int나 String 변수와 비슷합니다. 둘 모두 객체의 내부 값을 변경할 수 없는 불변 타입입니다. 하지만 덧셈 같은 연산자를 사용해 변수에 갱신된 값을 할당할 수 있습니다.

```kotlin
fun main() {
    var a = 100
    a = a + 10
    a += 1
    println(a)  // 111

    var str = "A"
    str = str + "B"
    str += "C"
    println(str)  // ABC
}
```

읽기 전용 컬렉션도 마찬가지입니다. 연산자를 사용해 값이 갱신된 새로운 컬렉션을 만들 수 있습니다.

```kotlin
fun main() {
    var list = listOf("A", "B")
    list = list + "C"
    println(list)  // [A, B, C]
    list = list + listOf("D", "E")
    println(list)  // [A, B, C, D, E]
    list = listOf("Z") + list
    println(list)  // [Z, A, B, C, D, E]
}
```

읽기 전용 리스트와 달리 가변(mutable) 리스트는 내부의 원소들을 변경할 수 있습니다. mutableListOf 함수를 사용해 컬렉션을 생성하면 add, clear, remove 같은 함수를 제공하는 MutableList 객체가 반환됩니다.

```kotlin
fun main() {
    val mutable = mutableListOf("A", "B")
    mutable.add("C")
```

```
    mutable.remove("A")
    println(mutable)  // [B, C]
}
```

toList와 toMutableList를 이용하면 일반 리스트(읽기 전용)와 가변 리스트를 손쉽게 상호 변환할 수 있습니다. 하지만 MutableList를 List로 명시적으로 변환하지 않아도 상관없는 경우도 많습니다. MutableList는 List의 서브타입이므로 MutableList 상태 그대로 List로 사용할 수 있기 때문입니다.

　이어지는 절들에서는 읽기 전용 컬렉션을 변경하는 가장 중요한 연산자들과 가변 컬렉션을 변경하는 메서드들을 살펴보겠습니다.

컬렉션 생성

대부분의 언어는 '컬렉션 리터럴'을 제공합니다. 컬렉션 리터럴은 원소들을 나열하는 것만으로 특정 타입의 컬렉션을 손쉽게 생성해 주는 특별한 구문입니다.

```
// 자바스크립트
const arr = ["A", "B"]        // 문자열의 배열

// 파이썬
numbers = [1, 2, 3]           // 숫자 리스트
names = {"Alex", "Barbara"}   // 문자열 세트
```

코틀린에서는 같은 기능을 최상위 함수로 제공합니다. 함수의 이름은 xxxOf 형태이며, xxx 자리에는 생성할 컬렉션의 타입이 옵니다(단, 소문자로 시작). 예시를 몇 개 준비했습니다.

```
fun main() {
    // `listOf` 함수로 `List`를 만듭니다.
    val list: List<String> = listOf("A", "B", "C")
    // `mutableListOf` 함수로 `MutableList`를 만듭니다.
    val mutableList: MutableList<Int> = mutableListOf(1, 2, 3)

    // `setOf` 함수로 `Set`을 만듭니다.
    val set: Set<Double> = setOf(3.14, 7.11)
    // `mutableSetOf` 함수로 `MutableSet`을 만듭니다.
    val mutableSet: MutableSet<Char> = mutableSetOf('A', 'B')
```

```
    // `mapOf` 함수로 `Map`을 만듭니다.
    val map: Map<Char, String> =
        mapOf('A' to "Alex", 'B' to "Ben")
    // `mutableMapOf` 함수로 `MutableMap`을 만듭니다.
    val mutableMap: MutableMap<Int, Char> =
        mutableMapOf(1 to 'A', 2 to 'B')

    // `arrayOf` 함수로 `Array`를 만듭니다.
    val array: Array<String> = arrayOf("Dukaj", "Sapkowski")
    // `intArrayOf` 함수로 `IntArray`를 만듭니다.
    val intArray: IntArray = intArrayOf(9, 8, 7)

    // `arrayListOf` 함수로 `ArrayList`를 만듭니다.
    val arrayList: ArrayList<String> = arrayListOf("M", "N")
}
```

이상의 모든 함수는 컬렉션에 채워 넣을 초기 원소들을 인수로 받습니다. 단, 맵은 조금 다릅니다. 맵은 키-값 쌍으로 구성되기 때문에 to 함수로 Pair를 만들어 초기 원소들을 지정합니다(11장 '데이터 클래스'에서 설명했습니다).

한 컬렉션을 다른 컬렉션으로 변환할 수도 있습니다. toXxx 형태의 메서드를 사용하면 됩니다. Xxx는 변환 결과가 될 타입의 이름입니다.

```
fun main() {
    val list: List<Char> = listOf('A', 'B', 'C')
    val mutableList: MutableList<Char> = list.toMutableList()
    val set: Set<Char> = mutableList.toSet()
    val mutableSet: MutableList<Char> = set.toMutableList()
    val array: Array<Char> = mutableSet.toTypedArray()
    val charArray: CharArray = array.toCharArray()
    val list2: List<Char> = charArray.toList()
}
```

리스트

리스트는 가장 기본적인 컬렉션 타입입니다. 기본(default) 컬렉션 타입으로 간주해도 좋습니다. 리스트는 순서가 있는 원소들의 목록입니다.

```
fun main() {
    val list = listOf("A", "B", "C")
    println(list)  // [A, B, C]
}
```

List는 제네릭 클래스입니다. listOf의 결과 타입은 List<T>이며, T는 리스트를 구성하는 원소의 타입입니다. 앞 코드의 리스트는 문자열로 구성되어 있으므로 타입은 List<String>입니다. 제네릭 클래스는 21장 '제네릭'에서 자세히 설명합니다.

```
fun main() {
    val list: List<String> = listOf("A", "B", "C")
    println(list)  // [A, B, C]
    val ints: List<Int> = listOf(1, 2, 3)
    println(ints)  // [1, 2, 3]
}
```

리스트 변경

리스트를 구성하는 원소를 바꾸는 방법은 두 가지입니다.

1. var 변수에 읽기 전용 리스트를 할당하고, + 또는 – 연산자를 사용해 변경합니다.
2. val 변수에 가변 리스트를 할당하고, add, addAll, remove와 같은 Mutable List의 메서드를 사용해 변경합니다.

```
fun main() {
    var list = listOf("A", "B")
    list = list + "C"
    println(list)  // [A, B, C]
    list = list + listOf("D", "E")
    println(list)  // [A, B, C, D, E]
    list = listOf("Z") + list
    println(list)  // [Z, A, B, C, D, E]
    list = list - "A"
    println(list)  // [Z, B, C, D, E]

    val mutable = mutableListOf("A", "B")
    mutable.add("C")
    println(mutable)  // [A, B, C]
    mutable.addAll(listOf("D", "E"))
    println(mutable)  // [A, B, C, D, E]
    mutable.add(0, "Z")  // 첫 번째 숫자는 인덱스입니다.
    println(mutable)  // [Z, A, B, C, D, E]
    mutable.remove("A")
```

```
    println(mutable)  // [Z, B, C, D, E]
}
```

코틀린의 등장 초기부터 둘 중 어느 방식을 사용해야 하는지를 놓고 논의가 계속되었습니다. 첫 번째 방식은 자유도가 높으며[2] 두 번째 방식은 더 효율적입니다.[3]

읽기 전용 리스트가 할당된 var 변수든 가변 리스트가 할당된 val 변수든, += 연산자를 사용해 하나의 원소 또는 컬렉션을 추가할 수 있습니다.

```
fun main() {
    var list = listOf("A", "B")
    list += "C"
    println(list)  // [A, B, C]

    val mutable = mutableListOf("A", "B")
    mutable += "C"
    println(mutable)  // [A, B, C]
}
```

하지만 읽기 전용 리스트에 +=를 사용하면 인텔리제이가 '내부적으로 새로운 리스트를 생성한다'라는 경고 메시지를 보냅니다. 리스트가 크다면 이 방식은 성능에도 악영향을 줍니다.

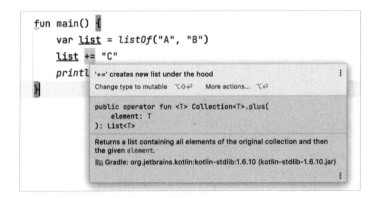

---

2 《Effective Kotlin, 2/E》의 '아이템 1: 가변성을 제한하라(Limit mutability)'에 나와 있습니다.
3 《Effective Kotlin, 2/E》의 '아이템 59: 가변 컬렉션 사용을 고려하라(Consider using mutable collections)'에 나와 있습니다.

리스트 크기 및 비어 있는지 여부 확인하기

size 프로퍼티를 사용하면 리스트에 담겨 있는 원소의 개수를 얻을 수 있습니다.

```
fun main() {
    val list = listOf("A", "B", "C")
    println(list.size)  // 3
}
```

크기가 0인 리스트를 '비어 있다'고 말합니다. 비어 있는지 여부는 isEmpty 메서드로 한번에 확인할 수 있습니다.

```
fun main() {
    val list = listOf("A", "B", "C")
    println(list.size == 0)  // false
    println(list.isEmpty())  // false

    val empty: Set<Int> = setOf()
    println(empty.size == 0)  // true
    println(empty.isEmpty())  // true
}
```

리스트와 인덱스

리스트는 원소의 위치를 뜻하는 숫자인 인덱스로 탐색할 수 있습니다. 첫 번째 원소의 인덱스는 항상 0이며, 그다음 원소의 인덱스는 1씩 증가합니다. 리스트를 물품 아래에 숫자가 표시되어 있는, 무한히 긴 선반으로 생각할 수 있습니다.

인덱스로 특정 위치의 원소를 얻으려면 대괄호를 사용합니다. 대괄호는 get 메서드와 동일합니다. 두 방식 모두 존재하지 않는 인덱스를 건네면 IndexOutOfBoundsException을 던집니다.

```kotlin
fun main() {
    val list = listOf("A", "B")
    println(list[1])      // B
    println(list.get(1))  // B
    println(list[3])      // 런타임 에러
}
```

인덱스가 정확한지 확신이 없을 때 안전하게 사용할 수 있는 메서드들도 준비되어 있습니다. getOrNull 메서드는 인덱스가 잘못됐을 때 null을 반환하고, getOrElse는 호출 시 사용자가 지정한 기본값을 반환합니다.[4]

```kotlin
fun main() {
    val list = listOf("A", "B")
    println(list.getOrNull(1))        // B
    println(list.getOrElse(1) { "X" })  // B

    println(list.getOrNull(3))        // null
    println(list.getOrElse(3) { "X" })  // X
}
```

비슷하게, MutableMap의 getOrPut 메서드는 지정한 키에 해당하는 원소가 없다면 새로 만들어서 맵에 추가한 다음 반환합니다. 맵을 캐시 용도로 이용할 때 유용한 메서드입니다. 값을 다시 가지고 오거나 계산할 필요 없이 로컬 메모리에 저장해 둘 수 있기 때문입니다.

```kotlin
fun main() {
    val map = mutableMapOf("A" to 1, "B" to 2)
    println(map.getOrPut("A") { 3 })  // 1
    println(map.getOrPut("C") { 3 })  // 3
    println(map)                      // {A=1, B=2, C=3}
}
```

indexOf 메서드로는 원소의 인덱스를 알아낼 수 있습니다. 명시한 원소가 리스트 안에 없다면 –1을 반환합니다.

---

4 기본값은 람다 표현식과 같은 함수형 인수로 계산합니다. 다음 책인《코틀린 아카데미: 함수형 프로그래밍》에서 설명하겠습니다.

```
fun main() {
    val list = listOf("A", "B")
    println(list.indexOf("A"))  // 0
    println(list.indexOf("B"))  // 1
    println(list.indexOf("Z"))  // -1
}
```

가변 리스트에서는 대괄호를 이용하거나 set 메서드를 사용해 특정 인덱스의
원소 값을 변경할 수 있습니다.

```
fun main() {
    val mutable = mutableListOf("A", "B", "C")
    mutable[1] = "X"
    println(mutable)  // [A, X, C]
    mutable.set(1, "Y")
    println(mutable)  // [A, Y, C]
}
```

리스트가 원소를 포함하는지 확인하기

contains 메서드나 in 연산자를 사용해 리스트에 특정 원소가 담겨 있는지 확
인할 수 있습니다.

```
fun main() {
    val letters = listOf("A", "B", "C")
    println(letters.contains("A"))  // true
    println(letters.contains("Z"))  // false
    println("A" in letters)  // true
    println("Z" in letters)  // false
}
```

반대로 원소가 담겨 있지 않은지 확인하려면 !in 연산자를 사용하면 됩니다.

```
fun main() {
    val letters = listOf("A", "B", "C")
    println("A" !in letters)  // false
    println("Z" !in letters)  // true
}
```

리스트 순회

for 문으로 리스트를 순회할 수 있습니다. in의 오른쪽에 순회할 리스트를 적어주면 됩니다.

```kotlin
fun main() {
    val letters = listOf("A", "B", "C")
    for (letter in letters) {
        print(letter)
    }
}
```

MutableList는 List를 구현하므로, 가변 리스트에서도 리스트 관련 연산 모두를 그대로 사용할 수 있습니다.

지금까지가 리스트에서 가장 기본적인 연산입니다. 다음 책인 《코틀린 아카데미: 함수형 프로그래밍》에서는 리스트와 관련한 더 많은 연산을 알아보겠습니다.

세트

다음과 같은 경우에 리스트 대신 세트(set)를 사용합니다.

1. 컬렉션에서 원소가 유일해야 하는 경우(세트는 같은 원소라면 단 하나만 유지합니다.)
2. 컬렉션의 원소를 빈번하게 찾는 경우(리스트보다 원소를 효율적으로 찾아줍니다.[5])

세트는 리스트와 아주 비슷해서, 제공하는 메서드 또한 비슷합니다. 하지만 리스트와 달리 순서를 중요하게 여기지 않습니다. 특정 종류의 세트는 순서를 아예 고려하지 않아서 인덱스로 세트 안의 원소를 얻을 수 없습니다.

---

5 기본적인 세트는 원소 탐색에 hashCode를 이용하는 해시 테이블 알고리즘을 이용하여 매우 빠릅니다. 탐색 시간은 세트에 저장된 원소의 개수와도 무관합니다(복잡도가 $O(1)$입니다). 해시 테이블 알고리즘의 작동 원리가 궁금하다면 《Effective Kotlin, 2/E》의 '아이템 43: hashCode의 규약을 지켜라(Respect the contract of hashCode)'를 보세요.

세트는 setOf 함수로 생성하며, 인수에 세트를 구성하는 요소들을 지정합니다.

```kotlin
fun main() {
    val set = setOf('A', 'B', 'C')
    println(set)  // [A, B, C]
}
```

Set은 제네릭 클래스입니다. setOf의 결과 타입은 Set<T>이며, 여기서 T는 세트를 구성하는 원소의 타입입니다. 앞 코드의 세트는 문자로 구성되어 있으므로 타입은 Set<Char>가 됩니다.

```kotlin
fun main() {
    val set: Set<Char> = setOf('A', 'B', 'C')
    println(set)  // [A, B, C]
    val ints: Set<Long> = setOf(1L, 2L, 3L)
    println(ints)  // [1, 2, 3]
}
```

세트 변경하기

(읽기 전용 리스트와 마찬가지로) +와 – 연산자로 읽기 전용 세트에 원소를 추가하거나 뺄 수 있습니다.

```kotlin
fun main() {
    var set = setOf("A", "B")
    set = set + "C"
    println(set)  // [A, B, C]
    set = set + setOf("D", "E")
    println(set)  // [A, B, C, D, E]
    set = setOf("Z") + set
    println(set)  // [Z, A, B, C, D, E]
    set = set - "A"
    println(set)  // [Z, B, C, D, E]
}
```

가변 세트에서는 add, addAll, remove 메서드를 사용해도 변경할 수 있습니다.

```kotlin
fun main() {
    val mutable = mutableSetOf("A", "B")
    mutable.add("C")
    println(mutable)  // [A, B, C]
    mutable.addAll(listOf("D", "E"))
    println(mutable)  // [A, B, C, D, E]
    mutable.remove("B")
    println(mutable)  // [A, C, D, E]
}
```

세트의 원소는 유일합니다

세트는 유일한 원소만 허용합니다. 세트를 생성할 때 반복되는 원소가 있다면
처음 등장하는 원소만 세트에 남아 있게 됩니다.

```kotlin
fun main() {
    val set = setOf("A", "B", "C", "B")
    println(set)  // [A, B, C]
}
```

세트에 이미 존재하는 원소를 추가하면 무시됩니다.

```kotlin
fun main() {
    val set = setOf("A", "B", "C")
    println(set + "D")  // [A, B, C, D]
    println(set + "B")  // [A, B, C]

    val mutable = mutableSetOf("A", "B", "C")
    mutable.add("D")
    mutable.add("B")
    println(mutable)  // [A, B, C, D]
}
```

이중 등호(==)를 사용하여 비교한 값이 false가 나오면 두 원소는 다른 것으로
판명됩니다.

```kotlin
// 기본적으로, 일반 클래스의 객체들은 각각이 유일합니다.
class Cat(val name: String)

// data 제어자가 있으면 프로퍼티의 값이 모두 같은 객체들은 모두 동일합니다.
data class Dog(val name: String)
```

```
fun main() {
    val cat1 = Cat("Garfield")
    val cat2 = Cat("Garfield")
    println(cat1 == cat2)      // false
    println(setOf(cat1, cat2)) // [Cat@4eec7777, Cat@3b07d329]

    val dog1 = Dog("Rex")
    val dog2 = Dog("Rex")
    println(dog1 == dog2)      // true
    println(setOf(dog1, dog2)) // [Dog(name=Rex)]
}
```

리스트에서 중복된 원소를 제거하는 가장 효율적인 방법은 세트로 변환하는
것입니다.

```
fun main() {
    val names = listOf("Jake", "John", "Jake", "James", "Jan")
    println(names)   // [Jake, John, Jake, James, Jan]
    val unique = names.toSet()
    println(unique)  // [Jake, John, James, Jan]
}
```

세트 크기 및 비어 있는지 확인하기

size 프로퍼티를 사용하면 세트에 담겨 있는 원소의 개수를 확인할 수 있습
니다.

```
fun main() {
    val set = setOf('A', 'B', 'C')
    println(set.size)  // 3
}
```

세트가 비어 있는지 확인하려면 크기를 0과 비교하거나 isEmpty 메서드를 사
용하면 됩니다.

```
fun main() {
    val set = setOf('A', 'B', 'C')
    println(set.size == 0)  // false
    println(set.isEmpty())  // false

    val empty: Set<Int> = setOf()
```

```
        println(empty.size == 0)  // true
        println(empty.isEmpty())  // true
}
```

세트가 원소를 포함하는지 확인하기

세트에 특정 원소가 담겨 있는지 확인하려면 contains 메서드나 in 연산자를 사용합니다. 찾는 원소가 담겨 있다면 두 방법 모두 true를, 아닐 경우에는 false를 반환합니다.

```
fun main() {
    val letters = setOf('A', 'B', 'C')
    println(letters.contains('A'))  // true
    println(letters.contains('Z'))  // false
    println('A' in letters)  // true
    println('Z' in letters)  // false
}
```

세트 안에 원소가 없는지를 확인하려면 !in 연산자를 사용합니다.

```
fun main() {
    val letters = setOf("A", "B", "C")
    println("A" !in letters)  // false
    println("Z" !in letters)  // true
}
```

세트 순회하기

세트도 for 문으로 순회할 수 있습니다. in 오른쪽에 순회할 세트를 적어 주면 됩니다.

```
fun main() {
    val letters = setOf('A', 'B', 'C')
    for (letter in letters) {
        print(letter)
    }
}
```

맵

키와 값을 연결 지어 저장할 때 맵을 사용합니다. 예를 들면 다음과 같습니다.

- 사용자 id와 사용자를 나타내는 객체
- 웹사이트와 IP 주소
- 설정 이름과 설정에 저장된 데이터

```kotlin
class CachedApiArticleRepository(
    val articleApi: ArticleApi
) {
    val articleCache: MutableMap<String, String> = mutableMapOf()

    fun getContent(key: String) =
        articleCache.getOrPut(key) {
            articleApi.fetchContent(key)
        }
}

class DeliveryMethodsConfiguration(
    val deliveryMethods: Map<String, DeliveryMethod>
)

class TokenRepository {
    private var tokenToUser: Map<String, User> = mapOf()

    fun getUser(token: String) = tokenToUser[token]

    fun addToken(token: String, user: User) {
        tokenToUser[token] = user
    }
}
```

mapOf 함수에 키-값 쌍을 인수로 넣어 맵을 생성할 수 있습니다. 예를 들어, 나라와 수도 쌍을 맵으로 정의할 수 있습니다. 키-값 쌍은 생성자나 to 함수를 사용해 정의합니다.

```kotlin
fun main() {
    val capitals = mapOf(
        "USA" to "Washington DC",
        "Poland" to "Warsaw",
```

```
        )
//    val capitals = mapOf(
//        Pair("USA", "Washington DC"),
//        Pair("Poland", "Warsaw"),
//    )
    println(capitals)  // {USA=Washington DC, Poland=Warsaw}
}
```

Map은 제네릭 클래스입니다. 결과 타입은 Map<K, V>이며, K는 키의 타입, V는 값의 타입입니다. 앞 예제의 capitals 변수에 할당된 맵은 키와 값이 전부 String 타입이므로 맵의 타입은 Map<String, String>이 됩니다. 하지만 키와 값의 타입이 같을 필요는 없습니다. 다음 예제에서는 영어 알파벳과 알파벳 순서의 관계를 맵으로 연결 지었습니다. 키는 문자이고 값은 정수이기 때문에 맵의 타입은 Map<Char, Int>가 됩니다.

```
fun main() {
    val capitals: Map<String, String> = mapOf(
        "USA" to "Washington DC",
        "Poland" to "Warsaw",
    )
    println(capitals)  // {USA=Washington DC, Poland=Warsaw}

    val alphabet: Map<Char, Int> =
        mapOf('A' to 1, 'B' to 2, 'C' to 3)
    println(alphabet)  // {A=1, B=2, C=3}
}
```

키로 값 찾기

맵에서 값을 찾으려면 get 메서드 또는 대괄호로 원하는 키를 명시합니다. 예를 들어, alphabet 맵에서 키 'A'에 해당하는 값을 찾고 싶다면 alphabet.get('A') 또는 alphabet['A']를 사용합니다. 이때 결괏값은 널 가능한 타입인 Int?입니다. 왜 널 가능할까요? 명시한 키가 맵에 없다면 null이 반환되기 때문입니다.

```
fun main() {
    val alphabet: Map<Char, Int> =
        mapOf('A' to 1, 'B' to 2, 'C' to 3)
    val number: Int? = alphabet['A']
```

```
    println(number)       // 1
    println(alphabet['B']) // 2
    println(alphabet['&']) // null
}
```

모든 기본 맵은 키에 해당하는 값을 아주 빠르게 찾도록 최적화되어 있습니다.[6]

맵에 원소 추가하기

일반적인 리스트나 일반적인 세트처럼, 보통의 맵도 읽기만 가능하기 때문에 원소를 추가하거나 제거하는 메서드가 없습니다. 하지만 덧셈 기호를 사용해 새로운 엔트리(entry)를 추가한 맵을 만들 수 있습니다. 키-값 쌍 하나를 맵에 더하면 새로운 엔트리가 추가된 맵이 결괏값으로 반환됩니다. 두 개의 맵을 더하면 두 맵의 원소들을 모두 담은 맵이 만들어집니다.

```
fun main() {
    val map1 = mapOf('A' to "Alex", 'B' to "Bob")
    val map2 = map1 + ('C' to "Celina")
    println(map1)  // {A=Alex, B=Bob}
    println(map2)  // {A=Alex, B=Bob, C=Celina}

    val map3 = mapOf('D' to "Daniel", 'E' to "Ellen")
    val map4 = map2 + map3
    println(map3)  // {D=Daniel, E=Ellen}
    println(map4)  // {A=Alex, B=Bob, C=Celina, D=Daniel, E=Ellen}
}
```

맵은 중복된 키를 허용하지 않기 때문에 이미 있는 키로 새로운 값을 더하면 이전 값을 치환하게 됩니다.

```
fun main() {
    val map1 = mapOf('A' to "Alex", 'B' to "Bob")
    val map2 = map1 + ('B' to "Barbara")
    println(map1)  // {A=Alex, B=Bob}
```

---

6 기본적인 맵은 (키가 hashCode 메서드를 적절하게 구현했을 경우) 원소 탐색이 정말 빠른 해시 테이블 알고리즘에 기반합니다. 이때 걸리는 시간은 맵에 저장된 키의 개수와 무관합니다(복잡도가 $O(1)$입니다). 해시 테이블 알고리즘의 작동 원리가 궁금하다면 《Effective Kotlin, 2/E》의 '아이템 43: hashCode의 규약을 지켜라(Respect the contract of hashCode)'를 보세요.

```
    println(map2)  // {A=Alex, B=Barbara}
}
```

– 연산자를 사용하면 맵에서 키를 제거할 수 있습니다.

```
fun main() {
    val map1 = mapOf('A' to "Alex", 'B' to "Bob")
    val map2 = map1 - 'B'
    println(map1)  // {A=Alex, B=Bob}
    println(map2)  // {A=Alex}
}
```

맵이 키를 포함하고 있는지 확인하기

in 키워드나 containsKey 메서드를 사용해 맵이 키를 포함하고 있는지 확인할
수 있습니다.

```
fun main() {
    val map = mapOf('A' to "Alex", 'B' to "Bob")
    println('A' in map)            // true
    println(map.containsKey('A'))  // true
    println('Z' in map)            // false
    println(map.containsKey('Z'))  // false
}
```

맵 크기 확인

size 프로퍼티를 사용하면 맵에 얼마나 많은 엔트리가 있는지 확인할 수 있습
니다.

```
fun main() {
    val map = mapOf('A' to "Alex", 'B' to "Bob")
    println(map.size)  // 2
}
```

맵 순회하기

for 문으로 맵을 순회할 수 있습니다. 순회는 key와 value 프로퍼티를 담고 있
는 엔트리 단위로 이루어집니다.

```
fun main() {
    val map = mapOf('A' to "Alex", 'B' to "Bob")
    for (entry in map) {
        println("${entry.key} is for ${entry.value}")
    }
}
// A is for Alex
// B is for Bob
```

엔트리를 두 개의 변수로 구조 분해할 수 있습니다. 코틀린의 for 문은 구조 분해를 지원합니다. 예를 준비했습니다.

```
fun main() {
    val map = mapOf('A' to "Alex", 'B' to "Bob")
    for ((letter, name) in map) {
        println("$letter is for $name")
    }
}
// A is for Alex
// B is for Bob
```

가변 맵

mutableMapOf를 사용해 가변 맵을 생성할 수 있습니다. 결과로 반환되는 MutableMap은 원소를 변경하는 메서드를 제공합니다. 핵심 메서드는 다음과 같습니다.

- put 메서드 또는 대괄호와 할당문을 사용해 새로운 엔트리를 추가할 수 있습니다.
- remove 메서드는 지정한 키에 해당하는 엔트리를 제거해 줍니다.

```
fun main() {
    val map: MutableMap<Char, String> =
        mutableMapOf('A' to "Alex", 'B' to "Bob")
    map.put('C', "Celina")
    map['D'] = "Daria"
    println(map)  // {A=Alex, B=Bob, D=Daria, C=Celina}
    map.remove('B')
    println(map)  // {A=Alex, D=Daria, C=Celina}
}
```

실무에서의 배열 사용 예

배열(array)은 원소들이 메모리에 저장되는 형태를 거의 그대로 표현하는 아주 기본적인 자료 구조입니다. 컴퓨터의 메모리는 구역마다 순차적인 번호가 매겨진 거대한 주차장처럼 되어 있습니다. 배열은 연이어 붙어 있는 구역 여러 개를 예약하는 것과 같습니다. 장소를 이런 식으로 예약해 두면 주차되어 있는 차들을 순회하기 정말 쉽습니다. 특정 인덱스를 지정해서 특정 구역의 차를 단번에 찾을 수도 있습니다.

배열이 메모리에서 1024번째 위치에서 시작하며, 배열의 100번째 인덱스에 해당하는 원소를 찾는다고 해 봅시다. 원소 하나는 공간 4개씩을 차지합니다. (배열은 원소마다 일정한 크기의 공간을 배정합니다. 이 크기는 대부분 메모리 참조의 단위입니다.) 아주 쉬운 문제입니다. 원소는 위치 1024+100*4=1424 위치에서 시작합니다. 이처럼 특정 위치의 원소에 접근하는 일은 아주 간단하며 효율적인 연산으로 해결됩니다. 배열을 사용하면 얻을 수 있는 가장 큰 장점입니다.

배열은 다른 컬렉션보다 사용하기 어렵습니다. 배열은 크기가 고정되어 있으며, 사용할 수 있는 연산의 수도 제한되어 있습니다. 어떠한 인터페이스도 구현하지 않았고, toString, equals, hashCode 메서드를 오버라이딩하지도 않습니다. 하지만 많은 자료 구조가 내부적으로 배열을 사용합니다. 예를 들어, 코틀린/JVM에서 mutableListOf를 호출하면 ArrayList 객체를 반환하는데, 내부적으로 원소를 배열하는 객체입니다. 기본 리스트에서 인덱스로 원소 찾기가 효율적인 이유입니다. ArrayList는 배열의 장점에 더해 추가적인 기능을 제공합니다. 배열은 크기가 고정되기 때문에 허용 크기를 넘어서면 더 이상의 원소를 추가할 수 없습니다. 반면 ArrayList는 내부 배열이 꽉 찬 상태에서 원소가 더 들어오면, 더 큰 배열을 생성하여 이전 원소들을 옮겨 담습니다. 이러한 이유로 배열보다는 리스트를 권장하며, 배열은 성능이 매우 중요한 부분에서만 제한적으로 사용하는 게 좋습니다.[7]

---

7 《Effective Kotlin, 2/E》의 '아이템 58: 성능이 중요한 부분에는 기본 타입 배열을 사용하라(Consider Arrays with primitives for performance-critical processing)'를 보세요.

배열은 코틀린의 기본 Set과 Map에서도 사용합니다. 두 자료 구조 모두 효율을 높이기 위해 배열을 이용하는 해시 테이블 알고리즘에 기반합니다.

그럼에도 불구하고, 배열을 직접 사용하는 법을 살펴봅시다. 배열은 arrayOf 함수로 생성할 수 있습니다. 이 함수는 원소 타입이 T인 Array<T> 타입의 인스턴스를 생성해 줍니다. 특정 인덱스의 원소를 얻으려면 대괄호 또는 get 메서드를 사용합니다. 특정 위치의 원소를 변경하려면 대괄호 또는 set 메서드를 사용합니다. 배열의 크기는 size 프로퍼티로 알 수 있고 for 문으로 배열 내 원소들을 순회할 수 있습니다.

```kotlin
fun main() {
    val arr: Array<String> = arrayOf("A", "B", "C")
    println(arr[0])        // A
    println(arr.get(0))    // A
    println(arr[1])        // B
    arr[1] = "D"
    println(arr[1])        // D
    arr.set(2, "E")
    println(arr[2])        // E
    println(arr.size)      // 3
    for (e in arr) {
        print(e)
    }
    // ADE
}
```

보다시피 MutableList에서와 같은 연산들을 지원합니다. 그런데 배열의 기본 연산은 이것이 끝입니다. 배열은 동등성을 지원하지 않기 때문에 같은 원소들을 담고 있는 배열끼리도 동등하게 여겨지지 않습니다. 아쉬운 점도 있습니다. toString 메서드가 출력하는 문자열에서 내부 원소들의 정보를 얻을 수 없다는 점입니다. 단지 배열의 타입과 메모리 참조의 해시 값만을 출력할 뿐입니다.

```kotlin
fun main() {
    val arr1 = arrayOf("A", "B", "C")
    val arr2 = arrayOf("A", "B", "C")
    println(arr1 == arr2)  // false
    println(arr1)          // [Ljava.lang.String;@4f023edb
    println(arr2)          // [Ljava.lang.String;@3a71f4dd
}
```

배열을 사용하고 싶어 하는 사람들을 위해 코틀린 표준 라이브러리는 배열을 변환해 주는 다양한 확장 함수를 제공합니다.

```
fun main() {
    val arr = arrayOf("A", "B", "C")

    arr.|
}
     ● copyOf() for Array<T> in kotlin.collections                              Array<String>
     ● copyOf(newSize: Int) for Array<T> in kotlin.collections                 Array<String?>
     ● copyOfRange(fromIndex: Int, toIndex: Int) for Array<T> in kotlin.co…    Array<String>
     ● fill(element: String, fromIndex: Int = ..., toIndex: Int = ...) for Array<T>   Unit
     ● plus(element: String) for Array<T> in kotlin.collections                Array<String>
     ● plus(elements: Array<out String>) for Array<T> in kotlin.collections    Array<String>
     ● plus(elements: Collection<String>) for Array<T> in kotlin.collectio…    Array<String>
     ● plusElement(element: String) for Array<T> in kotlin.collections         Array<String>
     ● reverse() for Array<T> in kotlin.collections                                    Unit
     ● reverse(fromIndex: Int, toIndex: Int) for Array<T> in kotlin.collections        Unit
     ● reversedArray() for Array<T> in kotlin.collections                      Array<String>
     ● reversed() for Array<out T> in kotlin.collections                        List<String>
     ● shuffle() for Array<T> in kotlin.collections                                    Unit
     ● shuffle(random: Random) for Array<T> in kotlin.collections                      Unit
     ● sliceArray(indices: IntRange) for Array<T> in kotlin.collections        Array<String>
     ● slice(indices: Iterable<Int>) for Array<out T> in kotlin.collections     List<String>
     ● slice(indices: IntRange) for Array<out T> in kotlin.collections          List<String>
     ● sliceArray(indices: Collection<Int>) for Array<T> in kotlin.collect…    Array<String>
     ● sortedArray() for Array<T> in kotlin.collections                        Array<String>
     ● sort() for Array<out T> in kotlin.collections                                   Unit
     ● sort() for Array<out T> in kotlin.collections                                   Unit
     ● sort(fromIndex: Int = ..., toIndex: Int = ...) for Array<out T> in kotlin.c…    Unit
     ● sort(fromIndex: Int = ..., toIndex: Int = ...) for Array<out T> in kotlin.c…    Unit
     ● sorted() for Array<out T> in kotlin.collections                          List<String>
     ● sortedArrayDescending() for Array<T> in kotlin.collections              Array<String>
     ● flatMap { } (transform: (String) -> Iterable<R>) for Array<out T> in k…   List<R>
     Press ^. to choose the selected (or first) suggestion and insert a dot afterwards  Next Tip
```

배열에 새로운 원소를 더하는 plus 메서드도 있습니다. 이 메서드는 (리스트의 plus처럼) 배열을 직접 변경하지 않고 크기를 키운 새로운 배열을 생성합니다.

```kotlin
// JVM 구현
operator fun <T> Array<T>.plus(element: T): Array<T> {
    val index = size
    val result = java.util.Arrays.copyOf(this, index + 1)
    result[index] = element
    return result
}

fun main() {
    val arr = arrayOf("A", "B", "C")
    println(arr.size)    // 3
    val arr2 = arr + "D"
    println(arr.size)    // 3
    println(arr2.size)   // 4
}
```

toList나 toSet 메서드로 배열을 리스트나 세트로 변환할 수 있습니다. 반대로 변환하려면 toTypedArray를 사용합니다.

```kotlin
fun main() {
    val arr1: Array<String> = arrayOf("A", "B", "C")
    val list: List<String> = arr1.toList()
    val arr2: Array<String> = list.toTypedArray()
    val set: Set<String> = arr2.toSet()
    val arr3: Array<String> = set.toTypedArray()
}
```

기본 타입 배열

Int와 Char처럼 값을 표현하는 타입은 최적화 과정에서 일반적인 객체가 아닌 더 단순한 형태로 변환되기도 합니다. 이 형태를 원시 타입(primitive type)이라고 합니다. 코틀린의 최적화가 값을 사용하는 데 영향을 주지는 않습니다. 다만 원시 타입으로 변환하면 메모리를 더 적게 차지하며 다양한 연산을 더 효율적으로 처리할 수 있습니다. 원시 타입은 일반적인 컬렉션에 저장할 수 없는 게 문제인데, 대신 특별한 배열에 저장할 수 있습니다. 즉, 원시 타입으로 변환되는 값만을 위한 특수한 배열 타입들이 존재합니다.

- IntArray: 원시 타입 Int 값의 배열
- LongArray: 원시 타입 Long 값의 배열
- DoubleArray: 원시 타입 Double 값의 배열
- FloatArray: 원시 타입 Float 값의 배열
- CharArray: 원시 타입 Char 값의 배열
- BooleanArray: 원시 타입 Boolean 값의 배열
- ShortArray: 원시 타입 Short 값의 배열
- ByteArray: 원시 타입 Byte 값의 배열

이러한 배열을 생성하는 방법은 다음 두 가지입니다.

- xxxOf 형태의 함수에 초기 원소들을 인수로 입력합니다. 예를 들어, Double Array를 만들고 싶다면 Double 타입 인수들을 받는 doubleArrayOf 함수를 사용합니다.

- 다른 컬렉션으로부터 변환하려면 이름이 toXxxArray 형태인 메서드를 사용합니다. 예를 들어, List<Boolean>을 BooleanArray로 변환하려면 List <Boolean>의 메서드인 toBooleanArray를 이용합니다.

```kotlin
fun main() {
    val doubles: DoubleArray = doubleArrayOf(2.71, 3.14, 9.8)
    val chars: CharArray = charArrayOf('X', 'Y', 'Z')

    val accepts: List<Boolean> = listOf(true, false, true)
    val acceptsArr: BooleanArray = accepts.toBooleanArray()

    val ints: Set<Int> = setOf(2, 4, 8, 10)
    val intsArr: IntArray = ints.toIntArray()
}
```

실무 프로젝트에서 기본 타입 배열을 사용하는 일은 드뭅니다. 이 배열들은 대체로 저수준에서 성능이나 메모리 사용량을 최적화하는 용도로 쓰입니다.[8]

vararg 인수와 배열 함수

6장 '함수'에서 살펴본 것처럼 고정되지 않은 수의 인수를 받으려면 매개변수에 vararg 제어자를 붙입니다. 이를 길이가 변할 수 있다는 뜻에서 '가변 길이 인수(variable length argument)'라고 합니다. vararg 제어자는 매개변수를 배열로 바꿔 줍니다. 다음 예시의 markdownList 함수를 봅시다. String 타입인 lines 매개변수는 앞에 vararg 제어자가 붙어 있어서 실제 타입은 Array<String>이 됩니다. 반복문을 사용해 lines를 순회할 수 있는 이유입니다.

```kotlin
fun markdownList(vararg lines: String): String {
    // lines의 타입은 Array<String>입니다.
    var str = ""
    for ((i, line) in lines.withIndex()) {
        str += " * $line"
        if (i != lines.size) {
            str += "\n"
        }
    }
```

---

8 《Effective Kotlin, 2/E》의 '아이템 58: 성능이 중요한 부분에는 기본 타입 배열을 사용하라(Consider Arrays with primitives for performance-critical processing)'를 보세요.

```
        return str
}

fun main() {
    print(markdownList("A", "B", "C"))
    // * A
    // * B
    // * C
}
```

listOf와 setOf처럼 컬렉션을 생성하는 기본 함수 또한 vararg 제어자를 사용하기 때문에 임의 개수의 인수를 받을 수 있습니다.

```
fun <T> listOf(vararg elements: T): List<T> =
    if (elements.size > 0) elements.asList() else emptyList()

fun <T> setOf(vararg elements: T): Set<T> =
    if (elements.size > 0) elements.toSet() else emptySet()
```

한편 * 기호를 이용하면 배열을 풀어헤쳐 가변 길이 인수로 넣을 수 있습니다.

```
fun main() {
    val arr = arrayOf("B", "C")
    print(markdownList("A", *arr, "D"))
    // * A
    // * B
    // * C
    // * D
}
```

요약

이번 장에서는 코틀린에서 가장 중요한 컬렉션과 전형적인 사용 예를 살펴봤습니다.

- List: 원소들에 순서가 있는 컬렉션입니다. 가장 기본적인 컬렉션 타입입니다.
- Set: 원소들의 중복을 허용하지 않는 컬렉션입니다. 각각의 원소를 유일하게 관리하거나 특정 원소를 찾을 일이 많을 때 사용합니다.

- Map: 키-값 쌍의 집합입니다. 키와 값의 연관 관계를 저장하기 위해 사용합니다.

코틀린에서 배열을 직접 사용하는 일은 드뭅니다.

연습문제: 목록 관리

이번 과제는 Inventory 클래스에서 빠진 메서드들을 구현하는 것입니다. 다음은 빠진 메서드들이 동작하는 방식입니다.

- addProduct: 목록에 제품을 더하고, 해당 제품에 생산자(producer)를 할당합니다.
- removeProduct: 목록에서 제품을 제거하고 해당 생산자도 함께 제거합니다.
- addSeller: 판매자를 판매자 컬렉션에 추가합니다.
- removeSeller: 판매자 컬렉션에서 판매자를 제거합니다.
- getProductsCount: 목록에 있는 제품 수를 반환합니다.
- hasProduct: 명시한 제품이 목록에 있으면 true를 반환합니다.
- hasProducts: 명시한 제품들 중 하나라도 목록에 있으면 true를 반환합니다.
- getProducer: 명시한 제품의 생산자를 반환하며, 목록에 제품이 없으면 null을 반환합니다.
- produceInventoryDisplay: 목록을 설명하는 문자열을 다음 형태로 반환합니다.

```
Inventory:
{name} ({category} - ${price})
Produced by: {producer}
Sellers: {sellers}
```

시작 코드는 다음과 같습니다.

```
class Inventory {
    private val products = mutableListOf<Product>()
    private val productIdToProducer =
        mutableMapOf<String, String>()
```

```kotlin
    private val sellers = mutableSetOf<String>()

    fun addProduct(product: Product, producer: String) {
        // TODO: 제품을 더하고 생산자 할당
    }

    fun removeProduct(product: Product) {
        // TODO: 제품과 생산자 제거
    }

    fun getProductsCount(): Int = TODO()

    fun hasProduct(product: Product): Boolean = TODO()

    fun hasProducts(): Boolean = TODO()

    fun getProducer(product: Product): String? = TODO()

    fun addSeller(seller: String) {
        // TODO: 판매자 추가
    }

    fun removeSeller(seller: String) {
        // TODO: 판매자 제거
    }

    fun produceInventoryDisplay(): String {
        var result = "Inventory:\n"
        // TODO: 각 제품에서 이름, 종류, 가격을
        // "{name} ({category}) - ${price}" 형태로 출력하고
        // 생산자는 "Produced by: {producer}" 형태로 출력합니다.
        // TODO: 판매자는 "Sellers: {sellers}" 형태로 출력합니다.
        return result
    }
}

class Product(
    val id: String,
    val name: String,
    val price: Double,
    val category: String,
)
```

답안이 준비되면 다음 코드가 동작하는지 확인해야 합니다.

```kotlin
fun main() {
    val inventory = Inventory()
    println(inventory.hasProducts())  // false

    val p1 = Product("P1", "Phone", 599.99, "Electronics")
    val p2 = Product("P2", "Laptop", 1199.99, "Electronics")
    val p3 = Product("P3", "Shirt", 29.99, "Clothing")

    inventory.addProduct(p1, "TechCompany")
    inventory.addProduct(p2, "TechCompany")
    inventory.addProduct(p3, "ClothingCompany")

    inventory.addSeller("Seller1")
    inventory.addSeller("Seller2")

    println(inventory.getProductsCount())  // 3
    println(inventory.hasProduct(p1))      // true
    println(inventory.hasProducts())       // true
    println(inventory.getProducer(p1))     // TechCompany

    println(inventory.produceInventoryDisplay())
    // Inventory:
    // Phone (Electronics) - $599.99
    // Produced by: TechCompany
    // Laptop (Electronics) - $1199.99
    // Produced by: TechCompany
    // Shirt (Clothing) - $29.99
    // Produced by: ClothingCompany
    // Sellers: [Seller1, Seller2]

    inventory.removeProduct(p2)
    inventory.addSeller("Seller1")
    inventory.removeSeller("Seller2")

    println(inventory.getProductsCount())  // 2
    println(inventory.hasProduct(p1))      // true
    println(inventory.hasProduct(p2))      // false
    println(inventory.hasProducts())       // true
    println(inventory.getProducer(p2))     // null

    println(inventory.produceInventoryDisplay())
    // Inventory:
    // Phone (Electronics) - $599.99
    // Produced by: TechCompany
    // Shirt (Clothing) - $29.99
    // Produced by: ClothingCompany
```

```
    // Sellers: [Seller1]
}
```

연습문제 깃허브 저장소의 essentials/collections/Inventory.kt 파일에서 시작 코드, 단위 테스트, 사용 예시를 찾을 수 있습니다. 프로젝트를 클론하여 로컬 환경에서 문제를 풀어 보세요.

정답은 책 뒤편의 '연습문제 해답'에서 확인할 수 있습니다.

19장

연산자 오버로딩

코틀린에서는 + 연산자로 리스트에 원소를 추가할 수 있습니다. 똑같은 방법으로 두 문자열을 하나로 합칠 수도 있습니다. 컬렉션에 특정 원소가 들어 있는지 확인하려면 in 연산자를 사용합니다. 또한 사칙연산 연산자를 이용하여 BigDecimal 객체를 더하거나 빼거나 곱하거나 나눌 수 있습니다(BigDecimal은 정밀도(precision)에 제한이 없는 큰 수를 표현하는 자바 객체입니다).

```kotlin
import java.math.BigDecimal

fun main() {
    val list: List<String> = listOf("A", "B")
    val newList: List<String> = list + "C"
    println(newList)  // [A, B, C]

    val str1: String = "AB"
    val str2: String = "CD"
    val str3: String = str1 + str2
    println(str3)  // ABCD

    println("A" in list)  // true
    println("C" in list)  // false

    val money1: BigDecimal = BigDecimal("12.50")
    val money2: BigDecimal = BigDecimal("3.50")
    val money3: BigDecimal = money1 * money2
    println(money3)  // 43.7500
}
```

이처럼 객체들 사이에서 연산자를 사용할 수 있는 이유는 코틀린이 제공하는 연산자 오버로딩(operator overloading) 기능 덕분입니다. 커스텀 클래스를 하나 만들어서 자세히 확인해 봅시다.

연산자 오버로딩의 예

애플리케이션에서 복소수를 써야 한다고 가정합시다. 복소수(complex number)는 수학에서 실수부(real)와 허수부(imaginary)로 구성되는 특별한 형태의 숫자입니다. 물리학과 공학에서는 다양한 계산에 복소수를 유용하게 사용합니다.

```
data class Complex(val real: Double, val imaginary: Double)
```

수학에는 복소수로 할 수 있는 연산이 다양하게 존재합니다. 예를 들어, 두 복소수를 더하거나 하나의 복소수에서 다른 복소수를 뺄 수 있습니다. 이때 보통의 수와 똑같이 +와 − 연산자를 사용합니다. 따라서 Complex 클래스도 두 연산자를 지원해야 자연스럽습니다. + 연산자를 지원하려면 매개변수 하나를 받는 plus 메서드를 정의해야 합니다. 이때 반드시 operator 제어자도 선언해야 합니다. 그리고 이름만 minus로 바꾸면 − 연산자를 오버로딩하게 됩니다.

```
data class Complex(val real: Double, val imaginary: Double) {

    operator fun plus(another: Complex) = Complex(
        real + another.real,
        imaginary + another.imaginary
    )

    operator fun minus(another: Complex) = Complex(
        real = real - another.real,
        imaginary = imaginary - another.imaginary
    )
}

// 사용 예
fun main() {
    val c1 = Complex(1.0, 2.0)
    val c2 = Complex(2.0, 3.0)
```

```
    println(c1 + c2)  // Complex(real=3.0, imaginary=5.0)
    println(c2 - c1)  // Complex(real=1.0, imaginary=1.0)
}
```

이렇게 해 두면 +와 - 연산자가 각각 plus와 minus 메서드를 호출하는 것과 똑같이 동작합니다. 원하는 행태로 바꿔서 사용할 수 있습니다.

```
c1 + c2  // 내부적으로 c1.plus(c2)이 됩니다.
c1 - c2  // 내부적으로 c1.minus(c2)이 됩니다.
```

코틀린은 연산자 오버로딩용으로 몇 개의 이름을 예약해 두었습니다. 이 연산자들은 각자의 특성에 맞게 정해진 수의 인수를 받습니다. 또한 모든 연산자는 메서드이며(즉, 멤버 함수이거나 확장 함수이며), operator 제어자가 반드시 필요합니다.

연산자를 잘 활용하면 코드의 가독성이 좋아지지만, 잘못 사용하면 오히려 해가 됩니다.[1]

산술 연산자

덧셈이나 곱셈 같은 산술 연산자를 먼저 봅시다. 다음 표의 왼쪽 열을 오른쪽 열로 바꾸면 되기 때문에 코틀린 컴파일러가 매우 쉽게 처리해 줄 수 있습니다.

표현식	컴파일러가 바꾼 형태
a + b	a.plus(b)
a - b	a.minus(b)
a * b	a.times(b)
a / b	a.div(b)
a % b	a.rcm(b)
a .. b	a.rangeTo(b)
a..<b	a.rangeUntil(b)

---

1 《Effective Kotlin, 2/E》의 '아이템 11: 연산자 오버로딩할 때는 의미에 맞게 사용하라(An operator's meaning should be consistent with its function name)'와 '아이템 12: 가독성을 높이기 위해 연산자를 사용하라(Use operators to increase readability)'에 자세히 나와 있습니다.

%는 나머지(remainder)의 약자인 rem으로 바뀝니다. % 연산자는 첫 번째 피연산자를 두 번째 피연산자로 나눈 나머지를 반환하기 때문에 모듈로(modulo) 연산과 비슷합니다.[2]

```kotlin
fun main() {
    println(13 % 4)  // 1
    println(7 % 4)   // 3
    println(1 % 4)   // 1
    println(0 % 4)   // 0
    println(-1 % 4)  // -1
    println(-5 % 4)  // -1
    println(-7 % 4)  // -3
}
```

범위를 생성할 때 사용하는 ..와 ..< 연산자도 알아 두면 좋습니다. 두 정수 사이에 이 연산자들을 넣으면 IntRange가 생성되고, for 문으로 순회할 수 있습니다. Comparable 인터페이스를 구현하는 값들과 사용하면 해당 객체로 범위를 정의할 수 있습니다.

```kotlin
fun main() {
    val intRange: IntRange = 1..10
    val comparableRange: ClosedRange<String> = "A".."Z"
    val openEndRange: OpenEndRange<Double> = 1.0..<2.0
}
```

in 연산자

제가 가장 좋아하는 연산자 중 하나가 in입니다. 표현식 a in b는 b.contains (a)로 바뀝니다. 부정으로 바뀌는 !in 연산자도 있습니다.

---

2 코틀린 초기에는 나머지 연산자의 이름으로 (modulo의 약자인) mod를 썼지만 더 이상 사용되지 않습니다. 수학에서 나머지 연산과 모듈로 연산은 양수에서는 결과가 같지만, 음수에서는 서로 다른 결과를 냅니다. −5를 4로 나머지 연산하면 −5 = 4 * (−1) + (−1)이기 때문에 결과가 −1입니다. 반면 모듈로 연산하면 −5 = 4 * (−2) + 3이므로 결괏값이 3입니다. 코틀린의 % 연산자는 나머지 연산처럼 동작하도록 구현되었기 때문에 mod에서 rem으로 이름이 변경되었습니다.

표현식	컴파일러가 바꾼 형태
a in b	b.contains(a)
a !in b	!b.contains(a)

in 연산자를 적용하는 방법이 몇 가지 있습니다. 먼저, 컬렉션에서는 리스트가 원소를 포함하는지(contains) 확인하는 대신 원소가 리스트에 인에 있는지(in) 확인할 수 있습니다.

```
fun main() {
    val letters = setOf("A", "B", "C")
    println("A" in letters)        // true
    println("D" in letters)        // false
    println(letters.contains("A"))  // true
    println(letters.contains("D"))  // false
}
```

왜 굳이 이렇게 할까요? 주로 가독성 때문입니다. 여러분은 "냉장고가 맥주를 포함하니(Does the fridge contain a beer)?"와 "냉장고에 맥주 있니(Is there a beer in the fridge)?" 중 어떤 문장으로 질문을 하나요? in 연산자 덕분에 우리는 표현 방식을 선택할 수 있습니다.

in 연산자는 범위와 함께 자주 쓰입니다. 1..10 표현식은 contains 메서드를 제공하는 IntRange 객체를 만듭니다. 따라서 in과 범위를 사용해 숫자가 범위 내에 있는지 확인할 수 있습니다.

```
fun main() {
    println(5 in 1..10)   // true
    println(11 in 1..10)  // false
}
```

비교 가능한 객체로 범위를 만들면 나오는 ClosedRange도 contains 메서드를 정의하고 있습니다. 따라서 큰 숫자 또는 시간을 나타내는 객체와 같이 비교 가능한 객체에서 범위 확인이 가능합니다.

```
import java.math.BigDecimal
import java.time.LocalDateTime

fun main() {
    val amount = BigDecimal("42.80")
    val minPrice = BigDecimal("5.00")
    val maxPrice = BigDecimal("100.00")
    val correctPrice = amount in minPrice..maxPrice
    println(correctPrice)  // true

    val now = LocalDateTime.now()
    val actionStarts = LocalDateTime.of(1410, 7, 15, 0, 0)
    val actionEnds = actionStarts.plusDays(1)
    println(now in actionStarts..actionEnds)  // false
}
```

iterator 연산자

iterator 연산자 메서드를 가진 객체는 모두 for 문으로 순회할 수 있습니다. Iterable 인터페이스를 구현한 모든 객체는 iterator 메서드를 반드시 지원해야 합니다.

```
public interface Iterable<out T> {
    /**
     * 객체의 원소들을 순회하는 이터레이터를 반환합니다.
     */
    public operator fun iterator(): Iterator<T>
}
```

Iterable 인터페이스를 구현하지 않고도 순회 가능한 객체를 정의할 수 있습니다. Map이 좋은 예입니다. Map은 Iterable 인터페이스를 구현하지 않지만 for 문으로 순회할 수 있습니다. 어떻게 가능할까요? iterator 연산자가 코틀린 표준 라이브러리에 확장 함수로 정의되어 있기 때문입니다.

```
// 코틀린 표준 라이브러리의 일부입니다.
inline operator fun <K, V>
Map<out K, V>.iterator(): Iterator<Map.Entry<K, V>> =
    entries.iterator()
```

```
fun main() {
    val map = mapOf('a' to "Alex", 'b' to "Bob")
    for ((letter, name) in map) {
        println("$letter like in $name")
    }
}
// a like in Alex
// b like in Bob
```

for 문의 작동 방식을 이해하는 데 도움이 되는 예를 준비했습니다.

```
fun main() {
    for (e in Tree()) {
        // 본문
    }
}

class Tree {
    operator fun iterator(): Iterator<String> = ...
}
```

내부적으로 for 문이 컴파일되어 생성되는 바이트코드는 객체의 iterator를 사용해 원소들을 순회하는 while 문이 됩니다. 다음 코드에서 컴파일한 결과를 확인할 수 있습니다.

```
fun main() {
    val iterator = Tree().iterator()
    while (iterator.hasNext()) {
        val e = iterator.next()
        // 본문
    }
}
```

등호와 부등호 연산자

코틀린의 동등성 비교 연산자는 두 가지입니다.

* 참조적 동등성: === 연산자(와 부정 연산자 !==)로 확인하며, 피연산자가 모두 같은 객체를 가리킬 때 true를 반환합니다. ===와 !==(동일성 비교)는 오버라이딩할 수 없습니다.

- 구조적 동등성: equals 메서드 또는 == 연산자(와 부정 연산자 !=)로 확인합니다. a가 널 가능하지 않을 때 a == b는 a.equals(b)로 바뀌며, 널 가능하면 a?.equals(b) ?: (b === null)로 바뀝니다. 일반적으로 참조적 동등성보다 구조적 동등성을 자주 사용합니다. equals 메서드는 커스텀 클래스에서 오버라이딩할 수 있습니다.

equals는 모든 클래스의 슈퍼클래스인 Any에서 구현되었으므로 어떠한 두 객체라도 동등한지 확인할 수 있습니다.

표현식	컴파일러가 바꾼 형태
a == b	a?.equals(b) ?: (b === null)
a != b	!(a?.equals(b) ?: (b === null))

비교 연산자

클래스에 따라 그 인스턴스들끼리의 순서가 자연스럽게 정해지는 경우가 있습니다. 숫자가 대표적인 예입니다. 10은 100보다 작은 수이죠. 이럴 때 자바에서 쓰이는 유명한 규약이 있습니다. 자연스럽게 순서가 정해지는 클래스는 Comparable 인터페이스를 구현해야 한다는 것입니다. 이 인터페이스는 두 객체를 비교해 주는 compareTo 메서드를 정의하고 있습니다.

```
public interface Comparable<in T> {
    /**
     * 현재 객체와 입력된 객체의 순서를 비교합니다.
     * 현재 객체가 입력된 [other] 객체와 동등하다면 0을,
     * [other]보다 작다면 음수를,
     * [other]보다 크다면 양수를 반환합니다.
     */
    public operator fun compareTo(other: T): Int
}
```

그 결과 두 개의 객체를 비교할 때 compareTo 메서드를 사용하는 규약이 생겼습니다. 하지만 compareTo를 사용하는 코드는 직관적이지 않습니다. a.compare

To(b) > 0이라는 코드는 무슨 뜻일까요? 코틀린에서는 compareTo를 직관적인 수학 비교 연산자인 >, <, >=, <=로 대체할 수 있습니다.

표현식	컴파일러가 바꾼 형태
a > b	a.compareTo(b) > 0
a < b	a.compareTo(b) < 0
a >= b	a.compareTo(b) >= 0
a <= b	a.compareTo(b) <= 0

저는 BigDecimal이나 BigInteger 객체의 값을 비교할 때 비교 연산자를 자주 사용합니다.

```
import java.math.BigDecimal

fun main() {
    val amount1 = BigDecimal("42.80")
    val amount2 = BigDecimal("5.00")
    println(amount1 > amount2)    // true
    println(amount1 >= amount2)   // true
    println(amount1 < amount2)    // false
    println(amount1 <= amount2)   // false
    println(amount1 > amount1)    // false
    println(amount1 >= amount1)   // true
    println(amount1 < amount2)    // false
    println(amount1 <= amount2)   // false
}
```

시간 관련 객체도 같은 방법으로 비교합니다.

```
import java.time.LocalDateTime

fun main() {
    val now - LocalDateTime.now()
    val actionStarts = LocalDateTime.of(2010, 10, 20, 0, 0)
    val actionEnds = actionStarts.plusDays(1)
    println(now > actionStarts)    // true
    println(now <= actionStarts)   // false
    println(now < actionEnds)      // false
    println(now >= actionEnds)     // true
}
```

인덱스가 있는 접근 연산자

컬렉션 안에 있는 원소를 얻거나 새로 설정하는 방법은 주로 두 가지입니다. 첫 번째는 대괄호이며, 두 번째는 get과 set 메서드입니다. 자바의 경우 배열에서는 첫 번째 방법을, 다른 종류의 컬렉션에서는 두 번째 방법을 사용합니다. 코틀린에서는 get과 set 메서드가 곧 대괄호를 사용하는 연산자이므로 두 방법을 상호 변환하여 사용할 수 있습니다.

표현식	컴파일러가 바꾼 형태
a[i]	a.get(i)
a[i, j]	a.get(i, j)
a[i_1, ..., i_n]	a.get(i_1, ..., i_n)
a[i] = b	a.set(i, b)
a[i, j] = b	a.set(i, j, b)
a[i_1, ..., i_n] = b	a.set(i_1, ..., i_n, b)

```kotlin
fun main() {
    val mutableList = mutableListOf("A", "B", "C")
    println(mutableList[1])  // B
    mutableList[2] = "D"
    println(mutableList)     // [A, B, D]

    val animalFood = mutableMapOf(
        "Dog" to "Meat",
        "Goat" to "Grass"
    )
    println(animalFood["Dog"])  // Meat
    animalFood["Cat"] = "Meat"
    println(animalFood["Cat"])  // Meat
}
```

대괄호는 괄호 안의 수만큼의 인수를 받는 get과 set 함수 호출로 바뀝니다. 인수를 여러 개 받는 get과 set 함수 형태는 데이터 처리 라이브러리에서 애용됩니다. 예를 들어, 테이블을 표현하는 객체라면 x 좌표와 y 좌표를 대괄호 안에 [x, y] 형태로 나열하여 사용할 수 있습니다.

증강 할당문

변수에 할당하는 새로운 값은 이전 값으로부터 계산된 결과일 때가 많습니다. 값을 1씩 증가시키는 경우가 그 예입니다. 이러한 기능용으로 증강 할당문이 도입되었습니다.[3] 예를 들면, a += b는 a = a + b를 짧게 표기한 것입니다. 다른 산술 연산의 표기법 또한 비슷합니다.

표현식	컴파일러가 바꾼 형태
a += b	a = a + b
a -= b	a = a - b
a *= b	a = a * b
a /= b	a = a / b
a %= b	a = a % b

증강 할당문은 리스트나 문자열처럼 산술 연산을 지원하는 모든 타입에서 사용할 수 있습니다. 증강 할당문을 사용하려면 변수는 쓰기가 가능한 var이어야 하며, 연산 결과의 타입도 변수의 타입과 호환되어야 합니다. 예를 들어, a += b가 a = a + b로 바뀌려면 변수 a는 var이어야 하고, a + b의 결과는 a의 서브 타입이어야 합니다.

```
fun main() {
    var str = "ABC"
    str += "D"    // str = str + "D"로 바뀝니다.
    println(str)  // ABCD

    var l = listOf("A", "B", "C")
    l += "D"      // l = l + "D"로 바뀝니다.
    println(l)  // [A, B, C, D]
}
```

증강 할당문은 가변 객체를 변경하는 형태로도 쓰일 수 있습니다. 예를 들어, 가변 리스트에 원소를 추가할 때도 +=를 사용할 수 있습니다. 이때 a += b는 a.plusAssign(b)로 바뀝니다.

---

3 증강 할당문을 처음 도입한 언어가 무엇인지는 모르지만 C처럼 오래된 언어도 이 기능을 지원합니다.

표현식	컴파일러가 바꾼 형태
a += b	a.plusAssign(b)
a -= b	a.minusAssign(b)
a *= b	a.timesAssign(b)
a /= b	a.divAssign(b)
a %= b	a.remAssign(b)

```kotlin
fun main() {
    val names = mutableListOf("Jake", "Ben")
    names += "Jon"
    names -= "Ben"
    println(names)  // [Jake, Jon]

    val tools = mutableMapOf(
        "Grass" to "Lawnmower",
        "Nail" to "Hammer"
    )
    tools += "Screw" to "Screwdriver"
    tools -= "Grass"
    println(tools)  // {Nail=Hammer, Screw=Screwdriver}
}
```

a = a + b 형태와 가변 객체를 변경하는 형태가 모두 가능하다면, 코틀린은 기본적으로 후자 쪽을 선택합니다.

단항 전위 연산자

단일 값 앞에 붙는 +, -, ! 기호 또한 연산자입니다. 이러한 연산자를 단항 연산자(unary operator)라고 합니다.[4] 코틀린에서는 다음의 단항 연산자들을 오버로딩할 수 있습니다.

---

4 단항 연산자는 단일 값(피연산자)에서만 사용됩니다. 값이 두 개 필요한 연산자는 이항 연산자입니다. 대부분이 이항이므로 이항 연산자를 기본으로 하는 경우가 많습니다. 값이 세 개 필요한 연산자는 삼항 연산자입니다. 대다수 프로그래밍 언어에서 삼항 연산자는 조건부 연산자가 유일하므로, 조건부 연산자를 곧 삼항 연산자라고 생각하는 경우도 많습니다.

표현식	컴파일러가 바꾼 형태
+a	a.unaryPlus()
-a	a.unaryMinus()
!a	a.not()

다음은 unaryMinus 연산자를 오버로딩한 예입니다.

```
data class Point(val x: Int, val y: Int)

operator fun Point.unaryMinus() = Point(-x, -y)

fun main() {
    val point = Point(10, 20)
    println(-point)  // "Point(x=-10, y=-20)"를 출력합니다.
}
```

unaryPlus 연산자는 《코틀린 아카데미: 함수형 프로그래밍》에서 자세히 다룰 코틀린 DSL에서 주로 쓰입니다.

증가 및 감소

오래된 언어에서 쓰이는 많은 알고리즘에서 변수의 값을 1씩 더하거나 빼야 하는 경우가 많았어서 증가와 감소 연산자가 도입되었습니다. ++ 연산자는 변수에 1을 더해 줍니다. 그래서 a가 정수면 a++는 a = a + 1로 바뀝니다. -- 연산자는 변수에서 1을 빼 주며, a--는 a = a - 1로 바뀝니다.

　증가와 감소는 변수 앞이나 뒤 모두에서 사용할 수 있는데, 위치에 따라 연산의 결과로 반환되는 값이 달라집니다.

- 변수 앞에 붙는 ++를 전위 증가(pre-increment)라 합니다. 변수의 값을 증가시키고 증가된 값을 결과로 반환합니다.
- 변수 뒤에 붙는 ++를 후위 증가(post-increment)라 합니다. 변수의 값을 증가시키고 증가 전의 값을 반환합니다.
- 변수 앞에 붙는 --를 전위 감소(pre-decrement)라 합니다. 변수의 값을 감소시키고 감소된 값을 결과로 반환합니다.

- 변수 뒤에 붙는 --를 후위 감소(post-decrement)라 합니다. 변수의 값을 감소시키고 감소 전의 값을 반환합니다.

```kotlin
fun main() {
    var i = 10
    println(i++)  // 10
    println(i)    // 11
    println(++i)  // 12
    println(i)    // 12
    i = 10

    println(i--)  // 10
    println(i)    // 9
    println(--i)  // 8
    println(i)    // 8
}
```

증가와 감소는 inc와 dec 메서드로 오버로딩하여 커스텀 객체를 증가시키거나 감소시킬 수 있습니다. 저는 실무 프로젝트에서 커스텀 객체의 증가나 감소 연산자를 오버로딩한 사례를 아직 보지 못했습니다. 그러니 이 연산자들도 오버로딩할 수 있다는 사실만 알아 두면 충분하다고 생각합니다.

표현식	컴파일러가 바꾼 형태(간단하게 나타냄)
++a	a.inc(); a
a++	val tmp = a; a.inc(); tmp
--a	a.dec(); a
a--	val tmp = a; a.dec(); tmp

invoke 연산자

invoke 연산자를 제공하는 객체는 함수처럼 호출할 수 있습니다. 즉, 객체가 할당된 변수 뒤에 ()를 적어 주면 invoke 연산을 수행합니다. 객체 호출 시 명시한 인수들은 invoke 메서드의 인수로 전달됩니다.

표현식	컴파일러가 바꾼 형태
a()	a.invoke()
a(i)	a.invoke(i)
a(i, j)	a.invoke(i, j)
a(i_1, ..., i_n)	a.invoke(i_1, ..., i_n)

invoke 연산자는 람다 표현식[5]이나 《클린 아키텍처》(인사이트, 2019)의 유스케이스(UseCase) 객체와 같이 함수를 나타내는 객체에 사용됩니다.

```kotlin
class CheerUseCase {
    operator fun invoke(who: String) {
        println("Hello, $who")
    }
}

fun main() {
    val hello = {
        println("Hello")
    }
    hello()  // Hello

    val cheerUseCase = CheerUseCase()
    cheerUseCase("Reader")  // Hello, Reader
}
```

연산자 우선순위

1 + 2 * 3의 결괏값은 무엇일까요? 수학에서는 덧셈보다 곱셈을 먼저 수행하므로 정답은 7입니다. 그래서 곱셈이 덧셈보다 우선순위가 높다고 말합니다.

우선순위는 프로그래밍에서 절대적으로 중요합니다. 예를 들어, 컴파일러가 1 + 2 == 3 표현식의 값을 구할 때, 먼저 1과 2를 더해야 할지, 이니면 2와 3을 비교해야 할지 알아야 하기 때문입니다. 다음 표에 모든 연산자의 우선순위를 정리했습니다.

---

5 람다 표현식은 《코틀린 아카데미: 함수형 프로그래밍》에서 더 자세히 설명합니다.

우선순위	연산	기호
가장 높음	전위	++, −, . (일반 호출), ?. (안전 호출)
	후위	−, +, ++, −, !
	타입 캐스팅	as, as?
	곱셈	*, /, %
	덧셈	+, −
	범위	..
	중위 함수	간단한 식별자
	엘비스	?:
	이름 있는 체크	in, !in, is, !is
	비교	<, >, <=, >=
	동등	==, !=, ===, !==
	논리곱(conjunction)	&&
	논리합(disjunction)	||
	스프레드	*
가장 낮음	할당	=, +=, −=, *=, /=, %=

이 표를 참고하여 다음 코드가 무엇을 출력할지 알아맞혀 보세요.

```kotlin
fun main() {
    println(-1.plus(1))
}
```

많은 이를 당혹시키는 유명한 코틀린 퀴즈입니다. 답은 0이 아니고 −2입니다. 함수 앞에 오는 빼기 기호는 명시적인 plus 메서드 호출보다 우선순위가 낮은 연산자이기 때문입니다. 따라서 메서드를 먼저 호출하기 때문에 1.plus(1) 부분이 먼저 실행됩니다. 그런 다음 그 결괏값 2에 unaryMinus를 호출하기 때문에 최종 결과는 −2가 됩니다. −1부터 계산하고 싶다면 다음 코드처럼 괄호로 감싸야 합니다.

```kotlin
fun main() {
    println((-1).plus(1))  // 0
}
```

요약

코틀린에서는 다양한 연산자를 사용하며, 그중 다수는 오버로딩이 가능합니다. 연산자 오버로딩은 코드 가독성을 높이기 위해 주로 쓰입니다. 인지적인 관점에서 보면, 직관적인 연산자를 사용하는 쪽이 모든 곳에서 메서드를 사용하는 것보다 훨씬 낫습니다. 그러니 언어가 제공하는 기본 연산자들을 잘 알아두고, 코틀린 표준 라이브러리에서 정의한 연산자들도 잘 활용하는 게 좋습니다. 나아가 자신만의 연산자를 정의할 줄도 알아야 합니다.

연습문제: 화폐 연산

다음 동작이 가능하도록 Money 클래스에 적절한 연산자 메서드를 구현하세요.

- + 연산자를 사용해 두 Money 객체를 더하는 연산을 수행합니다(통화가 다를 경우에는 IllegalArgumentException을 던집니다).
- − 연산자를 사용해 두 Money 객체의 뺄셈을 수행합니다(통화가 다를 경우에는 IllegalArgumentException을 던집니다).
- − 단항 연산자를 사용해 Money 객체에 부정 연산을 수행합니다.
- * 연산자로 Money 객체에 정수를 곱합니다.

시작 코드는 다음과 같습니다.

```
data class Money(
    val amount: BigDecimal,
    val currency: Currency
) {
    // TODO: 연산자 오버로딩을 여기서 구현하세요.

    companion object {
        fun eur(amount: String) =
            Money(BigDecimal(amount), Currency.EUR)
    }
}
enum class Currency {
    EUR, USD, GBP, RUB
}
```

다음 코드가 동작하는지 확인해야 합니다.

```kotlin
fun main() {
    val money1 = Money.eur("10.00")
    val money2 = Money.eur("29.99")

    println(money1 + money2)  // Money(amount=39.99, currency=EUR)
    println(money2 - money1)  // Money(amount=19.99, currency=EUR)
    println(-money1)          // Money(amount=-10.00, currency=EUR)
    println(money1 * 3)       // Money(amount=30.00, currency=EUR)
}
```

연습문제 깃허브 저장소의 essentials/operators/Money.kt 파일에서 시작 코드와 사용 예시를 찾을 수 있습니다. 프로젝트를 클론하여 로컬 환경에서 문제를 풀어 보세요.

정답은 책 뒤편의 '연습문제 해답'에서 확인할 수 있습니다.

20장

코틀린 타입 시스템의 묘미

코틀린 타입 시스템의 설계는 놀랍습니다. 특별해 보이는 많은 기능이 그저 타입 시스템의 설계 덕분에 자연스럽게 파생된 것입니다. 예를 들면, 다음 코드에서 surname은 String 타입이며 age는 Int 타입이지만, 타입 시스템 덕분에 엘비스 연산자의 오른쪽에서 return과 throw를 사용할 수 있습니다.

```kotlin
fun processPerson(person: Person?) {
    val name = person?.name ?: "unknown"

    val surname = person?.surname ?: return

    val age = person?.age
        ?: throw Error("Person must have age")

    // ...
}
```

코틀린의 타입 시스템은 널 가능성을 편리하게 처리해 주며, 타입 추론을 훌륭하게 해내는 등 많은 기능을 제공합니다. 이번 장에서도 코틀린의 다재다능한 매력을 볼 수 있을 것입니다. 저는 워크숍에서 코틀린의 타입 시스템을 소개하는 걸 좋아하는데, 워낙 잘 설계되어 있어서 모든 것이 완벽하게 들어맞으며 프로그래밍을 재미있게 만들어 주는 매력이 있기 때문입니다. 이 주제만으로도 흥미롭지만, 타입 시스템을 실전에서 유용하게 사용할 수 있는 사례도 보여 줄 것입니다. 여러분도 저처럼 코틀린 타입 시스템의 매력을 느껴 보기 바랍니다.

타입이란 무엇인가?

타입 시스템을 말하기 전에, 타입이 무엇인지 알아보겠습니다. 답은 무엇일까요? 잠시만 생각해 보세요.

타입은 종종 클래스와 혼동되지만, 두 용어는 완전히 다른 개념을 나타냅니다. 다음 예를 보세요. User가 네 번 사용되었습니다. 이 중 어느 것이 클래스인지, 타입인지, 아니면 또 다른 무언가인지 말할 수 있나요?

```
class User

fun save(user: User) { /*...*/ }

val user: User = User()
```

class 키워드 다음에는 클래스 이름을 지정합니다. 클래스는 프로퍼티와 메서드 집합으로 정의되는 객체의 템플릿입니다. 생성자를 호출하면 객체가 생성됩니다. 이때 타입은 변수[1]에 담을 객체의 종류를 지정하는 데 사용합니다.

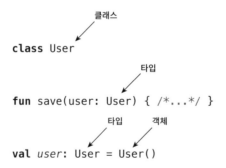

---

1 매개변수도 변수입니다.

타입이 왜 필요한가?

잠시만 사고 실험을 해 봅시다. 코틀린은 정적 타입 언어이기 때문에 모든 변수와 함수에 타입이 있어야 합니다. 타입을 명시하지 않으면 코틀린이 타입을 추론합니다. 잠깐만 뒤로 물러나 코틀린이 어떤 모습이어야 할지 결정하는 언어 설계자가 되었다고 상상해 봅시다. 모든 요구 사항을 버리고 모든 타입을 완전히 제거할 수도 있습니다. 컴파일러에게는 실제로 타입이 필요하지 않습니다.[2] 컴파일러는 객체가 어떻게 생성되어야 하는지를 정의하는 클래스들을 알고 있고, 실행 과정에서 사용할 객체들도 알고 있습니다. 그럼에도 타입을 없애면 우리는 무엇을 잃게 될까요? 주로 안전성과 개발자 편의성을 잃게 됩니다.

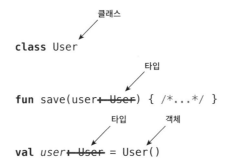

클래스와 객체는 지원하지만 타입은 지원하지 않는 언어도 많습니다. 그중 가장 널리 쓰이는 언어로 자바스크립트[3]와 (옛 버전의) 파이썬을 꼽을 수 있습니다.[4] 하지만 타입이 제공하는 가치가 매우 크기 때문에 자바스크립트 커뮤니티의 많은 사람이 (자바스크립트에 타입을 더한) 타입스크립트(TypeScript)를 사용하고 있고, 파이썬도 타입 지원을 도입했습니다.

그러면 타입이 왜 있는 걸까요? 주로 우리, 즉 개발자를 위한 것입니다. 타입은 특정 객체에 대해 우리가 어떤 메서드와 프로퍼티를 사용할 수 있는지 말

---

2   오버로딩되어 있는 함수 중 하나를 선택해야 하는 경우는 제외합니다.
3   형식적으로 자바스크립트는 약한 타입을 지원하지만, 이번 장에서 말하는 건 자바스크립트가 지원하지 않는 정적 타입입니다.
4   평가 기준에 따라 다르지만, 대부분의 순위에서 파이썬, 자바, 자바스크립트가 상위 3개를 차지합니다. 하지만 가전제품처럼 저수준 개발 분야라면 C 언어의 순위가 더 높을 수도 있습니다.

해 줍니다. 인수로써 어떤 종류의 값을 사용할 수 있는지 알려 줍니다. 정확하지 않은 객체, 메서드, 프로퍼티가 사용되지 않도록 막아 줍니다. 코드의 안전성을 높여 주고, IDE가 올바른 대상을 제안할 수 있게 합니다. 컴파일러 또한 타입 덕분에 코드를 더 잘 최적화하고 오버로딩된 함수들 중 정확한 대상을 선택해 호출할 수 있습니다. 그럼에도 타입의 존재로부터 가장 많은 이득을 보는 쪽은 여전히 개발자입니다.

그래서 타입은 무엇일까요? '객체를 가지고 할 수 있는 것들'로 생각할 수 있습니다. 일반적으로는 메서드와 프로퍼티의 집합입니다.

클래스와 타입의 관계

흔히 클래스가 타입을 만들어 낸다고 말합니다. User라는 클래스를 생각해 봅시다. 이 클래스는 두 개의 타입을 생성합니다. 어떤 타입들일까요? 하나는 User입니다. 두 번째 타입은 Any일까요? 아닙니다. Any는 User 타입의 계층 구조에 이미 포함되어 있습니다. User 클래스가 만들어 내는 두 번째 타입은 User?입니다. 네, 널 가능한 형태는 별개의 타입입니다.

더 많은 타입을 생성하는 클래스로 제네릭 클래스가 있습니다. Box<T> 클래스는 이론적으로 무한히 많은 타입을 생성합니다.

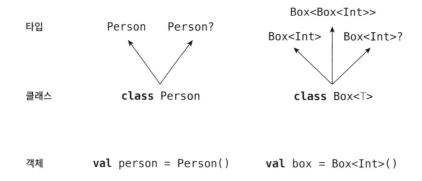

실제 코드에서 클래스와 타입의 비교

주제가 이론적인 것 같아 보이지만 실용적인 의미도 함축하고 있습니다. 클래스는 널 가능하지 않지만, 타입은 널 가능합니다. User가 타입임을 지적한 앞의 예를 생각해 보세요. 타입이 와야 할 자리에서만 User 대신 User?를 사용할 수 있습니다.

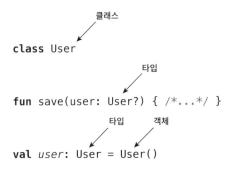

멤버 함수는 클래스에 정의되기 때문에 멤버 함수의 리시버는 널이 될 수 없으며 타입 인수[5]도 가질 수 없습니다. 확장 함수는 타입에 정의되기 때문에 구체적인 제네릭 타입뿐 아니라 널 가능한 타입에 대해서도 정의될 수 있습니다. Iterable<Int>의 확장 함수인 sum이나 String?의 확장 함수인 isNullOrBlank를 떠올려 보세요.

```kotlin
fun Iterable<Int>.sum(): Int {
    var sum: Int = 0
    for (element in this) {
        sum += element
    }
    return sum
}

@OptIn(ExperimentalContracts::class)
inline fun CharSequence?.isNullOrBlank(): Boolean {
    // (컨트랙트 정의는 생략했습니다.)
    return this == null || this.isBlank()
}
```

---

5 타입 인수와 타입 매개변수는 21장 '제네릭'에서 자세히 설명합니다.

타입 간의 관계

Dog와 슈퍼클래스인 Animal이 있다고 합시다.

```
open class Animal
class Dog : Animal()
```

Animal이 필요한 경우에도 Dog를 사용할 수 있지만, 반대로는 안 됩니다.

```
fun petAnimal(animal: Animal) {}
fun petDog(dog: Dog) {}

fun main() {
    val dog: Dog = Dog()
    val dogAnimal: Animal = dog   // 작동합니다.
    petAnimal(dog)                // 작동합니다.
    val animal: Animal = Animal()
    val animalDog: Dog = animal   // 컴파일 에러
    petDog(animal)                // 컴파일 에러
}
```

왜 그럴까요? Dog가 Animal의 서브타입이라는 구체적인 관계가 있기 때문입니다. 규칙상 A가 B의 서브타입이면 B가 필요한 곳에 A를 사용할 수 있습니다. Animal이 Dog의 슈퍼타입이므로 Animal이 와야 할 곳에서 서브타입인 Dog를 사용할 수 있는 것입니다.

```
Animal
  ↑
Dog
```

널 가능한 타입과 가능하지 않은 타입 간의 관계도 있습니다. 널이 가능한 타입이 와야 할 곳에 널이 가능하지 않은 타입을 사용할 수 있습니다.

```
fun petDogIfPresent(dog: Dog?) {}
fun petDog(dog: Dog) {}

fun main() {
    val dog: Dog = Dog()
    val dogNullable: Dog? = dog
    petDogIfPresent(dog)            // 작동합니다.
```

```
    petDogIfPresent(dogNullable)   // 작동합니다.
    petDog(dog)                    // 작동합니다.
    petDog(dogNullable)            // 컴파일 에러
}
```

모든 타입에서 널이 가능하지 않은 타입은 널 가능한 타입의 서브타입이기 때문입니다.

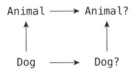

코틀린에서 모든 클래스의 슈퍼클래스는 Any이며, 자바의 Object와 비슷합니다. 한편 모든 타입의 슈퍼타입은 Any가 아니라 Any?입니다. Any는 널 가능하지 않은 모든 타입의 슈퍼타입입니다. 그리고 모든 타입의 서브타입인 Nothing도 있습니다. 자바에도 없고 다른 대부분의 주요 언어에도 없는 개념입니다. 곧 이 타입에 대해서도 설명할 것입니다.

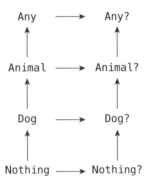

Any는 널 가능하지 않은 타입들의 슈퍼타입일 뿐입니다. 따라서 Any가 필요한 곳에서는 널 가능한 타입이 허용되지 않습니다. 이 원리는 타입 매개변수의 상한 경계를 설정하여 널 가능하지 않은 타입만 받도록 제한하는 데 사용됩니다.[6]

```
fun <T : Any> String.parseJson(): T = ...
```

6 타입 매개변수의 상한 경계는 21장 '제네릭'에서 설명합니다.

Unit은 타입 계층구조에서 어떤 위치도 차지하지 않습니다. 함수가 결과 타입을 명시하지 않았을 때 선언되는 객체일 뿐입니다.

```
object Unit {
    override fun toString() = "kotlin.Unit"
}
```

이제 타입 계층구조에서 특별한 위치를 차지하는 개념인 Nothing에 대해 알아봅시다.

Nothing: 모든 타입의 서브타입

Nothing은 모든 타입의 서브타입입니다. 그래서 Nothing 타입의 인스턴스가 있다면 어떤 것이든지 대체하여 사용할 수 있습니다(카드 게임에서의 조커 카드와 같습니다). 이런 인스턴스가 실존하지 않는다는 건 자명합니다. 그래서 Nothing은 값이 존재하지 않는 비어 있는 타입입니다(바닥 타입, 제로 타입, 무인 타입, 어떤 것도 될 수 없는 타입 등으로도 불립니다). 문자 그대로 Nothing 타입의 인스턴스를 만드는 건 불가능함에도 불구하고, 이 타입은 정말 쓸모가 많습니다. 실제로도 결과 타입이 Nothing이라고 선언한 함수들이 이미 있습니다. 여러분도 이런 함수를 수없이 사용했습니다. 어떤 것들이 있을까요? 결과로 Nothing을 반환한다고 선언했지만 인스턴스를 만들 수 없기 때문에 반환할 수가 없습니다. 이런 함수는 무슨 일을 할 수 있을까요? 세 가지가 있습니다. 영원히 실행되거나, 프로그램을 종료하거나, 예외를 던지는 경우입니다. 이 모든 경우는 함수가 반환하는 일이 없으므로 Nothing 타입이 유효할 뿐 아니라 아주 쓸모 있는 것입니다.

```
fun runForever(): Nothing {
    while (true) {
        // 연산이 없습니다.
    }
}

fun endProgram(): Nothing {
    exitProcess(0)
}
```

```
fun fail(): Nothing {
    throw Error("Some error")
}
```

저는 영원히 실행되는 함수가 유용하게 활용되는 경우는 보지 못했고, 프로그 램을 종료하는 함수도 흔치 않습니다. 하지만 예외를 던지는 함수는 우리 모두 자주 사용합니다. TODO() 함수를 사용해 보지 않은 사람이 있나요? 이 함수 는 NotImplementedException 예외를 던집니다. 표준 라이브러리에는 Illegal StateException을 던지는 error 함수도 있습니다.

```
inline fun TODO(): Nothing = throw NotImplementedError()
```

```
inline fun error(message: Any): Nothing =
    throw IllegalStateException(message.toString())
```

TODO는 나중에 코드를 구현해 넣을 장소를 지정할 때 사용합니다.

```
fun fib(n: Int): Int = TODO()
```

error는 허용되지 않는 상황을 알릴 때 사용합니다.

```
fun get(): T = when {
    left != null -> left
    right != null -> right
    else -> error("Must have either left or right")
}
```

Nothing 결과 타입은 중요합니다. Int나 Nothing 타입 중 하나를 반환하는 if 문 이 있다고 생각해 봅시다. 조건문의 결과는 어떤 타입이라고 추론할 수 있을까 요? Int와 Nothing의 가장 가까운 공통 슈퍼타입은 Int입니다. 그래서 결과 타 입이 Int라고 추론할 수 있습니다.

```
// answer의 추론 타입은 Int입니다.
val answer = if (timeHasPassed) 42 else TODO()
```

엘비스 연산자나 when 표현식 등을 사용할 때도 같은 원리가 적용됩니다. 다 음 코드에서 fail과 error는 결과 타입이 Nothing이기 때문에 name과 fullName 의 추론 타입은 모두 String입니다. 정말 편리합니다.

```kotlin
fun processPerson(person: Person?) {
    // name의 추론 타입은 String입니다.
    val name = person?.name ?: fail()
    // fullName의 추론 타입은 String입니다.
    val fullName = when {
        !person.middleName.isNullOrBlank() ->
            "$name ${person.middleName} ${person.surname}"
        !person.surname.isNullOrBlank() ->
            "$name ${person.surname}"
        else ->
            error("Person must have a surname")
    }
    // ...
}
```

return과 throw의 결과 타입

조금 이상한 질문으로 시작하겠습니다. 변수에 return이나 throw를 값으로 할당할 수 있다는 걸 알고 있나요?

```kotlin
fun main() {
    val a = return
    val b = throw Error()
}
```

return과 throw 모두 함수를 종료시키기 때문에 아무 의미가 없으며, 따라서 a와 b 변수에 할당되는 값도 없습니다. 결국 예시의 할당문은 도달할 수 없는 코드가 되어 경고 메시지만을 띄웁니다.

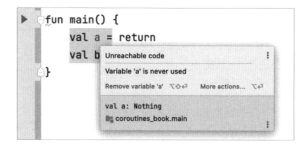

하지만 언어 차원에서 볼 때는 return과 throw 모두 결과 타입이 선언된 '표현식'이기 때문에 앞의 코드는 문제가 없습니다. 결과 타입은 물론 Nothing입니다.

```
fun main() {
    val a: Nothing = return
    val b: Nothing = throw Error()
}
```

엘비스 연산자나 when 표현식의 오른쪽에 return이나 throw가 올 수 있는 이유입니다.

```
fun processPerson(person: Person?) {
    val name = person?.name ?: return
    val fullName = when {
        !person.middleName.isNullOrBlank() ->
            "$name ${person.middleName} ${person.surname}"
        !person.surname.isNullOrBlank() ->
            "$name ${person.surname}"
        else -> return
    }
    // ...
}
```

```
fun processPerson(person: Person?) {
    val name = person?.name ?: throw Error("Name is required")
    val fullName = when {
        !person.middleName.isNullOrBlank() ->
            "$name ${person.middleName} ${person.surname}"
        !person.surname.isNullOrBlank() ->
            "$name ${person.surname}"
        else -> throw Error("Surname is required")
    }
    // ...
}
```

return과 throw는 결과 타입으로 Nothing을 선언합니다. 그 결과 String과 Nothing의 슈퍼타입이 String이기 때문에, 앞의 코드에서 name과 fullName의 타입을 모두 String으로 추론합니다.

이제 Nothing이 무엇인지 알았을 것입니다. 존 스노우(John Snow)처럼요.

도달할 수 없는 코드가 있는 경우

결과 타입이 Nothing이라고 선언한 요소를 호출한 뒤의 코드는 전부 도달할 수 없게 됩니다. Nothing인 인스턴스는 없으니 반환할 수가 없다는 점에서 합리적입니다. Nothing을 결과 타입으로 선언한 문장은 정상적인 방법으로는 완료되지 않기 때문에 그다음 문장에 도달할 수 없게 되는 것입니다. fail과 throw 다음에 오는 모든 코드가 도달할 수 없는 이유입니다.

```kotlin
fun test1() {
    print("Before")
    fail()
    print("After")
}

fun test2() {
    print("Before")
    throw Error()
    print("After")
}
```

Unreachable code

return, TODO, error도 마찬가지입니다. 반드시 실행되어야 하는(non-optional) 표현식의 결과 타입이 Nothing으로 선언되어 있다면 이후의 코드에는 도달할 수 없습니다. 간단한 규칙이며, 컴파일러에게 아주 유용합니다. 한편 개발자에게도 더 많은 가능성을 주기 때문에 유용합니다. 이 규칙 덕분에 함수에서 값을 반환하는 대신 TODO()를 쓸 수 있습니다. 결과 타입이 Nothing인 무언가가 함수 본문 중에 등장하면 함수가 실행되다 멈추게 되므로(또는 영원히 실행되므로), 그전에 값을 반환하거나 예외를 던지지 않으면 함수가 종료되지 않습니다.

```kotlin
fun fizzBuzz(): String {
    TODO()
}
```

코틀린 코루틴 라이브러리에서 가져온 고급 예시 하나로 이번 주제를 마치려 합니다. 다음의 SharedFlow 인터페이스를 구현하는 MutableStateFlow 클래스가 있습니다. 이 클래스는 가변 값을 표현하는데 collect 메서드를 통해 상태 변화를 관찰할 수 있습니다. collect 메서드는 관찰 대상이 닫힐 때까지 현재 코루틴을 중단시키지만 공유플로우(SharedFlow)는 닫을 수 없습니다. 그래서 collect 메서드는 반환 타입을 Nothing으로 선언했습니다.

```kotlin
public interface SharedFlow<out T> : Flow<T> {
    public val replayCache: List<T>
    override suspend fun collect(
        collector: FlowCollector<T>
    ): Nothing
}
```

결과 타입을 Nothing으로 선언하면 collect의 동작 방식을 알지 못하는 개발자에게 아주 유용합니다. 이 선언 덕분에 collect 뒤에 오는 코드에 도달할 수 없음을 인텔리제이가 개발자에게 알려 줄 수 있기 때문입니다.

```kotlin
suspend fun main(): Unit = coroutineScope {   this: CoroutineScope
    val state = MutableStateFlow( value: 0 )
    state.collect {   it: Int
        println(it)
    }

    state.value = 10
    state.value = 20   Unreachable code
}
```

공유플로우를 닫을 수 없기 때문에 collect 메서드는 절대 반환되지 않습니다.
그래서 결과 타입을 Nothing으로 선언했습니다.

null의 타입

이상한 예를 하나 더 보겠습니다. 명시적인 타입이 없어도 변수에 null을 할당할 수 있다는 사실을 알고 있나요? 게다가 null이 허용되는 곳이면 이 변수를 사용할 수도 있습니다.

```
fun main() {
    val n = null
    val i: Int? = n
    val d: Double? = n
    val str: String? = n
}
```

이는 null에도 타입이 있고, 그 타입은 곧 모든 널 가능한 타입의 서브타입이라는 뜻입니다. 다음의 타입 계층구조를 보고 null의 타입이 과연 무엇일지 추측해 보세요.

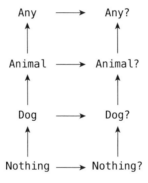

정답은 Nothing?입니다. 모두 맞히셨기를 바랍니다. 이제 다음 코드에서 코틀린이 a와 b의 타입을 무엇이라고 추론했을지 생각해 봅시다.

```
val a = if (predicate) "A" else null

val b = when {
    predicate2 -> "B"
    predicate3 -> "C"
    else -> null
}
```

if 표현식에서는 두 브랜치가 반환하는 타입들의 가장 가까운 공통 슈퍼타입을 찾습니다. String과 Nothing?의 가장 가까운 슈퍼타입은 String?입니다. when 표현식도 같습니다. String, String, Nothing?의 가장 가까운 슈퍼타입은 String?입니다. 모든 것이 논리적으로 딱 떨어집니다.

같은 이유로, String?이 필요한 곳에 String이나 null?을 넣을 수 있습니다. Nothing? 타입이기 때문입니다. 타입 계층구조를 보면 명확합니다. String과 Nothing?은 String?에서 비어 있지 않은 유일한 서브타입입니다.

SOCRATES KNOWS, THAT HE KNOWS NOTHING

요약

이번 장에서는 다음 내용을 배웠습니다.

- 클래스는 객체를 생성하는 템플릿입니다. 타입은 객체에 기대하는 바와 기능을 정의합니다.
- 모든 클래스는 두 개의 타입, 즉 널 가능한 타입과 널 가능하지 않은 타입을 생성합니다.
- 널 가능한 타입은 해당 타입의 널 가능하지 않은 형태들의 슈퍼타입입니다.
- 모든 타입의 슈퍼타입은 Any?입니다.
- 널 가능하지 않은 타입들의 슈퍼타입은 Any입니다.
- 모든 타입의 서브타입은 Nothing입니다.

- 함수가 결과 타입을 Nothing으로 선언하면 예외를 던지거나 영원히 실행된다는 뜻입니다.
- throw와 return은 Nothing을 결과 타입으로 선언합니다.
- Nothing을 결과 타입으로 선언한 표현식이 있다면 코틀린 컴파일러는 해당 표현식 뒤에 오는 코드는 도달 불가능하다고 이해합니다.
- null의 타입은 모든 널 가능한 타입의 서브타입인 Nothing?입니다.

다음 장의 주제는 제네릭입니다. 코틀린 타입 시스템에서 제네릭이 얼마나 중요한지 보게 될 것입니다.

연습문제: 타입들의 가장 가까운 서브타입

다음 타입들의 가장 가까운 서브타입은 무엇일까요?

- Int와 Double
- Double과 Number
- String과 Nothing
- Float와 Double?
- String과 Float
- Char와 Nothing?
- Nothing과 Any
- Nothing?과 Any
- Char?와 Nothing?
- Nothing?과 Any?

정답은 책 뒤편의 '연습문제 해답'에서 확인할 수 있습니다.

21장

제네릭

자바 초창기에는 모든 리스트가 List라는 하나의 타입을 갖도록 설계되었습니다. 지금의 List<String>이나 List<Int>처럼 매개변수 타입을 특정할 수 없었습니다. 그래서 자바의 List는 값의 타입이 무엇이든 모두 허용했습니다. 리스트 안의 값을 꺼낼 때는 (자바에서 모든 타입의 슈퍼타입인) Object로 받았습니다.

```
// 자바
List names = new ArrayList();
names.add("Alex");
names.add("Ben");
names.add(123);  // 잘못된 코드지만, 컴파일은 됩니다.
for(int i = 0; i < names.size(); i++){
    String name = (String)names.get(i);  // i==2가 될 때 예외 발생
    System.out.println(name.toUpperCase());
}
```

이런 리스트는 사용하기 어렵습니다. 원소의 타입이 명시된 리스트가 더 낫습니다. 그러면 리스트에 올바른 타입의 원소만 담겨 있다고 확신할 수 있으며, 리스트에서 원소를 얻을 때 명시적으로 캐스팅할 필요도 없습니다. 이것이 자바가 5 버전부터 제네릭(generics)을 도입한 주요 이유입니다. 코틀린은 탄생부터 제네릭을 지원하여 이런 문제가 없으며, 모든 리스트가 제네릭이기 때문에 허용하는 원소의 종류를 반드시 지정해야 합니다. 제네릭은 현대 프로그래

밍 언어의 가장 중요한 특징입니다. 그러면 이제부터 제네릭이 무엇인지 그리고 코틀린에서 제네릭을 어떻게 사용하는지 알아보겠습니다.

코틀린에는 세 가지 종류의 제네릭 요소가 있습니다.

* 제네릭 함수
* 제네릭 클래스
* 제네릭 인터페이스

하나씩 보겠습니다.

제네릭 함수

매개변수에 인수를 넣는 것처럼, 타입을 **타입 인수**(type argument)로 넣을 수 있습니다. 함수에서 타입 인수를 받으려면 fun 키워드 다음에 홑화살괄호(<>)를 쓰고 그 안에 필요한 수만큼의 타입 매개변수를 정의해야 합니다. 표기법상 타입 매개변수의 이름은 대문자여야 합니다. 함수가 타입 매개변수를 정의했다면, 함수를 호출할 때 타입 인수를 지정해야 합니다. 타입 매개변수는 구체적인 타입이 들어갈 장소이며, 타입 인수는 함수를 호출할 때 사용할 실제 타입입니다. 타입 인수를 명시할 때도 홑화살괄호를 사용합니다.

```
fun <T> a() {}   // T는 타입 매개변수입니다.
a<Int>()         // Int를 타입 인수로 사용했습니다.
a<String>()      // String을 타입 인수로 사용했습니다.
```

타입 인수가 하나뿐이라면 주로 T로 쓰며, 인수가 여러 개라면 T에 일련번호를 붙이는 방식이 자주 사용됩니다(T는 영어 'type'에서 따왔습니다). 하지만 정해진 규칙은 아니며, 타입 매개변수의 이름을 정하는 표기법은 다양합니다.

```
fun <T> a() {}
fun <T1, T2> b() {}
```

제네릭 함수를 호출하는 시점에 코틀린 컴파일러는 모든 타입 인수를 명확하게 알아야 합니다. 개발자가 명시했을 수도 있고 컴파일러가 값을 토대로 추론할 수도 있습니다.

```
fun <T> a() {}
fun <T1, T2> b() {}
fun <T> c(t: T) {}
fun <T1, T2> d(a: T1, b: T2) {}
fun <T> e(): T = TODO()

fun main() {
    // 타입 인수를 명시했습니다.
    a<Int>()
    a<String>()
    b<Double, Char>()
    b<Float, Long>()

    // 추론된 타입 인수들
    c(10)  // T의 추론 타입은 Int입니다.
    // T1의 추론 타입은 String이며, T2의 추론 타입은 Double입니다.
    d("AAA", 10.0)
    val e: Boolean = e()  // T의 추론 타입은 Boolean입니다.
}
```

그렇다면 타입 매개변수들은 어떤 식으로 유용하게 쓰이는 걸까요? 주로 인수와 결과 타입 간의 관계를 지정할 때 사용합니다. 예를 들어, 결과 타입이 인수 타입과 같아야 하거나 두 인수의 타입이 같아야 함을 표현할 수 있습니다.

```
import kotlin.random.Random

// 결과 타입이 인수 타입과 같습니다.
fun <T> id(value: T): T = value

// 결과 타입이 인수 타입들의 가장 가까운 슈퍼타입입니다.
fun <T> randomOf(a: T, b: T): T =
if (Random.nextBoolean()) a else b

fun main() {
    val a = id(10)            // a의 추론 타입은 Int입니다.
    val b = id("AAA")         // b의 추론 타입은 String입니다.
    val c = randomOf("A", "B")  // c의 추론 타입은 String입니다.
    val d = randomOf(1, 1.5)    // d의 추론 타입은 Number입니다.
}
```

함수의 타입 매개변수는 컴파일러에게 유용합니다. 타입을 확인하고 올바르게 추론할 수 있기 때문입니다. 때문에 프로그램이 더 안전해지며 개발자들이 개발을 즐겁게 할 수 있는 것입니다. 매개변수 타입이 개선되고 타입 제안이 더 좋아지면 올바르지 않은 연산이 사용되는 일을 막을 수 있습니다. IDE가 더 나은 제안을 할 수 있게 도와주기도 합니다.

다음 책인 《코틀린 아카데미: 함수형 프로그래밍》에서 컬렉션 처리와 같은 제네릭 함수 예제를 더욱 많이 확인할 수 있습니다. 제네릭 함수는 아주 중요하고 유용합니다. 하지만 지금은 제네릭을 소개하겠다는 초기 목표로 돌아가서, 제네릭 클래스를 살펴보도록 합시다.

제네릭 클래스

클래스 이름 뒤에 타입 매개변수를 추가하면 클래스를 제네릭으로 만들 수 있습니다. 타입 매개변수는 특히 프로퍼티 타입, 매개변수 타입, 결과 타입을 지정할 때와 같이 클래스 내부 어디서든 사용 가능합니다. 타입 매개변수는 인스턴스를 정의할 때 지정하며, 이후로는 바뀌지 않습니다. 다음 코드에서 인스턴스 타입을 ValueWithHistory<String>으로 선언했다면 setValue를 호출할 때는 인수로 String 타입 객체를 사용해야 합니다. 마찬가지로 currentValue가 반환하는 객체도 String 타입이며, history 메서드는 List<String>을 반환합니다. 다른 타입 인수들에도 모두 똑같이 적용됩니다.

```kotlin
class ValueWithHistory<T>(
    private var value: T
) {
    private var history: List<T> = listOf(value)

    fun setValue(value: T) {
        this.value = value
        this.history += value
    }

    fun currentValue(): T = value

    fun history(): List<T> = history
}

fun main() {
    val letter = ValueWithHistory<String>("A")
    // letter의 타입은 ValueWithHistory<String>입니다.
    letter.setValue("B")
```

```
    // letter.setValue(123)   <- 이렇게 하면 컴파일되지 않습니다.

    val l = letter.currentValue()  // l의 타입은 String입니다.
    println(l)                     // B

    val h = letter.history()       // h의 타입은 List<String>입니다.
    println(h)                     // [A, B]
}
```

생성자 타입 인수는 추론할 수 있습니다. 앞의 예에서는 타입을 명시했지만, 반드시 그럴 필요는 없습니다. 인수 타입으로부터 추론할 수도 있기 때문입니다.

```
val letter = ValueWithHistory("A")
// letter의 타입은 ValueWithHistory<String>입니다.
```

타입 인수는 변수 타입으로부터 추론할 수 있습니다. Any를 타입 인수로 사용하고 싶다고 합시다. letter 변수의 타입을 ValueWithHistory<Any>로 지정하면 클래스의 타입 인수는 자동으로 Any가 됩니다.

```
val letter: ValueWithHistory<Any> = ValueWithHistory("A")
// letter의 타입은 ValueWithHistory<Any>입니다.
```

이번 장의 도입부에서 말했듯이, 제네릭이 등장하게 된 가장 중요한 목적은 컬렉션에 특정 타입의 원소만 담기 위함입니다. 표준 라이브러리(stdlib)의 Array List 클래스를 생각해 봅시다. 제네릭이기 때문에 인스턴스를 생성할 때 원소의 타입을 지정해야 합니다. 그 덕분에 코틀린은 리스트가 허용된 타입의 값만 원소로 받게 제한하며, 리스트의 원소를 다루는 코드들에서 무조건 그 타입이라고 간주하고 처리해 줍니다.

```
fun main() {
    val letters = ArrayList<String>()
    letters.add("A")        // 인수는 반드시 String 타입이어야 합니다.
    letters.add("B")        // 인수는 반드시 String 타입이어야 합니다.
    // letters의 타입은 List<String>입니다.

    val a = letters[0]      // a의 타입은 String입니다.
    println(a)              // A
```

```
        for (l in letters) {  // l의 타입은 String입니다.
            println(l)           // A가 먼저, B가 나중에 출력됩니다.
        }
    }
```

제네릭 클래스와 널 가능성

타입 인수는 널 가능하므로 ValueWithHistory<String?> 타입도 만들 수 있습
니다. 이렇게 하면 null 값도 완벽하게 유효한 원소입니다.

```
fun main() {
    val letter = ValueWithHistory<String?>(null)
    letter.setValue("A")
    letter.setValue(null)

    val l = letter.currentValue()  // l의 타입은 String?입니다.
    println(l)                     // null

    val h = letter.history()       // h의 타입은 List<String?>입니다.
    println(h)                     // [null, A, null]

    val letters = ArrayList<String?>()
    letters.add("A")
    letters.add(null)
    println(letters)     // [A, null]

    val l2 = letters[1]  // l2의 타입은 String?입니다.
    println(l2)          // null
}
```

클래스나 함수 내부에서 제네릭 매개변수를 사용할 때 물음표를 붙여 널 가능
하게 만들 수도 있습니다. 다음 예를 봅시다. T 타입은 타입 인수가 무엇이냐에
따라 널 가능하거나 가능하지 않을 수 있지만, T? 타입은 항상 널 가능합니다.
그래서 T? 타입인 변수에는 당연히 null을 할당할 수 있습니다. 널 가능한 제네
릭 타입 매개변수 T?를 T로 사용하려면 사용 전에 반드시 널 가능성을 벗겨내
야(unpack) 합니다.

```
class Box<T> {
    var value: T? = null
```

```
    fun getOrThrow(): T = value!!
}
```

반대인 경우도 표현할 수 있습니다. 제네릭 타입 매개변수는 널 가능한 타입을 표현할 수 있습니다. 그래서 널 불가능 타입으로 지정하려면 타입 매개변수 다음에 & Any를 추가해야 합니다. 다음 예에서 orThrow 함수는 어떤 값에서도 호출할 수 있지만, 널 가능성을 벗겨내어(unpack) 널 불가능 타입으로 만들어 줍니다.

```
fun <T> T.orThrow(): T & Any = this ?: throw Error()

fun main() {
    val a: Int? = if (Random.nextBoolean()) 42 else null
    val b: Int = a.orThrow()
    val c: Int = b.orThrow()
    println(b)
}
```

제네릭 인터페이스

인터페이스도 제네릭이 될 수 있으며, 효과도 클래스와 비슷합니다. 지정한 타입 매개변수를 인터페이스 내부에서 프로퍼티 타입, 매개변수 타입, 결과 타입 등으로 사용할 수 있습니다. List 인터페이스가 좋은 예입니다.

```
interface List<out E> : Collection<E> {
    override val size: Int
    override fun isEmpty(): Boolean
    override fun contains(element: @UnsafeVariance E): Boolean
    override fun iterator(): Iterator<E>
    override fun containsAll(
        elements: Collection<@UnsafeVariance E>
    ): Boolean
    operator fun get(index: Int): E
    fun indexOf(element: @UnsafeVariance E): Int
    fun lastIndexOf(element: @UnsafeVariance E): Int
    fun listIterator(): ListIterator<E>
    fun listIterator(index: Int): ListIterator<E>
    fun subList(fromIndex: Int, toIndex: Int): List<E>
}
```

out 제어자와 @UnsafeVariance 애너테이션은 《코틀린 아카데미: 고급편》에서 설명합니다.

```
listOf("A", "B", "C").|
    size                                                              Int
    [](index: Int)                                                 String
    get(index: Int)                                                String
    subList(fromIndex: Int, toIndex: Int)                    List<String>
    listIterator()                                   ListIterator<String>
    orThrow() for T in <root>                                List<String>
    random() for Collection<T> in kotlin.collections               String
    map {...} (transform: (String) -> R) for Iterable<T> in kotlin.collections  List<R>
    indexOf(element: String)                                          Int
    lastIndexOf(element: String)                                      Int
    lastIndex for List<T> in kotlin.collections                       Int
    last() for List<T> in kotlin.collections                       String
    last {...} (predicate: (String) -> Boolean) for List<T> in kotlin.collections  String
    listIterator(index: Int)                         ListIterator<String>
    hashCode()                                                        Int
    forEach {...} (action: ((String!) -> Unit)!)                     Unit
    forEach(action: Consumer<in String!>!)                          Unit
    contains(element: String)                                     Boolean
    Press ^. to choose the selected (or first) suggestion and insert a dot afterwards Next Tip
```

List<String> 타입에서 contains와 같은 메서드는 String 타입의 인수를 받으며,
get 같은 메서드는 결과로 String 타입 값을 반환합니다.

```
listOf("Fabio Collini", "Bill Best", "Geoff Falk")
    .filter { it. }
        [](index: Int)                                                        Char
        equals(other: Any?)                                                Boolean
        plus(other: Any?)                                                   String
        length                                                                 Int
        get(index: Int)                                                       Char
        contentEquals(charSequence: CharSequence) for String in kotlin.text  Boolean
        contentEquals(stringBuilder: StringBuffer) for String in kotlin.text  Boolean
        endsWith(suffix: String, ignoreCase: Boolean = ...) for String in kotlin.text  Boolean
        regionMatches(thisOffset: Int, other: String, otherOffset: Int, length: Int, ignoreCase: Boole…  Boolean
        startsWith(prefix: String, ignoreCase: Boolean = ...) for String in kotlin.text  Boolean
        startsWith(prefix: String, startIndex: Int, ignoreCase: Boolean = ...) for String in kotlin.te…  Boolean
        toBoolean() for String in kotlin.text                              Boolean
        to(that: B) for A in kotlin                                   Pair<String, B>
        isNotBlank() for CharSequence in kotlin.text                       Boolean
        isEmpty() for CharSequence in kotlin.text                          Boolean
        all {...} (predicate: (Char) -> Boolean) for CharSequence in kotlin.text  Boolean
        any() for CharSequence in kotlin.text                              Boolean
        any {...} (predicate: (Char) -> Boolean) for CharSequence in kotlin.text  Boolean
        contains(regex: Regex) for CharSequence in kotlin.text             Boolean
        contains(char: Char, ignoreCase: Boolean = ...) for CharSequence in kotlin.text  Boolean
        contains(other: CharSequence, ignoreCase: Boolean = ...) for CharSequence in kotlin.text  Boolean
        endsWith(char: Char, ignoreCase: Boolean = ...) for CharSequence in kotlin.text  Boolean
        endsWith(suffix: CharSequence, ignoreCase: Boolean = ...) for CharSequence in kotlin.text  Boolean
        Press ^. to choose the selected (or first) suggestion and insert a dot afterwards Next Tip
```

List<String> 타입에서 filter 같은 메서드는 람다 매개변수로 String을 추론합니다.

제네릭 인터페이스는 클래스가 상속합니다. 다음 코드 조각을 보면 Consumer
<DogFood>를 상속한 Dog 클래스가 있습니다. Consumer 인터페이스에는 타입 매

개변수 T를 받는 consume 메서드가 있습니다. Dog는 DogFood 타입 인수를 받는 consume 메서드를 반드시 오버라이딩해야 한다는 뜻입니다. Consumer 인터페이스의 매개변수 타입과 메서드의 타입 매개변수가 반드시 일치해야 하는데, Dog가 구현한 Consumer<DogFood> 인터페이스의 타입 인수가 DogFood이기 때문입니다. 이렇게 하고 나면 Dog 인스턴스를 Consumer<DogFood>로 업캐스팅할 수도 있습니다.

```
interface Consumer<T> {
    fun consume(value: T)
}
class DogFood

class Dog : Consumer<DogFood> {
    override fun consume(value: DogFood) {
        println("Mlask mlask")
    }
}

fun main() {
    val dog: Dog = Dog()
    val consumer: Consumer<DogFood> = dog
}
```

타입 매개변수와 상속

클래스는 열린 제네릭 클래스를 상속하거나 제네릭 인터페이스를 구현할 수 있습니다. 하지만 두 경우 모두 타입 인수를 명시해야 합니다. 다음 코드 조각을 봅시다. 클래스 A는 C<Int>를 상속하고 I<String>을 구현합니다.

```
open class C<T>
interface I<T>
class A : C<Int>(), I<String>

fun main() {
    val a = A()
    val c: C<Int> = a
    val i: I<String> = a
}
```

제네릭이 아닌 클래스가 제네릭 클래스를 상속하는 모습은 실제로 꽤 자주 볼 수 있습니다. 다음 예에서는 MessageListAdapter가 ArrayAdapter<String>을 상속합니다.

```kotlin
class MessageListAdapter(
    context: Context,
    val values: List<ClaimMessage>
) : ArrayAdapter<String>(
    context,
    R.layout.row_messages,
    values.map { it.title }.toTypedArray()
) {
    fun getView(
        position: Int,
        convertView: View?,
        parent: ViewGroup?
    ): View {
        // ...
    }
}
```

더 흔한 경우는 다른 제네릭 클래스(혹은 제네릭 인터페이스)를 상속하는 제네릭 클래스(혹은 제네릭 인터페이스)가 자신의 타입 매개변수를 부모 클래스의 타입 인수로 사용하는 모습입니다. 다음 코드 조각에서 클래스 A는 제네릭이며 타입 매개변수 T를 C와 I의 타입 인수로 사용하고 있습니다. A<Int>를 만들면 C<Int>나 I<Int>로 업캐스팅할 수 있다는 뜻입니다. 마찬가지로 A<String>을 만들면 C<String>이나 I<String>으로 업캐스팅할 수 있습니다.

```kotlin
open class C<T>
interface I<T>
class A<T> : C<T>(), I<T>

fun main() {
    val a: A<Int> = A<Int>()
    val c1: C<Int> = a
    val i1: I<Int> = a

    val a1: A<String> = A<String>()
    val c2: C<String> = a1
    val i2: I<String> = a1
}
```

컬렉션 계층구조가 좋은 예입니다. MutableList<Int> 타입 객체는 List<Int>를 구현하고, List<Int>는 Collection<Int>를 구현하며, Collection<Int>는 Iterable<Int>를 구현합니다.

```
interface Iterable<out T> {
    // ...
}

interface MutableIterable<out T> : Iterable<T> {
    // ...
}

interface Collection<out E> : Iterable<E> {
    /// ...
}

interface MutableCollection<E> : Collection<E>,
    MutableIterable<E> {
    // ...
}

interface List<out E> : Collection<E> {
    // ...
}

interface MutableList<E> : List<E>, MutableCollection<E> {
    // ...
}
```

하지만 클래스는 제네릭 클래스를 상속하거나 제네릭 인터페이스를 구현하더라도 타입 매개변수를 반드시 사용할 필요는 없습니다. 심지어 이름이 같더라도, 부모와 자식 클래스의 타입 매개변수는 서로 무관하며 혼동되어서는 안 됩니다.

```
open class C<T>
interface I<T>
class A<T> : C<Int>(), I<String>

fun main() {
    val a1: A<Double> = A<Double>()
    val c1: C<Int> = a1
    val i1: I<String> = a1
}
```

타입 소거

제네릭 타입은 개발자들의 편의를 위해 자바에 더해진 기능이지만 JVM 플랫폼 차원에서 구현되지는 않았습니다. 코틀린을 JVM 바이트코드로 컴파일하면 모든 타입 인수가 사라집니다.[1] List<String>은 JVM 바이트코드에서는 List가 되고, emptyList<Double>은 emptyList가 됩니다. 타입 인수를 삭제하는 과정을 타입 소거(type erasure)라 합니다. 타입 소거 때문에 타입 매개변수는 일반 타입에는 없는 제한이 있습니다. 타입 매개변수를 is 확인에 쓸 수 없고, 참조할 수도 없으며,[2] 구체화된 타입 인수(reified type arguments)[3]로 사용할 수 없습니다.

```kotlin
import kotlin.reflect.typeOf

fun <T> example(a: Any) {
    val check = a is T       // 에러
    val ref = T::class       // 에러
    val type = typeOf<T>()   // 에러
}
```

하지만 코틀린은 인라인 함수에 구체화된 타입 인수를 사용해 이런 한계를 극복할 수 있습니다. 이 주제는 《코틀린 아카데미: 함수형 프로그래밍》의 7장 '인라인 함수'에서 자세히 다룹니다.

```kotlin
import kotlin.reflect.typeOf

inline fun <reified T> example(a: Any) {
    val check = a is T
    val ref = T::class
    val type = typeOf<T>()
}
```

---

1 코틀린이 가장 널리 쓰이며 가장 먼저 사용된 분야가 JVM입니다. 그래서 코틀린의 동작 과정이 JVM에 맞게 설계되어 참고 차원에서 JVM을 언급했습니다. 하지만 타입 인수 지원 관점에서 보면 다른 플랫폼도 별반 다를 것이 없습니다. 예를 들어, 자바스크립트는 타입을 아예 지원하지 않습니다.
2 클래스와 타입 참조는 《코틀린 아카데미: 고급편》에서 설명합니다.
3 구체화된 타입 인수는 《코틀린 아카데미: 함수형 프로그래밍》에서 설명합니다.

제네릭 제약 조건

타입 매개변수의 중요한 특징은 허용 범위를 구체적인 타입의 서브타입으로 제한할 수 있다는 것입니다. 콜론 다음에 슈퍼타입을 명시해 제약 조건을 설정하는 식입니다. 예를 들어, 인수 중 가장 큰 값을 반환하는 maxOf 함수를 구현한다고 합시다. 가장 큰 값을 찾으려면 인수들이 비교 가능해야 합니다. 따라서 타입 매개변수 옆에 Comparable<T>의 서브타입만 허용하겠다고 지정할 수 있습니다.

```
import java.math.BigDecimal

fun <T : Comparable<T>> maxOf(a: T, b: T): T {
    return if (a >= b) a else b
}

fun main() {
    val m = maxOf(BigDecimal("10.00"), BigDecimal("11.00"))
    println(m)  // 11.00

    class A
    maxOf(A(), A())  // 컴파일 에러
    // A는 Comparable<A>가 아닙니다.
}
```

타입 매개변수 제약 조건은 제네릭 클래스에서도 사용할 수 있습니다. 다음의 ListAdapter를 보면 타입 인수가 ItemAdapter의 서브타입입니다.

```
class ListAdapter<T : ItemAdaper>(/*...*/) { /*...*/ }
```

제약 조건이 선사하는 중요한 특징은 인수로 받은 인스턴스들에서 슈퍼타입이 제공하는 모든 메서드를 사용할 수 있다는 것입니다. 예를 들어, 제네릭 매개변수 타입 T를 Iterable<Int>의 서브타입으로 제한하면 T 타입 인스턴스들을 순회할 수 있습니다. 또한 이터레이터가 반환하는 원소가 Int라는 사실을 알게 됩니다. Comparable<T>로 제한하면 인수들을 똑같은 타입의 다른 인스턴스들과 비교할 수 있다는 것을 알게 됩니다. 제약 조건으로 Any도 자주 쓰입니다. 널 가능하지 않은 타입으로 제한한다는 뜻이 됩니다.

드물지만 상한 경계를 두 개 이상 설정해야 하는 경우에는 where를 사용해 더 많은 제약 조건을 걸 수 있습니다. 클래스나 함수 이름 뒤에 추가하면 되며, 타입 하나에 두 개 이상의 제네릭 제약 조건을 설정할 때 사용합니다.

```kotlin
interface Animal {
    fun feed()
}

interface GoodTempered {
    fun pet()
}

fun <T> pet(animal: T) where T : Animal, T : GoodTempered {
    animal.pet()
    animal.feed()
}

class Cookie : Animal, GoodTempered {
    override fun pet() {
        // ...
    }

    override fun feed() {
        // ...
    }
}

class Cujo : Animal {
    override fun feed() {
        // ...
    }
}

fun main() {
    pet(Cookie())  // 가능합니다.
    pet(Cujo())    // Cujo가 GoodTempered가 아니기 때문에 컴파일 에러가 발생합니다.
}
```

스타 프로젝션

타입에 구체적인 타입 인수를 지정하고 싶지 않을 때가 있습니다. 이럴 때 어떤 타입이든지 허용하는 스타 프로젝션(star projection) *를 사용합니다. 스타 프로젝션이 유용한 상황은 두 가지입니다. 첫 번째는 변수가 리스트인지 확인하는 경우입니다. 이럴 때 is List<*>로 확인합니다. 이 상황에서 스타 프로젝션이 필요한 이유는 타입 소거 때문입니다. 타입 소거 때문에 List<Int>는 내부적으로 List로 컴파일됩니다. 따라서 문자열 리스트도 is List<Int> 검사를 통과합니다. 이렇게 확인하는 건 혼동을 일으키며, 코틀린에서도 금지되어 있습니다. 대신에 is List<*>를 사용해야 합니다.

```kotlin
fun main() {
    val list = listOf("A", "B")
    println(list is List<*>)    // true
    println(list is List<Int>)  // 컴파일 에러
}
```

스타 프로젝션은 프로퍼티나 매개변수에도 사용할 수 있습니다. 원소의 타입과 상관없이 리스트가 필요하다고 표현하려면 List<*>를 사용하면 됩니다. 이 타입으로 받은 리스트에서 꺼낸 원소의 타입은 모든 타입의 슈퍼타입인 Any?입니다.

```kotlin
fun printSize(list: List<*>) {
    println(list.size)
}

fun printList(list: List<*>) {
    for (e in list) {  // e의 타입은 Any?가 됩니다.
        println(e)
    }
}
```

스타 프로젝션을 Any? 타입 인수와 혼동해서는 안 됩니다. 어떠한 차이가 있는지 확인하기 위해 MutableList<Any?>와 MutableList<*>를 비교해 봅시다. 두 타입 모두 제네릭 결과 타입은 Any?로 같습니다. 하지만 원소를 추가할 때 MutableList<Any?>는 아무거나(Any?) 허용하지만, MutableList<*>는 Nothing을 받아들여 어떠한 값도 허용하지 않습니다.

```kotlin
fun main() {
    val l1: MutableList<Any?> = mutableListOf("A")
    val r1 = l1.first()  // r1의 타입은 Any?입니다.
    l1.add("B")          // 기대되는 인수 타입은 Any?입니다.
```

```
    val l2: MutableList<*> = mutableListOf("A")
    val r2 = l2.first()  // r2의 타입은 Any?입니다.
    l2.add("B")          // 에러
    // 기대되는 인수 타입이 Nothing이므로
    // 인수로 어떠한 값도 사용할 수 없습니다.
}
```

스타 프로젝션을 인수로 사용하면 원소를 꺼낼 때의 결과 타입은 모두 Any?가
되며, 입력 매개변수 타입은 모두 Nothing이 됩니다.

타입 인수에서 사용하는 언더스코어 연산자

타입 인수는 명시적으로 지정할 수도 있고 컨텍스트에서 유추할 수도 있습니다. 하지만 여러 개의 타입 인수 중 하나만 지정하고 나머지는 컴파일러가 유추하게 만들고 싶을 때도 있습니다. 이 때 언더스코어 연산자인 _를 타입 인수로 사용합니다. 언더스코어 연산자는 컴파일러가 유추해야 하는 타입 인수를 지정합니다.

```
inline fun <K, reified V> Map<K, *>
        .filterValueIsInstance(): Map<K, V> =
    filter { it.value is V } as Map<K, V>

fun main() {
    val props = mapOf(
        "name" to "Alex",
        "age" to 25,
        "city" to "New York"
    )
    // 타입 인수 하나는 `_`로 유추되며, 다른 하나는 명시되어 있습니다.
    val strProps = props.filterValueIsInstance<_, String>()
    println(strProps)  // {name=Alex, city=New York}
}
```

요약

제네릭을 어렵고 무서운 개념이라 여기는 개발자가 많지만, 실상은 매우 간단하고 직관적입니다. 타입 매개변수를 지정하여 원소를 제네릭으로 만들 수 있습니다. 이때 명시한 타입 매개변수를 제네릭 클래스나 메서드 안에서 사용할

수 있습니다. 이런 작동 원리 덕에 알고리즘과 클래스를 일반화하여 다양한 종류의 타입을 다룰 수 있는 범용 알고리즘과 클래스로 탈바꿈시킬 수 있습니다. 제네릭이 어떻게 작동하는지 알아 두면 큰 도움이 되기 때문에 이번 장에서 제네릭의 원리 거의 전부를 설명해 보았습니다. 하지만 아직 설명하지 못한 것이 조금 남았습니다. 예를 들어 변성 제어자(out과 in) 등인데, 관련해서는 《코틀린 아카데미: 고급편》에서 다시 한번 살펴볼 것입니다.

연습문제: 스택

이번 과제는 제네릭 스택 클래스 구현입니다. 타입에 상관없이 모든 데이터를 저장할 수 있어야 하며, 다음과 같은 스택의 표준 연산을 지원해야 합니다.

1. push(item: T): T 타입의 아이템을 스택의 가장 위에 추가합니다. 매개변수는 item 하나입니다. item은 스택에 추가될 원소를 뜻합니다.
2. pop(): T?: 스택의 가장 위에 있는 아이템을 제거하고 반환합니다. 타입이 T인 아이템 하나를 반환하거나, 스택이 비어 있다면 null을 반환합니다.
3. peek(): T?: 스택의 가장 위에 있는 아이템을 제거하지 않은 채 반환합니다. 타입이 T인 아이템 하나를 반환하거나, 스택이 비어 있다면 null을 반환합니다.
4. isEmpty(): Boolean: 스택이 비어 있는지 확인한 다음, 비어 있으면 true를, 아니면 false를 반환합니다.
5. size(): Int: 스택에 담겨 있는 아이템 개수를 정수값으로 반환합니다.

원소를 저장해야 하니 스택 클래스의 프로퍼티로 가변 리스트를 사용해 보세요. 원소를 꺼낼(pop) 때는 removeAt 메서드를 사용합니다.

다음 코드가 동작하는지 확인해야 합니다.

```
fun main() {
    val intStack = Stack<Int>()
    intStack.push(1)
    intStack.push(2)
    intStack.push(3)
```

```
    val stringStack = Stack<String>()
    stringStack.push("A")
    stringStack.push("B")
    stringStack.push("C")

    println(intStack.peek())          // 3
    while (!intStack.isEmpty()) {      // 3, 2, 1
        println(intStack.pop())
    }
    println(intStack.peek())          // null
    println(intStack.isEmpty())       // true

    println(stringStack.size())        // 3
    while (!stringStack.isEmpty()) {  // C, B, A
        println(stringStack.pop())
    }
}
```

연습문제 깃허브 저장소의 essentials/generics/Stack.kt 파일에서 단위 테스트와 사용 예시를 찾을 수 있습니다. 프로젝트를 클론하여 로컬 환경에서 문제를 풀어 보세요.

정답은 책 뒤편의 '연습문제 해답'에서 확인할 수 있습니다.

마치며

드디어 마지막 장까지 끝마쳤습니다. 축하드립니다! 이 책에서 여러분은 다음과 같은 필수 주제들을 배웠습니다.

- 변수, 값, 타입
- 조건문
- 함수
- for 문
- 널 가능성 지원
- 클래스, 인터페이스, 상속
- 객체 표현식과 선언
- 데이터 클래스, 봉인된 클래스, 열거형 클래스, 애너테이션 클래스
- 예외
- 확장 함수
- 컬렉션
- 연산자 오버로딩
- 타입 시스템
- 제네릭

여전히 코틀린과 관련해 배울 것이 많이 남아 있습니다. '코틀린 아카데미' 시리즈의 다음 책인 《코틀린 아카데미: 함수형 프로그래밍》에서는 코틀린의 함수형 특징에 초점을 맞추고 있습니다. 주로 다음과 같은 주제를 다룹니다.

- 함수 타입
- 익명 함수

- 람다 표현식
- 함수 참조
- 함수형 인터페이스
- 컬렉션 처리 함수
- 시퀀스
- DSL 사용과 생성
- 스코프 함수
- 애로우 라이브러리(Arrow library)의 필수 개념

'코틀린 아카데미' 시리즈의 세 번째 책인 《코틀린 아카데미: 고급편》에서는 다음과 같이 코틀린의 고급 기능에 대해 다룹니다.

- 제네릭 변성 제어자
- 인터페이스 및 프로퍼티 위임
- 코틀린 컨트랙트
- 코틀린과 자바 상호운용성
- 멀티플랫폼 개발
- 코틀린/JS 사용
- 코틀린 리플렉션
- 애너테이션 처리기
- 코틀린 심벌 처리기
- 코틀린 컴파일러 플러그인
- 커스텀 규칙을 추가한 정적 분석

하지만 이 책에서 배운 지식도 상당하며 코틀린으로 프로젝트를 시작하는 데는 충분합니다. 코틀린과 함께 모험을 떠나기로 결정하였다면 지금까지 배운 내용이 매우 유용하게 쓰일 것입니다.

연습문제 해답

(4장) 기본값 연산

```kotlin
fun main() {
    println(1 + 2 * 3)   // 7
    println(10 % 3)      // 1
    println(-1 % 3)      // -1

    println(8.8 / 4)     // 2.2
    println(10 / 3)      // 3

    println(11.toFloat())   // 11.0
    println(10.10.toInt())  // 10

    var a = 10
    a += 5
    println(a)  // 15
    a -= 3
    println(a)  // 12
    a++
    println(a)     // 13
    println(a++)  // 13
    println(a)     // 14
    println(--a)  // 13
    println(a)     // 13

    println(true && false)  // false
    println(true || false)  // true
    println(!!!!true)        // true

    println('A'.code)  // 65
    println('A' + 1)   // B
    println('C'.code)  // 67

    println("A + B")     // A + B
    println("A" + "B")   // AB
```

```
    println("A" + 1)      // A1
    println("A" + 1 + 2)  // A12
}
```

(5장) when 사용하기

```kotlin
private val magicNumbers = listOf(7, 13)

fun name(a: Any?): String = when (a) {
    null -> "Nothing"
    1, 2, 3 -> "Small number"
    in magicNumbers -> "Magic number"
    in 4..100 -> "Big number"
    is String -> "String: $a"
    is Int, is Long -> "Int or Long: $a"
    else -> "No idea, really"
}

fun main() {
    println(name(1))     // Small number
    println(name("A"))   // String: A
    println(name(null))  // Nothing
    println(name(5))     // Big number
    // (5가 4..100 안에 있으므로)
    println(name(100))   // Big number
    // (100이 4..100 안에 있으므로)
    println(name('A'))   // No idea, really
    // (A가 Char 타입이므로)
    println(name("1"))   // String: 1
    println(name(-1))    // Int or Long: -1
    println(name(101))   // Int or Long: 101
    // (101이 100보다 큰 수라 4..100에 포함되지 않으므로)
    println(name(1L))    // Int or Long: 1
    // (1L이 Long 타입이므로)
    println(name(-1))    // Int or Long: -1
    println(name(7))     // Magic number
    // (7이 magicNumbers 컬렉션에 있으므로)
    println(name(3))     // Small number
    println(name(3.0))   // No idea, really
    // (3.0이 Double 타입이므로)
    println(name(100L))  // Int or Long: 100
    // (100L이 Long 타입이므로)
}
```

(5장) 시간을 깔끔하게 표기하기

```kotlin
fun secondsToPrettyTime(seconds: Int): String {
    if (seconds < 0) {
        return "Invalid input"
    }

    val secondsInHour = 60 * 60
    val hours = seconds / secondsInHour
    val minutes = (seconds % secondsInHour) / 60
    val remainingSeconds = seconds % 60

    var result = ""
    if (hours > 0) {
        result += "$hours h"
    }
    if (minutes > 0) {
        result += " $minutes min"
    }
    if (remainingSeconds > 0) {
        result += " $remainingSeconds sec"
    }
    return result.trim()
}
```

(6장) 개인 정보 출력

```kotlin
fun formatPersonDisplay(
    name: String? = null,
    surname: String? = null,
    age: Int? = null,
): String {
    var result = ""
    if (name != null) {
        result += name
    }
    if (surname != null) {
        result += " $surname"
    }
    if (age != null) {
        result += " ($age)"
    }
    return result.trim()
}
```

(7장) 범위 연산

```kotlin
fun calculateSumOfSquares(n: Int): Int {
    var sum = 0
    for (i in 1..n) {
        sum += i * i
    }
    return sum
}

fun calculateSumOfEven(n: Int): Int {
    var sum = 0
    for (i in 2..n step 2) {
        sum += i
    }
    return sum
}

fun countDownByStep(start: Int, end: Int, step: Int):String{
    var result = ""
    for (i in start downTo end step step) {
        result += i
        if (i != end) {
            result += ", "
        }
    }
    return result
}
```

(8장) 사용자 정보 처리기

```kotlin
data class EmailAddress(val email: String?)

data class User(
    val name: String?,
    val age: Int?,
    val email: EmailAddress?
)

fun processUserInformation(user: User?): String {
    if (user == null) {
        return "Missing user information"
    }
    val name = requireNotNull(user.name)
    val age = user.age ?: 0
    val email = user.email?.email
```

```
    if (email.isNullOrBlank()) {
        return "Missing email"
    }

    return "User $name is $age years old, email: $email"
}
```

(9장) Product 클래스 구현

```
class Product(
    val name: String,
    val price: Double,
    initialQuantity: Int
) {
    var quantity: Int = initialQuantity
        set(value) {
            field = if (value >= 0) value else 0
        }

    fun calculateTotalValue(): Double {
        return price * quantity
    }

    fun restock(additionalQuantity: Int) {
        if (additionalQuantity > 0) {
            quantity += additionalQuantity
        }
    }
}
```

(10장) GUI 뷰 계층구조 시뮬레이션

```
open class View(
    val id: String,
    var isVisible: Boolean
) {
    fun show() {
        isVisible = true
    }

    fun hide() {
        isVisible = false
    }
}
```

```kotlin
class TextView(
    id: String,
    var text: String
) : View(id, true)

class Toggle(
    id: String,
) : View(id, true) {
    var isOn: Boolean = false

    fun click() {
        isOn = !isOn
    }
}
```

(11장) 데이터 클래스

```kotlin
data class Person(val name: String, val age: Int)

fun main() {
    val person1 = Person("John", 30)
    println(person1)              // Person(name=John, age=30)
    val person2 = person1.copy(name = "Jane")
    val person3 = Person("Jane", 30)
    println(person2 == person3)  // true
    println(person1.hashCode())  // 71750739
    println(person2.hashCode())  // 71339152
    println(person3.hashCode())  // 71339152
    val (name, age) = person2
    println(name)                // Jane
    println(age)                 // 30
}
```

(12장) 피자 공장

```kotlin
class Pizza(
    val toppings: List<String>,
) {
    companion object {
        fun hawaiian() =
            Pizza(listOf("ham", "pineapple"))

        fun margherita() =
            Pizza(listOf("tomato", "mozzarella"))
    }
}
```

(13장) 예외 잡기

```kotlin
fun main() {
    while (true) {
        try {
            handleInput()
        } catch (e: NumberFormatException) {
            println("Invalid input: ${e.message}")
        } catch (e: ArithmeticException) {
            println("Division by zero")
        } catch (e: IllegalOperatorException) {
            println("Illegal operator: ${e.operation}")
        }
    }
}
```

(14장) 요일 열거형

```kotlin
enum class DayOfWeek(
    val isWeekend: Boolean,
    val dayName: String,
) {
    MONDAY(false, "Monday"),
    TUESDAY(false, "Tuesday"),
    WEDNESDAY(false, "Wednesday"),
    THURSDAY(false, "Thursday"),
    FRIDAY(false, "Friday"),
    SATURDAY(true, "Saturday"),
    SUNDAY(true, "Sunday");

    fun nextDay(): DayOfWeek {
        val days = DayOfWeek.entries  // 또는 DayOfWeek.values()
        val currentIndex = days.indexOf(this)
        val nextIndex = (currentIndex + 1) % days.size
        return days[nextIndex]
    }
}
```

(17장) 변환 및 측정 단위 생성

```kotlin
fun User.toJson(): UserJson = UserJson(
    username = username,
    email = email.value,
    registrationDate = registrationDate.toString(),
    heightCm = height.value,
```

```kotlin
)

fun UserJson.toUser(): User = User(
    username = username,
    email = Email(email),
    registrationDate = LocalDateTime.parse(registrationDate),
    height = heightCm.cm,
)

val Int.cm: Centimeters get() = Centimeters(this)
```

(18장) 목록 관리

```kotlin
class Inventory {
    private val products = mutableListOf<Product>()
    private val productIdToProducer =
        mutableMapOf<String, String>()
    private val sellers = mutableSetOf<String>()

    fun addProduct(product: Product, producer: String) {
        products.add(product)
        productIdToProducer[product.id] = producer
    }

    fun removeProduct(product: Product) {
        products.remove(product)
        productIdToProducer.remove(product.id)
    }

    fun addSeller(seller: String) {
        sellers.add(seller)
    }

    fun removeSeller(seller: String) {
        sellers.remove(seller)
    }

    fun getProductsCount() = products.size

    fun hasProduct(product: Product) =
        products.contains(product)

    fun hasProducts() = products.isNotEmpty()

    fun getProducer(product: Product) =
        productIdToProducer[product.id]
```

```
fun produceInventoryDisplay(): String {
    var result = "Inventory:\n"
    for (product in products) {
        val name = product.name
        val category = product.category
        val price = product.price
        result += "$name ($category) - $price\n"
        val producer = productIdToProducer[product.id]
        result += "Produced by: $producer\n"
    }
    result += "Sellers: $sellers"
    return result
    }
}
```

(19장) 화폐 연산

```
data class Money(
    val amount: BigDecimal,
    val currency: Currency
) {
    operator fun plus(other: Money): Money {
        require(currency == other.currency) {
            "Cannot add money of different currencies"
        }
        return Money(amount + other.amount, currency)
    }

    operator fun minus(other: Money): Money {
        require(currency == other.currency) {
            "Cannot subtract money of different currencies"
        }
        return Money(amount - other.amount, currency)
    }

    operator fun unaryMinus(): Money =
        Money(-amount, currency)

    operator fun times(times: Int): Money =
        Money(amount * times.toBigDecimal(), currency)

    companion object {
    fun eur(amount: String) =
            Money(BigDecimal(amount), Currency.EUR)
    }
}
```

(20장) 타입들의 가장 가까운 서브타입

- Int와 Double → Number
- Double과 Number → Number
- String과 Nothing → String
- Float와 Double? → Number?
- String과 Float → Any
- Char와 Nothing? → Char?
- Nothing과 Any → Any
- Nothing?와 Any → Any?
- Char?와 Nothing? → Char?
- Nothing?와 Any? → Any?

(21장) 스택

```kotlin
class Stack<T> {
    private val elements: MutableList<T> = mutableListOf()

    fun push(item: T) {
        elements.add(item)
    }

    fun pop(): T? =
        if (isEmpty()) null
        else elements.removeAt(elements.size - 1)

    fun peek(): T? = elements.lastOrNull()

    fun isEmpty(): Boolean = elements.isEmpty()

    fun size(): Int = elements.size
}
```

찾아보기